Martin Simon (Hrsg.)
Der große Allgemeinwissen Trainer

Martin Simon (Hrsg.)

Der große
Allgemein
Wissen
Trainer

FRANZIS
BRAINBOOKS

© 2008 Franzis Verlag GmbH, 85586 Poing

Copyright: wissen digital Software Verlags GmbH, München
Satz: PHOENIX publishing services GmbH, München
Redaktion: Daniela Kronseder, Inga Scheumann, Werner Lifka
art & design: www.ideehoch2.de
Druck: Legoprint S.p.A., Lavis (Italia)
Printed in Italy

ISBN 978-3-7723-**1404-9**

Inhaltsverzeichnis

6

Sie wollen Ihr Allgemeinwissen spielerisch verbessern oder Ihren Kenntnisstand testen? Vielleicht sogar Ihre Gewinnchancen bei einem Quizspiel erhöhen? Dann haben Sie mit dem vorliegenden Band die richtige Wahl getroffen. Über 1.200 bunt gemischte Fragen aus 16 Themengebieten geben Ihnen die Möglichkeit, den eigenen Wissensstand zu überprüfen und zu erweitern. Dabei hilft Ihnen entweder das Multiple-Choice-Verfahren, oder Sie können sich an Fragen mit „offenen" Antworten erproben. Immer aber finden Sie in Frage bzw. Antwort zusätzliche Erläuterungen rund um das Gefragte. Damit ist Ihre neue Erkenntnis stets in einen größeren Zusammenhang eingebettet.

Ob auf Partys, bei Einstellungs- und Eignungstests oder beim Smalltalk in der Kaffeeküche – mit einem derart breit gefächerten Allgemeinwissen, wie Sie es in diesem Buch vorfinden, punkten Sie immer.

So überprüfen Sie Ihre Fortschritte

Sie können zusammen mit Freunden oder Ihrer Familie spielerisch Ihr Allgemeinwissen auffrischen – zu Hause in gemütlicher Runde, im Urlaub am Swimmingpool oder während eines verregneten Hüttenwochenendes.

Die Fortschritte, die Sie dabei erzielen, testen Sie ganz einfach: Beantworten Sie die Fragen aus dem Eingangstest und tragen Sie die erzielten Punkte in die grafische Testauswertung ein. Kreuzen Sie dazu die Anzahl der richtig beantworteten Fragen in der jeweiligen Kategorie an. Verbinden Sie nun die Kreuze – entweder mit einem Bleistift (so können Sie den Test öfter durchführen) oder mit verschiedenfarbigen Buntstiften (falls mehrere Personen beteiligt sind). Es

Einleitung

ergibt sich eine Kurve, die aufzeigt, in welchen Gebieten Ihre Stärken oder Schwächen liegen.

Den Abschlusstest am Ende des Buchs können Sie immer, wenn Sie Lust dazu haben, durchführen. Hier wird auf Sachverhalte Bezug genommen, die bereits in einer Frage behandelt wurden und die Sie nun parat haben sollten. Die Auswertung erfolgt genau so wie beim Eingangstest. Dieses Schlussergebnis können Sie jetzt mit dem Ergebnis Ihres Eingangstests vergleichen und so Ihre Fortschritte in den verschiedenen Themengebieten unmittelbar ablesen.

So nutzen Sie das Buch für Spiele in geselliger Runde

Im Folgenden erhalten Sie einige Anregungen dazu, wie Sie das Buch auf spielerische Weise für eine größere Runde nutzen können. Sie sind natürlich herzlich eingeladen, diese Vorschläge selbst fantasievoll auszubauen und abzuändern.

Falls Sie gerade keinen Würfel zur Hand haben, folgender Vorschlag: Jeder Spieler darf das Themengebiet auswählen, in dem er beginnen will. Alle Mitspieler bestimmen nun gemeinsam (etwa durch Ausknobeln), wer mit dem ersten Spielzug beginnen darf. Dieser Spieler schlägt nun die erste Doppelseite seines gewählten Themas auf und tippt „blind" auf eine Frage. Beantwortet er diese Frage richtig, darf er innerhalb seines Themengebiets auf eine neue Frage tippen. Beantwortet er die Frage falsch, kommt der nächste Spieler im Uhrzeigersinn an die Reihe. Hat ein Spieler als Erster drei Fragen richtig beantwortet – dabei muss aus jedem der drei Schwierigkeitsgrade eine stammen –, hat er gewonnen.

Sie haben einen Würfel zur Verfügung? Dann versuchen Sie doch Folgendes: Jeder Spieler wählt ein

Themengebiet aus und würfelt einmal. Der Spieler mit der höchsten Punktzahl beginnt nun in der von ihm gewünschten Kategorie mit dem Spiel. Er zieht, beginnend mit der ersten Frage dieser Kategorie, die gewürfelte Anzahl von Fragen. Beantwortet er die Frage, auf der er nun landet, richtig, würfelt er erneut und zieht zur nächsten Frage. Bei einer falschen Antwort darf der nächste Spieler starten. Hat ein Spieler als Erster eine vorher festgelegte Zahl von Themengebieten durchlaufen, hat er gewonnen.

Sie können auch je nach Schwierigkeitsgrad für jede bestandene Frage Punkte vergeben: für eine Glühbirne einen Punkt, für zwei Glühbirnen zwei Punkte, für drei Glühbirnen drei Punkte. Dann hat der Spieler gewonnen, der als Erster eine bestimmte Punktzahl vorweisen kann.

Viel Spaß mit Ihrem neuen Wissensschatz!

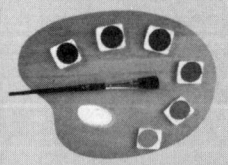

Kunst

Frage 1

Dieser Maler des 19. Jahrhunderts schuf in Südfrankreich Landschaften und Stillleben, die aus geometrischen Grundformen
und kontrastreichen Farbflächen aufgebaut sind.
Wer ist gemeint?

A Camille Corot

B Marc Chagall

C Paul Cézanne

D Henri de Toulouse-Lautrec

Frage 2

Wie ist der Name des Mannes, der den Reichstag verpackte?
Tipp: Seine Frau heißt Jeanne-Claude.

A Goldsworthy

B Oppenheim

C Christo

D Smithson

Frage 3

Welcher berühmte Maler hat sich in einem Anfall geistiger Umnachtung ein Ohr abgeschnitten?

A Frans Hals

B Paul Gauguin

C Vincent van Gogh

D Edgar Degas

Frage 4

Wie heißt der berühmte Florentiner Palast aus dem 14. Jahrhundert?

A Palazzo Vecchio

B Palazzo Pitti

C Palazzo Medici

D Palazzo Nuovo

Frage 5

Wer hat die „Unvollendete" komponiert?

A Franz Schubert	B Robert Schumann
C Franz Liszt	D Georg Friedrich Händel

Frage 6

Welche Oper ist nicht von Mozart?

A Le nozze di Figaro	B Cosi fan tutte
C Die Zauberflöte	D Othello

Frage 7

Er ist der erfolgreichste weiße Rapper weltweit. Der Titelsong für den Film „8 Mile", in dem er auch die Hauptrolle spielte, brachte ihm den Oscar. Wie heißt der Mann aus Detroit?

A Eminem	B Dr. Dre
C Swift	D Proof

Frage 8

„My Fair Lady" ist ein beliebtes Musical. Es basiert auf einem Theaterstück von Shaw. Wie heißt es?

A Die heilige Johanna	B Die Häuser des Herrn Sartorius
C Pygmalion	D Elisa Doolittle

11

Religion

Frage 9

Aus welchem Land stammen die meisten katholischen Heiligen?

A Polen

B Italien

C Mexiko

D Frankreich

Frage 10

Die ersten dreischiffigen Kirchenbauten des frühen Christentums nennt man Basilika. Woher kommt der Name?

A Vom griechischen Wort Basileus (= König)

B Vom lateinischen Wort Basanites lithos (= Prüfstein)

C Vom griechischesn Wort Basis (= Grundmauer)

D Vom persischen Wort Bazar (= Markt)

Frage 11

Die „Klagemauer" in Jerusalem gilt als eines der höchsten Heiligtümer des Judentums. Welche Bedeutung hat diese Mauer?

A Hier beklagte sich schon Hiob.

B Der letzte Rest des Salomon-Tempels.

C Es sind Gebeine eingemauert.

D Hier wurde Jesus angeklagt.

Frage 12

In welcher Stadt befindet sich das Grab Mohammeds?

A In Medina

B In Mekka

C In Meknès

D In Malaga

Frage 13

Was sind Walküren in der nordischen Mythologie?

A Schlachtjungfern in Odins Gefolge

B Uneheliche Töchter Odins

C Nordische Schutzgöttinnen der Künste

D Geliebte Odins

Frage 14

Wer war kein Philosoph der Aufklärung?

A Jean-Jacques Rousseau

B Montesquieu

C John Locke

D Sokrates

Frage 15

Welche Staatsform hielt Aristoteles für die schlechteste?

A Anarchie

B Demokratie

C Aristokratie

D Diktatur

Frage 16

Wer „erfand" den kategorischen Imperativ?

A John Locke

B Thomas Hobbes

C Immanuel Kant

D Jean-Jacques Rousseau

EINGANGSTEST

Literatur

Frage 17

Wie hieß die Agnes, die als heimliche Ehefrau eines bayerischen Herzogs ein tragisches Schicksal erlitt, mit Nachnamen?

A Bernauer

B Bernadotte

C von Bern

D Bernanos

Frage 18

Wie hieß der Meister des humoristischen Romans, aus dessen Feder Oliver Twist und David Copperfield stammen?

A Walter Scott

B Charles Dickens

C Robert Louis Stevenson

D Joseph Conrad

Frage 19

Wer bekam nie einen Nobelpreis für Literatur?

A Dario Fo

B Nelly Sachs

C Thomas Mann

D Stephan Heym

Frage 20

Dulcinea hat für uns heute einen eher spöttischen Klang. Für welchen berühmten Ritter war sie jedoch die angebetete Geliebte?

A Lanzelot

B Siegfried von Xanten

C Don Quijote

D Walther von der Vogelweide

Frage 21

Wie ist die neue Schreibweise von hellodernd?

- A hell lodernd
- B hellodernd
- C hell-lodernd
- D helllodernd

Frage 22

Das Wort „Hassliebe" verbindet zwei gegensätzliche Begriffe. Wie wird diese rhetorische Figur genannt?

- A Metapher
- B Alliteration
- C Oxymoron
- D Anapher

Frage 23

„Mehr Licht!" Wem werden diese letzten Worte nachgesagt?

- A Friedrich Schiller
- B Johann Wolfgang von Goethe
- C Friedrich Gottlieb Klopstock
- D Heinrich Heine

Frage 24

Wie ist die neue Schreibweise von Känguruh?

- A Kenguruh
- B Kenguru
- C Känguruh
- D Känguru

Frage 25

„Manometer" heißt ein Messinstrument – was wird damit gemessen?

A Die Höhe über null	B Der Ozonwert der Luft
C Der Druck von Gasen/Dampf	D Die Luftfeuchtigkeit

Frage 26

Auch Österreich baute einmal Motorräder. Wer weiß noch, wie die Traditionsmarke hieß?

A Mad Bull	B Puch
C DKW	D Pinzgauer

Frage 27

Welche Kameratechnik, mit deren Hilfe die Bilder sofort fertig ausgeworfen werden konnten, entwickelte Edwin Herbert Land 1947?

A Cinemascope	B Polaroid
C Cinemascan	D Videoscope

Frage 28

Wie hieß der Firmengründer der Automarke Audi?

A August Horch	B Ferdinand Tobler
C Karl Rapp	D Max Friz

Frage 29

Was sind Kationen?

A Positiv geladene Atome

B Negativ geladene Atome

C Seltene Kationen-Isotope

D Alle Elemente der Kohlenstoff-Silizium-Gruppe

Frage 30

Die Kompassnadel ist nicht nach den geografischen Polen, sondern nach den magnetischen Polen ausgerichtet und zeigt daher nicht genau die Nord-Süd-Richtung an. Wie nennt man diese Abweichung?

A Deklination

B Ableitung

C Konjugation

D Flexion

Frage 31

Was ist ein echter Bruch?

A Der Nenner ist kleiner als der Zähler.

B Der Nenner ist gleich eins.

C Im Zähler stehen nur natürliche Zahlen.

D Der Zähler ist kleiner als der Nenner.

Frage 32

Bei welcher Temperatur verflüssigt sich Luft?

A -100°C

B -200°C

C 1000°C

D 100°C

Politik *und* **Wirtschaft**

Frage 33

Welches politische Amt hatte Angela Merkel nie inne?

A Bundesumweltministerin

B CDU-Generalsekretärin

C Bundesministerin für Frauen und Jugend

D Ministerpräsidentin von Mecklenburg-Vorpommern

Frage 34

Wofür steht eigentlich der Abkürzung IFOR?

A International Freedom Organisation

B International Fulfillment Organisation

C Implementation Force

D International Force

Frage 35

Der DAX gibt Auskunft über die Aktienkurse der größten Unternehmen Deutschlands. Wie viele werden dabei berücksichtigt?

A 10   B 30

C 50   D 70

Frage 36

In der Landwirtschaft kennt man noch den Begriff „Schweizer". Er meint eine bestimmte Gruppe von Mitarbeitern. Welche?

A Waldarbeiter   B Melker

C Ausländer   D Heumacher

Frage 37

Als Lenin ging er in die Weltgeschichte ein, dieser Revolutionär und Begründer des russischen Kommunismus. Wie war sein bürgerlicher Name?

A Wladimir Iljitsch Uljanow

B Pjotr Simbirsk

C Nikolaus Lenau

D Alexander Lempicka

Frage 38

„Varus, gib mir meine Legionen wieder", soll der römische Kaiser Augustus geklagt haben. Wo waren sie vernichtet worden?

A Im Riesengebirge

B In Gallien

C Im Teutoburger Wald

D Bei Cannae

Frage 39

Der Dreißigjährige Krieg endete mit dem „Westfälischen Frieden". Wo wurde dieser geschlossen?

A In Münster

B In Dortmund

C Auf Schloss Cappenberg

D In Wiesbaden

Frage 40

Die „Rosenkriege" waren eine blutige Auseinandersetzung des 15. Jahrhunderts. Was war der Kriegsgrund?

A Das Aussehen eines Stadtwappens

B Die Thronfolge

C Die Vormacht im Blumenmarkt

D Die Gegenreformation

EINGANGSTEST

Film und Fernsehen

Frage 41

Wie hieß der 2007 verstorbene Schauspieler, der im oscarprämierten Film „Das Leben der Anderen" die Hauptrolle spielte?

A Ulrich Mühe

B Ulrich Noethen

C Jürgen Vogel

D Michael Mendl

Frage 42

In welchem James-Bond-Film spielt der deutsche Schauspieler Gert Fröbe den Gegenspieler?

A In „Liebesgrüße aus Moskau"

B In „Der Morgen stirbt nie"

C In „Goldfinger"

D In „Sag niemals nie"

Frage 43

Das Farbfernsehen begann in den USA bei CBS mit 16 bekannten Stars und 20 Werbespots. Wann war das wohl?

A 1932

B 1951

C 1964

D 1970

Frage 44

Wie hieß der Film, für den Tom Hanks 1993 einen Oscar als bester Hauptdarsteller erhielt?

A New Orleans

B Atlanta

C Dallas

D Philadelphia

Vermischtes

Frage 45

Was ist nach der neuen DIN-5008-Norm, die Anfang 2005 in Kraft getreten ist, bei der Gestaltung der Briefanschrift weggefallen?

 A Die Leerzeile vor PLZ/Ort

B Die Anrede mit Herr/Frau

C Die Angabe der Hausnummer

D Die Angabe der Postleitzahl

Frage 46

Einen Handkuss richtig durchzuführen ist eine komplizierte Angelegenheit. Welche alte, aber immer noch gültige Regel ist richtig? Auf die Hand geküsst wird nur ...

A ... eine verwitwete Dame

B ... in geschlossenen Räumen

C ... bei privaten Veranstaltungen

D ... unter Eheleuten

Frage 47

Was versteht man unter Kleptomanie?

A Die Angst vor Spinnen

B Platzangst

C Waschzwang

D Den Zwang zum Stehlen

Frage 48

Wie heißt der Gehilfe des heiligen Nikolaus, der am Vorabend des 6. Dezember zusammen mit dem Nikolaus artige wie unartige Kinder zu Hause besucht?

A St. Martin

B Knecht Ruprecht

C Jack O'Lantern

D Rudolph

Sport

Frage 49

Das „Wunder von Bern" begeisterte ganz Deutschland. Wann?

A 1930

B 1954

C 1972

D 1990

Frage 50

Welche Disziplin gehört nicht zum modernen Fünfkampf?

A Weitwurf

B Degenfechten

C Schwimmen

D Springreiten

Frage 51

Welcher deutsche Radsportprofi gewann 2000 olympisches Gold im Straßenrennen und im Einzelzeitfahren?

A Carl Lorenz

B Hans Lutz

C Jan Ullrich

D Erik Zabel

Frage 52

Auf welcher berühmten Ski-Rennstrecke gibt es eine „Mausefalle"?

A Kitzbühel

B Wengen

C Mürren

D Werfen

Gesundheit und Ernährung

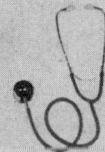

Frage 53

Aus wie viel Prozent Wasser besteht der menschliche Körper?

A 70 bis 80 Prozent

B 30 bis 40 Prozent

C 40 bis 50 Prozent

D 60 bis 70 Prozent

Frage 54

Wie wird ein Genießer von Essen und Trinken genannt?

A Gastronom

B Gourmet

C Cauldron

D Gourmand

Frage 55

Für seine Untersuchungen über welche Krankheit erhielt Ronald Ross 1902 den Nobelpreis für Medizin?

A Flecktyphus

B Anämie

C Tuberkulose

D Malaria

Frage 56

„Wasserdoktor" hat man ihn genannt, nachdem er die Kneipp-kur erfunden hatte. Was war Sebastian Kneipp eigentlich von Beruf?

A Schornsteinfeger

B Tierarzt

C Pfarrer

D Weber

Tiere und Pflanzen

Frage 57

Welche maximale Höhe wurde bei einem Biberdamm gemessen?

A Ein Meter

B Zwei Meter

C Drei Meter

D Vier Meter

Frage 58

Lachse kehren zum Laichen stets in den Fluss ihrer Kindheit zurück. Wie erkennen sie ihn?

A An der Temperatur

B Durch Erdmagnetismus

C Am Stand der Sterne

D Am Geruch

Frage 59

Was für ein Tier ist ein Fliegenschnäpper?

A Kröte

B Spinne

C Fisch

D Vogel

Frage 60

Mit welcher „Waffe" erzeugt die Brennnessel den schmerzenden Reiz auf unserer Haut?

A Blattfasern

B Brennhaare

C Staubblätter

D Staubgefäße

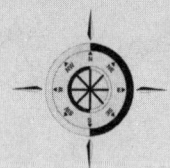

Frage 61

Der „Grand Canyon" gehört zu den Naturdenkmälern der USA.
In welchem Staat liegt er eigentlich?

A Idaho

B Texas

C Kansas

D Arizona

Frage 62

Mehrere Länder teilen sich die Ufer am Bodensee, welches
Land hat den kleinsten Anteil?

A Österreich

B Deutschland

C Schweiz

D Italien

Frage 63

Was ist keine Bezeichnung für einen Wind?

A Schirokko

B Shruda

C Monsun

D Passat

Frage 64

Der Entdecker und Afrikaforscher stand als erster Europäer vor
den Victoriafällen. Lange Zeit war er verschollen. Wer war es?

A Alexander von Humboldt

B Henry Morton Stanley

C Martin Behaim

D David Livingstone

EINGANGSTEST

Lösungen

Hier finden Sie die Lösungen:

Kunst	1 C / 2 C / 3 C / 4 A
Musik	5 A / 6 D / 7 A / 8 C

Religion	9 B / 10 A / 11 B / 12 A
Philosophie und Mythologie	13 A / 14 D / 15 B / 16 C

Literatur	17 A / 18 B / 19 D / 20 C
Sprache	21 A / 22 C / 23 B / 24 D

Technik	25 C / 26 B / 27 B / 28 A
Naturwissenschaften	29 A / 30 A / 31 D / 32 B

Politik und Wirtschaft	33 D / 34 C / 35 B / 36 B
Geschichte	37 A / 38 C / 39 A / 40 B

Film und Fernsehen	41 A / 42 C / 43 B / 44 D
Vermischtes	45 A / 46 B / 47 D / 48 B

Sport	49 B / 50 A / 51 C / 52 A
Gesundheit und Ernährung	53 D / 54 B / 55 D / 56 C

Tiere und Pflanzen	57 C / 58 D / 59 D / 60 B
Geografie und Entdecker	61 D / 62 A / 63 B / 64 D

TESTAUSWERTUNG

Hier tragen Sie die Anzahl der richtigen Fragen ins Diagramm ein:

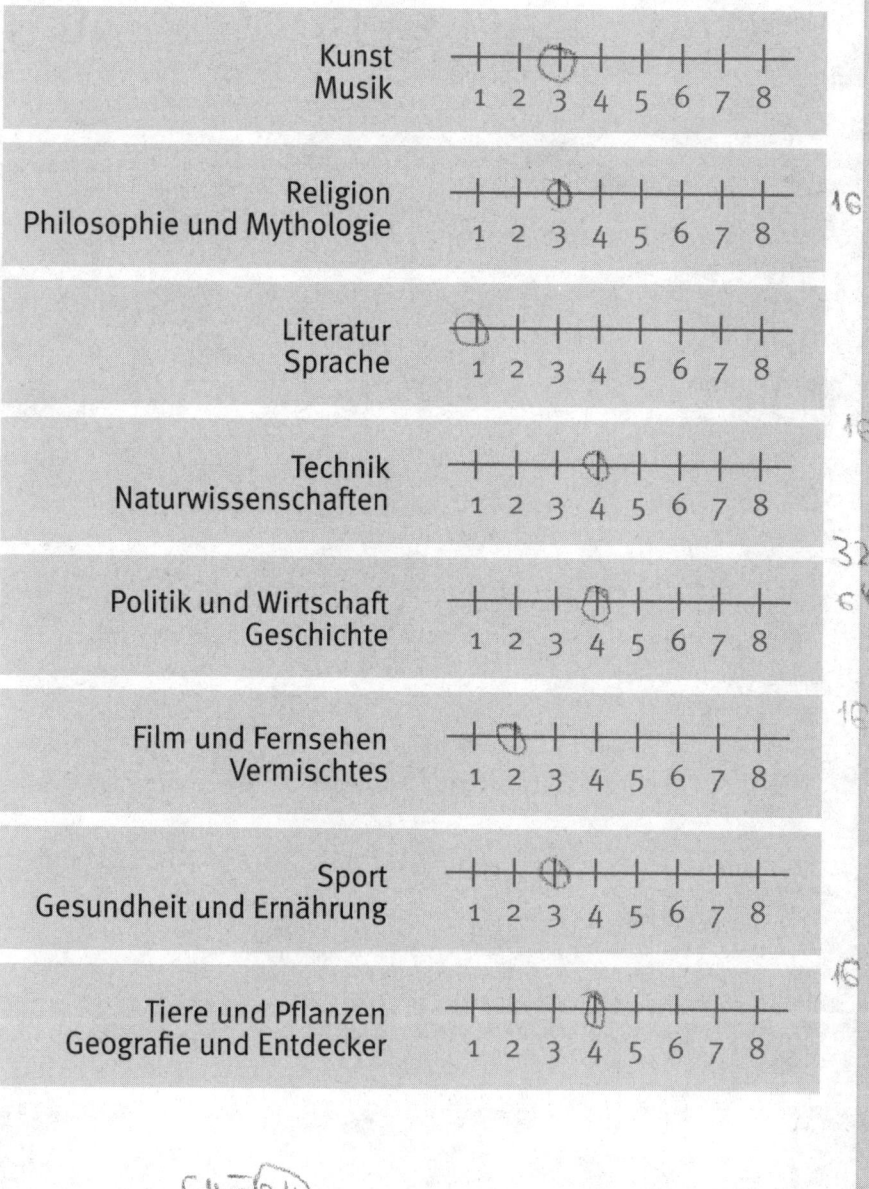

$64 - (24)$

Fragen Allgemeinwissentrainer

Film und Fernsehen

Frage 1 ⚡

„Ich bin von Kopf bis Fuß auf Liebe eingestellt" – ein Lied, mit dem Marlene Dietrich weltberühmt wurde. In welchem Film sang sie es?

Frage 2 ⚡

In welchem dieser weltberühmten Filme spielte Gregory Peck, der große amerikanische Filmschauspieler, nicht mit?

Schnee am Kilimandscharo	Moby Dick
Wer die Nachtigall stört	Einer flog über das Kuckucksnest

Frage 3 ⚡⚡

Daktari, eine Fernsehserie aus vergangenen Zeiten, doch unvergessen durch einen schielenden Löwen.
Wie hieß der tierische Darsteller?

INFO

Das Wort „Daktari" stammt aus dem Swaheli und bedeutet soviel wie „Doktor".

Im Jahr 1966 wurde die Serie im amerikanischen Fernsehen erstmals ausgestrahlt. 89 Folgen lang konnten die amerikanischen Zuschauer im Fernsehsender CBS die Geschichten verfolgen.

In Deutschland begann das „Daktari"-Fieber im Januar 1969. Bis April 1970 wurden im ZDF 66 Folgen ausgestrahlt, ab Oktober 1993 wiederholte RTL2 die Serie und sendete auch die restlichen 23 Episoden.

Frage 4

Wie nennt man die Vorbereitung und Ausarbeitung eines Büh-
nenwerks oder Films mit den beteiligten Darstellern, Musikern,
Bühnen- und Kostümbildnern, Technikern u. a. für eine Aufführung?

Szenarium	Innovation
Interpretation	Inszenierung

Frage 5

Der deutsche Filmproduzent
Bernd Eichinger (* 1949) hatte
den richtigen Riecher, als
Kevin Costners „Der mit dem
Wolf tanzt" zum Verleih kam.
Seitdem produziert er für die
„Constantin Film" Erfolge auch
als Spezialist für literarische
Bestseller wie z. B. „Die un-
endliche Geschichte", „Der Name der Rose" und „Das Geister-
haus".
Wie heißt der 2006 unter anderem von Eichinger verfilmte
Roman von Patrick Süskind?

Frage 6

Ihren Durchbruch schaffte sie 1990 an der Seite von Richard
Gere. Das moderne Märchen um eine Prostituierte und einen
Finanzmogul gehört heute zu den Klassikern der Traumfabrik.
Den Oscar erhielt die „Pretty Woman" allerdings erst 2000 für
ihre Hauptrolle in „Erin Brockovich".
Wer ist gemeint?

Richtig oder falsch?

„Sean Connery war
der erste Bond."

*Der erste Bond war
ein Schauspieler
namens Barry Nelson,
der den Agenten 1954
in einer Verfilmung
von „Casino Royale",
die für das Fernse-
hen gedreht wurde,
verkörperte. Connerys
erster Auftritt folgte
1962.*

Film und Fernsehen

Frage 7

Alfred Hitchcock gilt als „Master of Suspense". In welchem seiner Filme spielte Anthony Perkins die Hauptrolle?

Vertigo

Cocktail für eine Leiche

Psycho

Das Fenster zum Hof

Frage 8

Er wollte Stuntman werden und bekam Unterricht als Zirkusclown, spielte in Köln Theater und wirkte in der Serie „Schulmädchen-Report" mit. Seinen Durchbruch hatte er schließlich mit Doris Dörries Film „Männer". Dann kamen „Das Superweib", „Der Schattenmann", „Rossini", „Marlene", „Dresden"und „Die Sturmflut".
Wer ist der vielfach ausgezeichnete Darsteller?

Frage 9

Wie heißt der Künstler und Kabarettist, der uns als Rentner Lothar Dombrowski mit einer Armprothese oder als alerter Offizier Sanftleben das Lachen gefrieren lässt, wenn er sich erregt und mit „scheinbaren" Stammtischparolen über das Leben „da draußen" wettert?

Frage 10

Er gehört ins Guinnessbuch der Rekorde, weil er gemeinsam mit Marcel Reif 76 Minuten überbrücken musste, bis ein umgefallenes Fußballtor in Madrid wieder aufgebaut war. Inzwischen ist er so häufig im deutschen Fernsehen zu sehen, dass manche den Mann mit dem Konfirmandencharme für den mächtigsten Mann auf dem Bildschirm halten.
Wer ist der Moderator?

Frage 11

Der US-amerikanische Schauspieler Sylvester Stallone verkörperte unter anderem „Rocky", „Rambo", „Demolition Man" und „Judge Dredd".
Wie viele „Rocky"-Filme gibt es inzwischen?

Frage 12

Wie heißt der deutsche Comedystar, der eine Metzgerlehre abgeschlossen hat?

Bastian Pastewka	Ingo Appelt
Stefan Raab	Oliver Pocher

Film und Fernsehen

Frage 13

Bevor er zum Bond wurde, begab Pierce Brosnan sich schon einmal elegant beklei- det auf Verbrecherjagd. Wie heißt die Fernsehserie, in der er an der Seite von Stephanie Zimbalist ermit- telte?

Frage 14

Wie heißt der deutsche Showmaster, der Ende Dezember 2007 seinen 70. Geburtstag feierte? Er moderierte unter anderem die „ZDF-Hitparade".

Dieter Thomas Heck	Frank Elstner
Thomas Gottschalk	Günther Jauch

Frage 15

Er gilt als einer der wandlungsfähigsten deutschen Schau- spieler. Sein Können stellte er in Filmen wie „Nachts, wenn der Teufel kam", „Die Blechtrommel", „Fräulein Smillas Gespür für Schnee" oder „Rossini" unter Beweis. Im Fernsehen feierte er Triumphe in „Der große Bellheim" und „Der Schattenmann". Wer ist es?

Frage 16

Der Schauspieler österreichischer Herkunft begann seine Karriere als Bodybuilder bereits mit 18 Jahren. Trotz – oder wegen – seines starken österreichischen Akzents, der meist unbewegten Miene und den knappen Texten entwickelte er einen eigenen Charme und errang zahlreiche internationale Filmerfolge. Die Rede ist natürlich von Arnold Schwarzenegger. In welchem Film gab er sein Debüt als Schauspieler?

Herkules in New York	Conan – der Barbar
Terminator	Predator

Frage 17

Er hat Adolf Hitler, Richard Nixon, Pablo Picasso, sogar Richard Löwenherz dargestellt, doch sein Name wird mit Hannibal verbunden bleiben. Nicht mit dem Hannibal, der mit Elefanten über die Alpen gezogen ist – obwohl er auch den „Elefanten-menschen" gespielt hat – sondern mit Hannibal Lecter in dem Gruselthriller „Das Schweigen der Lämmer". Dafür bekam er 1991 den Oscar als bester Hauptdarsteller.
Welcher Brite ist gemeint?

Frage 18

Donald Duck, Mickey Mouse, Superman – alles ursprüng-lich gedruckte Comic-Hel-den, die es später auch zu Filmruhm brachten.
Welcher ist wohl der älteste von ihnen?

Film und Fernsehen

Frage 19

Er kann als legitimer Nachfolger von John Wayne und Gary Cooper gelten. „Für ein paar Dollar mehr" und „Zwei glorreiche Halunken" waren Meilensteine. Äußerst erfolgreich versucht er sich auch als Regisseur. 1993 erhielt er den Oscar für die beste Regie für „Erbarmungslos", den zweiten Oscar in dieser Kategorie gab es 2005 für „Million Dollar Baby".
Um wen geht es hier?

Frage 20

Die Tagesschau kennt jeder und fast jeder sieht sie regelmäßig. Wo wird sie produziert?

Köln	Mainz
Hamburg	München

INFO

Die Chefsprecher der Tagesschau

Karl-Heinz Köpcke (1964–1987), Sprecher ab 1959

Werner Veigel (1987–1995), Sprecher ab 1966

Dagmar Berghoff (1995–1999), Sprecherin ab 1976

Jo Brauner (2000–2004), Sprecher ab 1974

Jan Hofer (seit 2004), Sprecher ab 1986

Frage 21

Die Oper hat in ihrer Geschichte viele Wandlungen erlebt: von der Opera seria über die Opera buffa bis zu Operette und Musical.
Welche sogenannte Oper wurde erst durch das Fernsehen populär?

Frage 22

Die Süddeutsche Zeitung nannte ihn einmal den „lustigsten Münchner seit Karl Valentin." Er ist Schauspieler, Regisseur, Produzent und läuft unter dem Spitznamen „Bully" Herbig.
Wie lautet sein richtiger Vorname?

Frage 23

Für „Brokeback Mountain" wurde er mit einer Vielzahl von Filmpreisen geehrt, darunter der Oscar für die beste Regie, der Goldene Löwe der Filmfestspiele von Venedig 2005 sowie die Auszeichnung der Hollywood Foreign Press Association als bester Regisseur des Jahres. 2007 gewann er mit „Gefahr und Begierde" erneut den Goldenen Löwen in Venedig.
Wie heißt der Mann?

Richtig oder falsch?

„William Shatner war der erste Captain der ‚Enterprise'."

Frage 24

Die Frau mit den großen braunen Augen wuchs als Tochter einer deutschen Opernsängerin und eines amerikanischen Gesangslehrers, der als US-Soldat hier stationiert war, in Nürnberg auf. Deshalb spricht sie prima Deutsch mit fränkischem Akzent. Der Durchbruch gelang ihr 1994 im Film „Speed" mit Keanu Reeves und Dennis Hopper. Wer ist es?

Elke Sommer	Hilary Swank
Christine Kaufmann	Sandra Bullock

Jeffrey Hunter, der unter anderem den Jesus in „König der Könige" spielte, war in der Pilotfolge der „Star Trek"-Reihe Captain Christopher Pike.

Film und Fernsehen

Frage 25

Er ist Filmstar, Regisseur, Produzent und immer noch Schwarm der Frauen. Als Schauspieler hat er nie einen Oscar bekommen, dafür aber als Regisseur und für sein Lebenswerk. Unter anderem spielte er den „Großen Gatsby" und an der Seite von Paul Newman in „Der Clou". 1980 rief er das „Sundance Institute" in Utah ins Leben, das junge Filmemacher fördert. Wer ist der „Pferdeflüsterer"?

Frage 26

Goldene Palme, Goldener Löwe, Goldener Bär – so heißen die Ehrenpreise, die auf den wichtigen Filmfestspielen vergeben werden. Wo bekommt der Sieger die Goldene Palme?

Frage 27

Welche US-amerikanische Filmschauspielerin brillierte im Alter von 20 Jahren zusammen mit Humphrey Bogart in der Hemingway-Verfilmung „Haben und Nichthaben" (To Have and Have Not")? – Ein Jahr nach ihrem ersten gemeinsamen Film waren die beiden übrigens verheiratet.

Lauren Bacall

Joan Crawford

Marilyn Monroe

Betty Grable

Frage 28

Bevor er mit dem Oscar-gekrönten Film „Die Faust im Nacken"
Weltruhm erlangte, war er schon in Filmen wie „Endstation
Sehnsucht", „Viva Zapata!" oder „Der Wilde" aufgefallen. Er
galt in seiner Jugend als Antipode zu James Dean. Auch viele
seiner späten Filme
wie „Der letzte Tango
in Paris", „Duell am
Missouri" oder „Der
Pate" waren große
Meisterwerke.
Wer war der Schau-
spieler?

KURIOSES

Der gesuchte Schauspieler sollte 1972 eigentlich den Oscar als bester Schauspieler
für seine Titelrolle in „Der Pate" (als Don
Vito Corleone) erhalten. Bei der Vergabe
kam es allerdings zu einem Eklat: Eine
junge Frau in Apachenkleidung verlas seine
Ablehnung des Filmpreises und eine Soli-
daritätserklärung mit dem American Indian
Movement. Später stellte sich heraus, dass
es sich um keine Indianerin, sondern um
eine Schauspielerin namens Maria Cruz
gehandelt hatte.

Frage 29

Der Mann wurde mit einer Arztserie im Fernsehen berühmt
und zu einem der begehrtesten Filmhelden Hollywoods. Sein
Film „Good Night, and Good Luck" bei dem er Regie führte,
das Drehbuch schrieb und als Darsteller zu sehen war, wurde
auf den Filmfestspielen von Venedig ausgezeichnet. Einen
Oscar gewann er als bester Nebendarsteller für seine Rolle in
„Syriana". Wer ist der Frauenschwarm?

Clint Eastwood	Robert Redford
George Clooney	Kevin Costner

Frage 30

„Saturday Night Fever" (1977) handelt vom Leben Jugendlicher
in der New Yorker Diskothekenszene und porträtiert die dort
entstandene Subkultur. Regie führte John Badham.
Wer spielte die männliche Hauptrolle?

Film und Fernsehen

Frage 31

Besonderer Beliebtheit bei Jung und Alt erfreuen sich tierische Charaktere in Comic-Serien. Dazu gehört auch ein Beagle, der sich nur selten artgerecht verhält, meist auf dem Dach seiner Hütte liegt und sich philosophischen Gedanken hingibt. Wie heißt der Hund von Charlie Brown bei den „Peanuts"?

Goofy	Pluto
Snoopy	Schnauz

Frage 32

Der betrunkene Anwalt in dem Kultfilm und Roadmovie „Easy Rider" machte ihn 1969 weltbekannt. Danach kamen filmische Highlights wie „Chinatown", „Einer flog über das Kuckucksnest", „Zeit der Zärtlichkeit" und „Wenn der Postmann zweimal klingelt". Später brachte ihm seine liebenswerte Darstellung eines egoistischen Menschenhassers in „Besser geht's nicht" 1998 den dritten Oscar ein.
Wer ist der Mann mit dem teuflischen Grinsen?

Richtig oder falsch?

„Alan Smithee ist ein Regisseur."

Frage 33

Zu den bekanntesten Filmen von Brigitte Bardot zählen „Das Gänseblümchen wird entblättert", „Die Wahrheit", „Viva Maria!", „Die Verführerin", „.... und immer lockt das Weib". Heute engagiert sich die Französin besonders im Tierschutz. Welche Tätigkeit übte sie aus, als sie in jungen Jahren für den Film entdeckt wurde?

Hutmodell	Tänzerin
Bardame	Tierärztin

Obwohl sein Name häufig in den Credits eines Films auftaucht, ist Alan Smithee (Anagramm für „The Alias Man") nur ein Pseudonym und wird von Regisseuren verwendet, wenn sie ihren Namen nicht im Abspann des Endprodukts sehen wollen.

Frage 34

Wie heißt der Schöpfer der Fernsehserien „Münchner Gschichten", „Monaco Franze" und „Kir Royal" und der Filme „Schtonk" und „Rossini"?

Frage 35

„Casablanca" – ein Kultfilm des Regisseurs Michael Curtiz aus dem Jahr 1942. Eine Liebesromanze kombiniert mit Zeitgeschichte und Krimi. Das AFI (American Film Institute) wählte Casablanca 2007 zum drittbesten US-Film aller Zeiten. Hauptdarsteller war Humphrey Bogart. Doch wer spielte die weibliche Hauptrolle?

Vivian Leigh	Ingrid Bergman
Katharine Hepburn	Greta Garbo

Frage 36

Nach seinem Untergang in „Titanic" tauchte er weltweit auf. Heute zählt er zu den erfolgreichsten Schauspielern Hollywoods. Zur Verleihung des Golden Globe 2007 war er für zwei Rollen (in „Departed – Unter Feinden" und „Blood Diamond") als bester Hauptdarsteller in einem Drama nominiert. Er setzt sich für den Umweltschutz und gegen die globale Erwärmung ein.
Wie heißt der Star?

Film und Fernsehen

Frage 37

Der niederländische Unterhaltungskünstler Rudi Carrell avancierte in den 60er- und 70er-Jahren des 20. Jahrhunderts zum beliebtesten Showmaster der Deutschen. 1974 startete seine Samstagabendshow, in der sich der Gewinner die Preise merken musste, die an einem Förderband an ihm vorbeiliefen. Wie hieß die Show?

Frage 38

„La dolce vita" heißt ein Schwarz-Weiß-Film aus dem Jahr 1960 mit Marcello Mastroianni und Anita Ekberg in den Hauptrollen. Weltberühmt wurde die Szene mit Ekberg im Trevi-Brunnen. Wer war der Regisseur?

Frage 39

Es gibt inzwischen über 20 James-Bond-Filme. Welcher Darsteller hat den Geheimagenten am häufigsten verkörpert?

Autos in den Filmen von James Bond (Auswahl)

Sunbeam Alpine Series 5 – Dr. No (1962)

Bentley Mark IV – Liebesgrüße aus Moskau (1963)

Aston Martin DB5 – Goldfinger (1964), Feuerball (1965), Casino Royale (2006), GoldenEye (1995), Der Morgen stirbt nie (1997)

Toyota 2000 GT – Man lebt nur zweimal (1967)

Ford Cougar 1969 Convertible – Im Geheimdienst Ihrer Majestät (1969)

Ford Mustang 1971 Mach 1 – Diamantenfieber (1971)

Lotus Esprit – Der Spion, der mich liebte (1977), Im Angesicht des Todes (1981), Man lebt nur zweimal (1967)

Alfa Romeo GTV – Octopussy (1983)

Aston Martin V8 Vantage – Der Hauch des Todes (1987)

BMW Z3 – GoldenEye (1995)

BMW 750i – Der Morgen stirbt nie (1997)

BMW Z8 – Die Welt ist nicht genug (1999)

Aston Martin V12 Vanquish – Stirb an einem anderen Tag (2002)

Aston Martin DBS – Casino Royale (2006)

Pierce Brosnan

Timothy Dalton

Roger Moore

Sean Connery

Frage 40

Wie heißt die Quizsendung, die Hans Rosenthal im ZDF moderierte, bei der er gern mal in die Luft ging? – Und zwar mit dem Ausruf „Sie sind der Meinung, das war Spitze ...".

Frage 41

Diese Gruppe von Freunden – jeder ein berühmter und populärer Entertainer – gab in Las Vegas zwischen 1959 und 1966 zahlreiche Konzerte. Ihre großen gemeinsamen Bühnenshows setzten sich aus Kabarett und bekannten Songs zusammen, zudem machten sie keinen Hehl aus ihrer Trinkfestigkeit. Lauren Bacall soll die Bezeichnung erfunden haben, unter der die Gruppe bekannt und begehrt war. Wer gehörte nicht zum „Rat Pack"?

Frank Sinatra	Dean Martin
Sammy Davis Jr.	Wayne Newton

Frage 42

Guildo Horn und seine Gruppe „Die Orthopädischen Strümpfe" fielen mit ironisch überzeichneter Interpretation deutscher Schlagerseligkeit auf. Beim Eurovision Song Contest 1998 belegte Horn mit dem Titel „Guildo hat euch lieb!" den siebten Platz.

Was aber hat Guildo Horn mit dem deutschen Bundespräsidenten gemeinsam?

Platzierung des deutschen Beitrags in den letzten zehn Jahren
2007 – Platz 19 – Roger Cicero – „Frauen regier'n die Welt"
2006 – Platz 15 – Texas Lightning – „No No Never"
2005 – Platz 24 – Gracia – „Run & Hide"
2004 – Platz 8 – Max – „Can't Wait Until Tonight"
2003 – Platz 12 – Lou – „Let's Get Happy"
2002 – Platz 21 – Corinna May – „I Can't Live Without Music"
2001 – Platz 8 – Michelle – „Wer Liebe lebt"
2000 – Platz 5 – Stefan Raab – „Waddehaddeduddeda"
1999 – Platz 3 – Sürpriz – „Reise nach Jerusalem"
1998 – Platz 7 – Guildo Horn – „Guildo hat euch lieb!"

Film und Fernsehen

Frage 43

Der deutsche Film hat in den letzten Jahren ein paar interessante männliche Charakterdarsteller hervorgebracht. Wer spielte die männliche Hauptrolle in „Männerpension"?

Moritz Bleibtreu

Heiner Lauterbach

Uwe Ochsenknecht

Til Schweiger

Frage 44

Schon sein Vater war ein Weltstar. Er selbst begann als Serienheld an der Seite von Karl Malden in den „Straßen von San Francisco". Weltstar wurde er mit Filmerfolgen wie „Eine verhängnisvolle Affäre", „Basic Instinct", „Die Jagd nach dem grünen Diamanten".
Wer ist in zweiter Ehe mit Schauspielerin Catherine Zeta-Jones verheiratet?

Frage 45

Hannilein, Siggi Schwäbli, Evje van Dampen, Horst Schlämmer – das waren und sind die Rollen, die Hape Kerkeling sich auf den Leib schreibt. Woher kommt das Hape?

Frage 46

Die amerikanische Schauspielerin Grace Kelly wurde durch Filme wie „Zwölf Uhr mittags" (1952 mit Gary Cooper) und „Bei Anruf Mord" (1954 mit Robert Cummings) weltberühmt. Nach der Hochzeit 1956 gab sie ihre Karriere auf und änderte ihren Namen.
Wie hieß sie bis zu ihrem Tod?

Frage 47

Ihre Hauptaufgabe besteht in der Prüfung von Filmen, Video-kassetten und DVDs nach den Vorschriften des Jugendschutz-gesetzes. Was bedeutet die Abkürzung „FSK"?

Frage 48

Seit 1981 wird „Wetten, dass..?" ausgestrahlt. Die Samstagsabendshow gilt als erfolgreichste in Europa. Neben dem Erfinder Frank Elstner, der auch die ersten Jahre als Showmaster durch die Sendung führte, waren noch zwei weitere Modera-toren am Werk. Seit 1994 ist „Wetten, dass..?" (zum zweiten Mal) mit Thomas Gottschalk verbunden. Wer war nach Elstner und dem ersten Einsatz von Gottschalk Moderator dieser Show?

Wolfgang Lippert	Jürgen von der Lippe
Harald Schmidt	Rudi Carrell

Richtig oder falsch?

„Carmen Thomas wurde vom ZDF wegen ihres Verspre-chers ‚Schalke 05' entlassen."

Carmen Thomas war 1973 die erste Frau, die das „Aktuelle Sportstudio" mode-rieren durfte. Nach ihrem viel beachteten Versprecher moderier-te sie aber tatsächlich noch einige weitere Sendungen, bevor sie zum WDR wechselte.

Film und Fernsehen

Frage 49 🔅

Ihr Vater war englischer Bankier, ihre Mutter holländische Baronin. Berühmt wurde sie als zerbrechliche Filmfee in Filmen wie „Frühstück bei Tiffany", „Ein Herz und eine Krone", „Charade" und „My Fair Lady". Ihr Bronzedenkmal steht vor dem UNICEF-Gebäude in New York – sie war auch UNICEF-Botschafterin. Von wem ist die Rede?

Frage 50 🔅

Die Filmfestspiele in Venedig gehören zu den wichtigsten der Welt. Wie heißt der Siegespreis, der dort verliehen wird?

Goldener Löwe	Goldene Palme
Silberner Lorbeer	Golden Globe

Preisträger in der Kategorie „Bester Film" der Filmfestspiele Venedig
2007 – „Gefahr und Begierde" – Ang Lee
2006 – „Still Life" – Jia Zhang-Ke
2005 – „Brokeback Mountain" – Ang Lee
2004 – „Vera Drake" – Mike Leigh
2003 – „The Return – Die Rückkehr" – Andrei Swjaginzew
2002 – „Die unbarmherzigen Schwestern" – Peter Mullan
2001 – „Monsoon Wedding" – Mira Nair
2000 – „Der Kreis" – Jafar Panahi
1999 – „Keiner weniger – Not One Less" – Zhang Yimou
1998 – „So haben wir gelacht" – Gianni Amelio

Frage 51 🔅🔅🔅

Alle Jahre wieder ist es für viele Menschen Pflicht, den Kultsketch zu sehen. Trotz diverser Hindernisse versucht der Butler bei „Dinner for One", seine Chefin, Miss Sophie, zufriedenzustellen.
Wie heißt der Admiral in der virtuellen Geburtstagsgesellschaft?

Frage 52

Der „Altmeister des TV-
Talks" und leidenschaft-
liche Hobbykoch Alfred
Biolek plauderte und
kochte bis zum Frühjahr
2007 in der Sendung
„Alfredissimo" zusammen
mit seinen Gästen.
Wie heißt seine erste
eigene Show, von 1978 bis
1985 von der ARD ausge-
strahlt, mit der er populär wurde?

Frage 53

Michael Graeter wurde in München als Gesellschaftsreporter
bekannt. Von ihm stammt auch die Vorlage zu Helmut
Dietls Society-Satire „Kir Royal" über das Berufsleben eines
Klatschreporters. Wie heißt die Figur, die von Franz Xaver
Kroetz gespielt wurde?

Baby Schimmerlos	Patrick Süskind
Monaco Franze	Rossini

Frage 54

Figentlich reicht die Beschreibung „TV-Bulle". Er ist aber auch
Kabarettist und gilt als Mann mit der geringstmöglichen Mimik.
1985 gewann er den „Salzburger Stier" und ein Jahr später den
Deutschen Kleinkunstpreis. Viermal erhielt er in Österreich die
„Goldene Romy" als beliebtester Serienstar.
Wer ist der Schauspieler?

Film und Fernsehen

Frage 55 💡

Der große Durchbruch gelang ihr in „Zur Sache Schätzchen".
Nach einigen Filmen mit Roy Black folgte das Fernsehen.
Bald stand sie selbst im Mittelpunkt von Serien wie „Unsere
schönsten Jahre" und „Zwei Münchner in Hamburg" mit Dauer-
partner Elmar Wepper. Weitere Erfolgsserien waren „Anna
Maria – eine Frau geht ihren Weg" und „Sylvia – eine Klasse
für sich". 1992 wurde sie mit dem Bayerischen Verdienstorden
und 1998 mit dem Bundesverdienstkreuz ausgezeichnet.

Frage 56 💡💡

Es gab viele James-Bond-Darsteller – von Sean Connery bis
Daniel Craig. Doch wer hat die Rolle nur ein einziges Mal verkörpert? Achtung: Craig als „neuer Bond" zählt dabei nicht.

Frage 57 💡💡💡

„Don Camillo" – eine berühmte Figur in Buch und Film. Wie
heißt ihr Darsteller?

Richtig oder falsch?

„Der Eurovision Song
Contest heißt erst seit
einigen Jahren so."

Der Begriff „Grand
Prix", der sich in
Deutschland für
diesen Wettbewerb
durchgesetzt hat,
wurde nur wenige
Male und zuletzt 1967
als offizielle Bezeich-
nung verwendet. Welt-
weit als die Hälfte
der Veranstaltungen
– darunter die erste
im Jahr 1960 – liefen
unter dem Namen
„Eurovision Song
Contest".

Frage 58 🔆

Frank Elstner (* 1942) war beim Rundfunk, ging dann zum Fernsehen und schuf die TV-Spielshows „Punkt Komma Strich", „Spiel ohne Grenzen", „Montagsmaler" – und außerdem den erfolgreichsten Samstagabend-Dauerbrenner der deutschen Fernsehgeschichte.
Wie heißt die Show, die immer noch sechs oder sieben Mal jährlich aus unterschiedlichen Städten in Deutschland, Österreich oder der Schweiz live übertragen wird?

Frage 59 🔆🔆

Sie ist mit einem prominenten Verleger verheiratet, von Beruf Ärztin und Schauspielerin und außerdem Präsidentin des Kuratoriums der Hilfsorganisation „Ärzte für die Dritte Welt". Sie engagiert sich im Stiftungsvorstand „Bündnis für Kinder – Gegen Gewalt" und arbeitet in Krisengebieten im Ausland. Eine ihrer bekannten Fernsehrollen ist die Hauptkommissarin Charlotte Lindholm. Um wen handelt es sich?

Frage 60 🔆

In welchem Film will ausgerechnet eine Ratte ein berühmter Chefkoch werden?

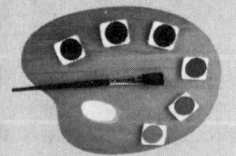

Kunst

Frage 61 💡💡💡

Wie heißt der englische Kunsttischler,
der – beeinflusst vom französischen
Rokoko und traditioneller britischer
Möbelbauweise – Mitte des 18. Jahrhunderts einen neuen britischen
Möbelstil schuf, um so ästhetischen
und funktionalen Ansprüchen gleicher-
maßen zu genügen?

Frage 62 💡

1707 gelang dem Mathematiker und Physiker E. W. von Tschirnhaus die Produktion des so genannten Böttgersteinzeugs.
Damit hatte Tschirnhaus eine Tonware neu erfunden, die schon
im alten China hergestellt wurde. Wie heißt sie?

Richtig oder falsch?

„Der Architekt des
Eiffelturms war
Gustave Eiffel."

Frage 63 💡💡

In Mexiko finden sich anthropomorphe Steinskulpturen, die
noch aus der altamerikanischen Zeit erhalten sind. Sie sind
auf dem Rücken liegend dargestellt, mit angezogenen Knien,
aufgestützten Ellenbogen,
seitlich abgewandtem Gesicht
und einer auf dem Bauch mit
beiden Händen festgehaltenen
Schale zur Aufnahme von
Opfergaben. Vor den Tempeln
verschiedener Götter aufgestellt, hatten sie die Funktion
von Opferaltären. Wie heißen
diese Skulpturen?

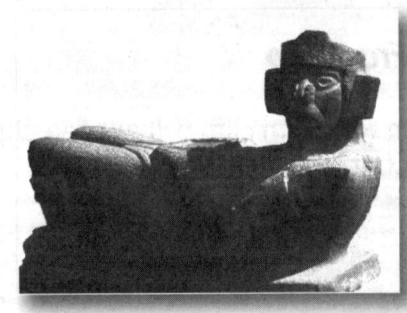

Zapoteken	Chac-Mool
Vitzliputzli	Tiahuanaco

Der Architekt war:
Charles Léon Stephen
Sauvestre. Er arbeitete
in der Firma des Inge-
nieurs Eiffel.

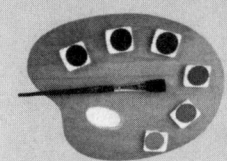

Frage 64

Wie heißt die Richtung der abstrakten Kunst, in deren Werken die expressive Aktion des Malvorgangs sichtbar wird? Um das Unbewusste sprechen zu lassen, wurde ein spontaner, unreflektierter Malablauf gesucht. Von den Vertretern dieser Kunstrichtung wurde die Farbe auf die Leinwand getropft (Drip Painting). Dafür legte man die Leinwand auf den Boden und füllte sie von oben mit Farben und Mustern.

- Readymade
- Airbrush
- Abstraction-Création
- Actionpainting

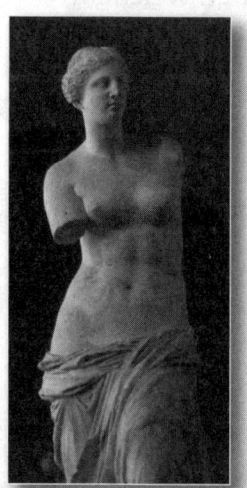

Frage 65

Wie heißt eine unvollendete oder nicht vollständig erhaltene Skulptur (zumeist nur der Rumpf)? Sie wird seit der Renaissance auch als Imitat der Antike oder für Studienzwecke genutzt, in der modernen Kunst jedoch als gültige Form plastischen Schaffens angesehen.

Frage 66

Der Maler, Bildhauer und Grafiker war Mitbegründer der „Fauves". Er gilt als einer der Hauptmeister der französischen Kunst in der ersten Hälfte des 20. Jahrhunderts. Kennzeichnend für seine Kunst waren die vereinfachende, dekorative Form und die reinen, intensiven, unvermittelt und kontrastreich gegeneinandergesetzten Farben. Berühmte Werke sind u. a. „Der Tanz" und „Die rumänische Bluse".
Wie heißt der Künstler?

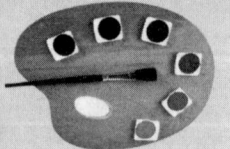

Kunst

Frage 67 💡💡

Das „Bauhaus" wurde gleich nach dem Ersten Weltkrieg in Weimar gegründet. Es übte entscheidenden Einfluss auf die Entwicklung der modernen Architektur und des modernen Industriedesigns aus.
Wer war der Gründer?

Frage 68 💡💡💡

Edouard Manet und Claude Monet, zwei französische Maler, zwei Freunde, zwei sogenannte Impressionisten. Sie schufen auch beide ein Bild, das den gleichen Titel trägt. Welchen?

Das Frühstück im Grünen	Frauen vor Flußlandschaft
Die Brücke von Avignon	Bar in den Folies Bergère

Frage 69 💡

Er war Maler, Bildhauer, Baumeister, Naturforscher und als Entdecker und Erfinder ein Visionär: Mit den naturkundlichen Studien leitete er die systematische Wissenschaftsmethodik ein, die von ihm entwickelten mechanischen Apparate waren seiner Zeit weit voraus. Dennoch war er in erster Linie ein bedeutender Maler.
Wer war das Universalgenie?

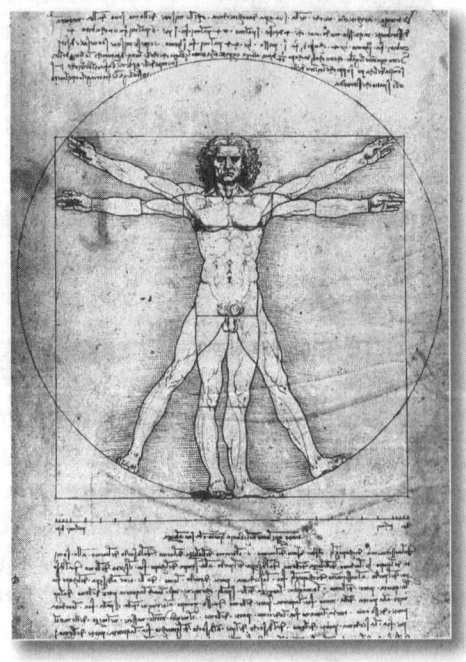

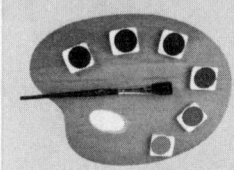

Frage 70

Wie nennt man die von Römern erfundenen ein- oder mehr-
stöckigen Bogenbrücken, die mit leichtem Gefälle über lange
Strecken als künstliche Wasserleitungen gebaut wurden?

Frage 71

Ursprünglich war es ein Raum für Sänger und Priester im Inneren altchristlicher Kirchen. Später wurde der Begriff übertragen
auf den Altarraum im Ostteil des Hauptschiffs. Als Aktions-
bereich der Geistlichen wird er in der Regel vom Laienteil der
Kirche abgehoben.
Wie heißt dieser Raum?

Frage 72

Er gilt als der größte deutsche Landschaftsmaler des 19. Jahrhunderts. Seine dramatischen Gemälde offenbaren die Größe
der Natur, neben der der Mensch an Bedeutung verliert. Wie ist
der Name des Künstlers?

Matthias Grünewald	Caspar David Friedrich
Philipp Otto Runge	Hans Holbein

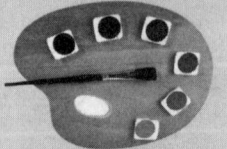

Kunst

Frage 73

Wie nennt man Gemälde, die auf frischen, feuchten Kalkputz aufgetragen werden und im Verlauf des Trocknungsprozesses eine sehr haltbare Verbindung eingehen? Eine Technik übrigens, die schon bei Ägyptern und Etruskern bekannt war.

Fresko

Relief

Naturell

Trompe-l'œil

Frage 74

Das Gemälde „De compagnie van Frans Banning Cocq" stammt von Rembrandt. Es gehört sicher zu den bekanntesten Bildern überhaupt. Und doch kann es sein, dass Sie noch nie davon gehört haben.
Unter welchem Titel ist es in die Kunstgeschichte eingegangen?

Frage 75

Sie gingen hinaus aus den Ateliers, malten in freier Natur und wurden deshalb die „Freiluftmaler" genannt.
Welches Bild gab der Gruppe französischer Maler aber den eigentlichen Namen, den sie bis heute tragen?

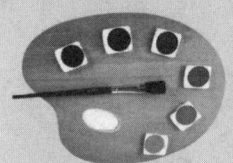

Frage 76 🔆

Um ein Kunstwerk in einen Rahmen einzupassen, dessen Abmessungen die Abmessungen des Kunstwerks übertreffen, fügt man es oft in einen zweiten Rahmen aus Pappe oder Papier ein.
Wie nennt man diesen?

Frage 77 🔆🔆

Wie bezeichnet man die Kunstrichtung, die versucht, die Natur an Ort und Stelle durch künstlerische Eingriffe und Installationen umzugestalten und so eine neue Sicht auf die Dinge zu schaffen?

Pop-Art	Land-Art
Artefakt	Naturalismus

Frage 78 🔆🔆

Während der Ausstellung „Exposition Internationale des Art Décoratifs et Industriels Modernes" in Paris entstand 1925 ein Begriff, der für eine ganze Stilrichtung stand, die durch Ornamentik und Design den späten Jugendstil ablöste.
Wie heißt dieser Stil?

Kunst

Frage 79

In seinem Spätwerk, der Installation „Plight" von 1985, sah der Betrachter lediglich zwei Räume, die vollkommen mit Filzrollen schalldämmend ausgekleidet worden waren und in denen nur ein Konzertflügel stand, auf dem eine Schultafel und ein Fieberthermometer lagen – wahrscheinlich in Anspielung auf das „Wohltemperierte Klavier" von Bach.
Wie heißt der Künstler?

Frage 80

Alle fünf Jahre findet in Kassel für jeweils 100 Tage im Sommer eine internationale Ausstellung statt, die einem breiten Publikum die momentane Situation und die aktuellen internationalen Trends in der bildenden Kunst zeigt.
Wie heißt diese zeitlich begrenzte Ausstellung?

Frage 81

Nach wenig erfolgreichen Ausstellungen beim Pariser Salon schloss er sich der Gruppe junger unabhängiger Maler an, die man später die Impressionisten nannte. Er malte bevorzugt Reiter, Tänzerinnen und weibliche Akte. Doch in den letzten Lebensjahren erblindete er fast völlig, sodass er 1898 das Malen aufgab und nur noch modellierte.
Wer war der Künstler?

Claude Monet	Edouard Manet
Edgar Degas	Paul Cézanne

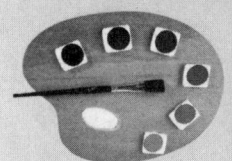

Frage 82

Wie nennt man die halbkreisförmige Nische am Ende eines Chores bzw. als Abschluss von Mittel-, Seiten- und Querschiffen einer Kirche, die seit dem Mittelalter als Standort für Altäre, Reliquienschreine und Heiligenfiguren dient?

Apsis	Apanage
Apostolikum	Apokryphon

Frage 83

Der Maler, Kupferstecher und Holzschneider hat über 80 Gemälde und mehr als 1500 grafische Blätter hinterlassen. Er schuf Gemälde religiösen Inhalts, Landschaftsaquarelle, zeichnete realistische Tier- und Pflanzenstudien und immer wieder Porträts. Er hat die italienische Malerei der Renaissance nach Deutschland geholt und ihr ein eigenes Gepräge gegeben. Wer ist dieser größte und einflussreichste deutsche Renaissancemaler?

Richtig oder falsch?

„Die „Sixtinische Madonna" ist in der ‚Sixtinischen Kapelle' zu sehen."

Frage 84

Man streitet, wie er wirklich hieß, der Maler, der einen weltberühmten Flügelaltar geschaffen hat. Möglicherweise hieß er Mathis Nithart und nannte sich zusätzlich auch Gothart, in die Kunstgeschichte ging er jedenfalls ein unter dem Namen Matthias Grünewald. Tausende von Kunstkennern pilgern Jahr für Jahr nach Colmar, wo sein Altar heute im Museum Unterlinden ausgestellt ist.
Wie heißt das Kunstwerk?

Das Gemälde hängt in Dresden, es zeigt als Nebenfigur Papst Sixtus II.

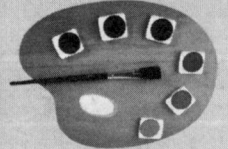

Kunst

Frage 85

Kaiserdome heißen die monumentalen Kirchenbauten, die als Ausdruck imperialer Macht im 11. bis 13. Jahrhundert in Deutschland auf Veranlassung kaiserlicher Bauherren oder zur Aufnahme von Kaisergräbern errichtet wurden. Die Bezeichnung wird vor allem auf rheinischen Dome angewendet. Welcher gehört nicht dazu?

Speyer	Mainz
Worms	Köln

Frage 86

Die Sixtinische Kapelle ist weltberühmt durch die Deckenfresken, die Michelangelo im Auftrag von Papst Julius II. zwischen 1508 und 1512 malte. Doch warum heißt sie „Sixtinische Kapelle"?

Frage 87

Sein Name wird mit moderner Kunst gleichgesetzt. Er schuf unermüdlich Gemälde, Zeichnungen und Radierungen sowie Plastiken. Im Nachhinein kann sein Gesamtwerk stilistisch nicht eingeordnet werden.
Wer war das Jahrhundertgenie?

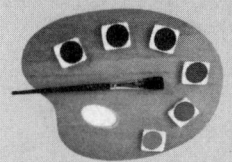

Frage 88

In Spanien schuf der Architekt mit
einer eigentümlichen Mischung aus
gotischen, maurischen und barocken
Elementen und unter Einsatz runder
Formen und neuer statischer Möglichkeiten eigenwillige Bauten.
Wie heißt der Mann?
Tipp: Ein Hauptwerk ist die Kirche
der Sagrada Familia in Barcelona.
Der Baubeginn war 1882, sie ist aber
noch lange nicht vollendet.

Frage 89

Um 1814 musste sich ein spanischer Maler vor der Inquisition
für zwei berühmte Gemälde rechtfertigen. „Die nackte Maja"
war ursprünglich durch ein Scharnier mit seinem Gegenstück
„Die bekleidete Maja" verbunden – mittels dieser Vorrichtung
ließ sich die freizügige Variante durch die züchtige Darstellung
verdecken. Wie heißt der Maler?

| Diego Velázquez | Francisco de Goya |
| Bartolomé Esteban Murillo |

| El Greco | |

Frage 90

Seit dem 10. Jahrhundert gab es im europäischen Sakralbau
galerieartige Einbauten aus Stein oder Holz auf Freistützen. Sie
dienten der Vergrößerung des Nutzraumes oder der Abtrennung bestimmter Gruppen, wie Nonnen oder Adliger.
Wie heißen diese Einrichtungen?

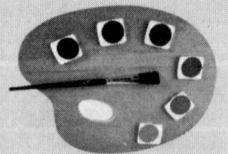

Kunst

Frage 91

Der alternde Le Corbusier, einer der einflussreichsten Architekten seiner Zeit, hat 1955 eine katholische Wallfahrtskirche errichtet, in der das mystische Urerlebnis des Christentums in einem halbdunklen, höhlenartigen Raum mit modernen Stilmitteln erneuert wird. Wo steht die Kapelle?

In Ronchamp

In La Celle-Saint-Cloud

In Saint-Dié-des-Vosges

In Neuilly-sur-Seine

Frage 92

Die Italiener der Renaissance, die sich um 1400 der Erneuerung der Antike zuwandten, bezeichneten den mittelalterlichen Baustil verächtlich als „fremdartig" und „barbarisch".
Welcher Baustil ist gemeint?

Richtig oder falsch?

„Die Berliner Gedächtniskirche heißt so, weil sie an den Krieg erinnern soll."

Die „Kaiser-Wilhelm-Gedächtniskirche" soll an Kaiser Wilhelm I. erinnern, im Zweiten Weltkrieg zerstört und als Ruine belassen, wurde sie mit der Zeit auch zu einem Mahnmal gegen den Krieg.

Frage 93

In der italienischen Frührenaissance wurde ein hellenistisches Dekorationselement aus dem Blatt- und Rankenwerk stilisierter Pflanzen wieder neu belebt.
Wie nennt man diesen Schmuck für Friese, Pilaster und Sockel?

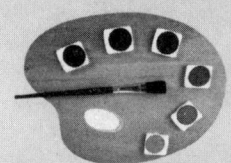

Frage 94

Im Zeitalter des ausgehenden Barock wurde das Ornamentale und Dekorative in Malerei und Architektur betont. Dabei spielte das Muschelornament eine besondere Rolle, französisch „rocaille". Von diesem Wort leitete sich die Bezeichnung für einen Stil ab, der die Zeit von ca. 1720 bis 1780 beherrschte.
Wie heißt dieser Stil?

Frage 95

Bereits von der altägyptischen, griechischen und römischen Baukunst kennen wir den durch Bogen mit Pfeilern oder Säulen gegliederten Durchgang. Als beliebtes Element der Außengliederung von Baukörpern wurde er in allen Stilperioden bis zur Gegenwart angewendet. Wie nennt sich solch ein Bogengang?

Arsenal	Arkade
Apsis	Appendix

Frage 96

Wie nennt man die Malerei künstlerischer Autodidakten, deren Werke das ungebrochene Verhältnis der Welt zu ihrer Darstellung zeigen? Beispielhaft für diese Richtung sind die Märchenträume des französischen Zollbeamten Henri Rousseau.

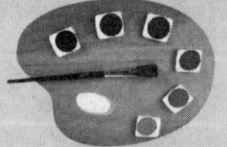

Kunst

Frage 97

Er wurde knapp 100 Jahre alt und war vielleicht der repräsentativste Maler der Renaissance. Neben Bildnissen von Frauen erhielt er vor allem Aufträge für die Anfertigung prachtvoller Porträts. Er malte Kaiser, Päpste und Dogen. Als er starb, erwies ihm Venedig die Ehre eines Staatsbegräbnisses. Wer war's?

Tipp: Ein Farbton wurde nach ihm benannt.

Frage 98

Zu den ältesten Skulpturen, die wir kennen, gehören kleine Stein- oder Knochenstatuetten, die eine nackte, meist sehr fettleibige Frau wiedergeben. Die Körperhaltung ist von blockartiger Geschlossenheit. Einzelheiten, wie z. B. Gesichtszüge oder Füße, werden nicht berücksichtigt. Wie heißt die älteste dieser Damen?

Venus von Willendorf	Venus von Milo
Venus vom Esquilin	Venus vom Urbino

Frage 99

Wie wurde der später weltberühmte Maler Domenikos Theotokopoulos in seiner Wahlheimat genannt?

Chirocco

Il Principe

El Greco

El Fresco

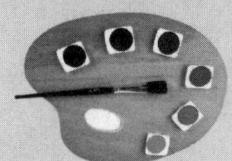

Frage 100 💡💡

Wie nennt man einen künstlich angelegten Landschaftsgarten, der aber der Natur weitgehend entspricht? Entstanden ist diese Form im 18. Jahrhundert in England.

Frage 101 💡💡💡

Ende 1504 ging er nach Florenz, wo er sich von den Werken Leonardos, Fra Bartolomeos und Michelangelos inspirieren ließ. Nach und nach fand er zu einem eigenen, von der Antike geprägten Stil, in dem er das von der Hochrenaissance erstrebte Ideal harmonischer, klar gestalteter Formen verwirklichte. 1515 wurde er Bauleiter der Peterskirche und Konservator antiker Baudenkmäler in Rom.
Wer war der Künstler?

Frage 102 💡

Der „Palazzo degli Uffizi" wurde ursprünglich für die Unterbringung von Ministerien und Ämtern erbaut. Heute gehört er zu den bekanntesten Museen der Welt mit Werken der Malerei und Bildhauerei von der Antike bis zum Spätbarock. Wo steht diese Kulturinstitution?

Kunst

Frage 103

Um das Jahr 1000 weisen die Kirchen mächtige Mauern und Portale auf. Oft erinnern die Gebäude an römische Quaderbauten. Der Rundbogen gilt als ihr Erkennungsmerkmal. Wie heißt diese Epoche?

Frage 104

In der politischen Windstille nach den Napoleonischen Kriegen bildet sich in Deutschland eine eigene Stilepoche heraus: „Malerpoeten" wie Ludwig Richter oder Carl Spitzweg verklären eine idyllische, kleinbürgerliche Welt.
Wie heißt die Epoche?

Frage 105

Ursprünglich war es nur der innere, von Räumen umschlossene Wohnhof eines römischen Hauses. Allmählich entwickelte er sich durch Säulenhallen, Brunnen und Pflanzen zum Repräsentationsraum. Von dort wurde der Grundgedanke auf viereckige, von Säulenhallen umgebene Vorhöfe übertragen. Wie heißt so ein Viereck?

Aula	Atrium
Arkade	Arena

Frage 106

Ein Sonderfall der Malerei des 20. Jahrhunderts ist der in Paris um 1920 entstandene Surrealismus, der sich mit dem Unbewussten beschäftigt und auf seinen Bildern (alb-)traumartige Zustände wiedergibt. Welcher dieser Maler ist ein typischer Vertreter des Surrealismus?

Max Beckmann

Paul Klee

Salvador Dalí

Marc Chagall

Frage 107

Er erhielt seine Aufträge von den Medici. Zwei seiner Bilder sind zu modernen Kultbildern geworden. Im ersten erhebt sich Venus als schaumgeborene Göttin aus einer Muschel, bekleidet lediglich mit ihrem langen blonden Haar. Das andere Bild heißt „La Primavera", der Frühling.
Wie heißt der Italiener?

Richtig oder falsch?

„Paul Klee war einer der wichtigsten deutschen Maler des 20. Jahrhunderts."

Frage 108

Der „Blaue Reiter" wurde im Dezember 1911 in München als Künstlervereinigung von zwei Malern gegründet. „Den Namen ‚Der Blaue Reiter' erfanden wir am Kaffeetisch in der Gartenlaube in Sindelsdorf. Beide liebten wir Blau, er Pferde, ich Reiter. So kam der Name von selbst," schrieb der eine später. Wer war der Maler, der die Pferde liebte?

Klee wurde 1879 bei Bern geboren, war also Schweizer.

65

Kunst

Frage 109 💡💡💡

Wie heißt ein dreigeteiltes Gemälde, das aus einer Mitteltafel und zwei meist schmaleren Flügeln besteht?
Tipp: Mit christlichen Motiven und mit beweglichen Seitenteilen zum Verschließen des Mittelteils ist es eine mögliche Form eines Flügelaltars.

Frage 110 💡💡💡

In den Domen und Klosterkirchen des 13. Jahrhunderts begann man, zwischen Priesterchor und Laienraum ein abschließendes Bauteil einzusetzen, das durch Türöffnungen für bestimmte Gruppen durchlässig ist und als Plattform für den Sängerchor oder als Lesebühne für den Vortrag des Evangeliums dienen kann. Wie nennt man dieses Bauteil?

Apsis	Lettner
Vierung	Empore

Frage 111 💡

Wie nennt man den runden oder ovalen Schauplatz für Spiele und Theatervorführungen, Gladiatoren- oder Stierkämpfe in Amphitheatern oder im Zirkus?
Tipp: Im deutschen Sprachraum wird der Begriff heute zunehmend für moderne Fußballstadien verwendet.

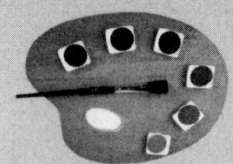

Frage 112

Vor allem in seinen großen Bildern zu Flügelaltären entfaltet sich vor dem Hintergrund ungeheurer Landschaftspanoramen ein vielfiguriges Geschehen, das mit ungehemmter Fantasie fleischliche Versuchungen und Höllenstrafen demonstriert. Dämonische Wesen, in denen sich menschliche, tierische, pflanzliche und mineralische Formen durchdringen, versammeln sich zu apokalyptischen Allegorien.
Wie heißt dieser niederländische Maler?

Frage 113

Napoleon prägte eine eigene Spielart des französischen Klassizismus, die von Stilformen des römischen Kaiserreichs und der ägyptischen Baukunst stark beeinflusst war. Sie beherrschte von ca. 1800 bis 1830 Kunstgewerbe, Mode und Innendekoration.
Wie nannte man diesen imperialen Stil?

Frage 114

Ein wichtiges funktionelles und baukünstlerisches Element ist seit dem Altertum die offene Treppenanlage, die zum erhöhten Grund- oder zum ersten Obergeschoss eines Gebäudes emporführt. Wie heißt so eine Treppe?

Freitreppe	Spanische Treppe
Wendeltreppe	Podest

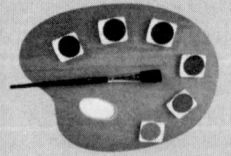

Kunst

Frage 115

Wie heißt der dreieckige, abschließende Teil der Außenwand eines Gebäudes mit Satteldach, das besonders in der Antike und im Spätmittelalter eine bevorzugte Fläche für Reliefdarstellungen bot?

Frage 116

Wie nennt man in der bildenden Kunst einen geflügelten, meist nackten Knaben, der im Zeitalter des Rokoko einen heiteren Kontrast zum Ernst der religiösen Darstellung bildete?

Richtig oder falsch?

„Rembrandt ist der Familienname des berühmten niederländischen Künstlers."

Frage 117

In München verbündete sich 1907 eine Gruppe von Künstlern, Handwerkern und Industriellen zu einer Vereinigung mit dem Ziel, die Formgestaltung industriell hergestellter Gebrauchsgegenstände, von Möbeln und Textilien bis zu Glas, Keramik und Metallerzeugnissen, zu verbessern. Wie nannte man sich?

Deutscher Werkbund	Bauhaus
Die Brücke	Vereinigte Werkstätten

Es ist sein Vorname. Mit vollem Namen hieß er Rembrandt Harmenszoon van Rijn.

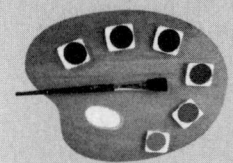

Frage 118

Wie heißt eines der berühmtesten Porträts der Welt? Es stammt aus der Renaissance und hängt heute gut geschützt im Louvre.

Frage 119

Unter dem Chor oder unterhalb des Altars vieler christlicher Kirchen befinden sich begehbare Grabstätten. Sie entstanden aus den frühchristlichen unterirdischen Grabanlagen vor den Mauern des antiken Rom. Über einigen dieser Gräber wurden später Kirchen errichtet.
Wie nennt man diese Räume?
Tipp: Von der Bezeichnung stammt auch das Wort „Gruft".

Frage 120

Der damalige Hausherr Helmut Schmidt ließ 1979 den Vorplatz des neuen Bundeskanzleramts in Bonn umgestalten und dort die Skulptur „Large Two Forms" aufstellen. Wer hat sie geschaffen?

Niki de Saint-Phalle

Oskar Kokoschka

Henry Moore

Gerhard Marcks

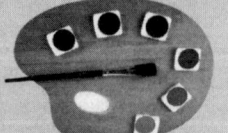

Kunst

Frage 121

Eine avantgardistische Münchner Literatur- und Kunstzeit-
schrift lieferte den Namen für eine dekorative Kunstrichtung
der Jahrhundertwende in Deutschland. Ihre geschwungenen
Formen wurden in der Architektur auch auf die Grundrissbil-
dung und die Fassadengestaltung übertragen.
Wie nannte sich dieser Stil?

Frage 122

Er ist einer der bekanntesten Maler und Bildhauer Latein-
amerikas. Seine Bilder und Plastiken zeigen ausnahmslos
dicke Figuren: Könige, Soldaten, Tänzerinnen, aber auch
Pferde und Kühe. Im Jahr 2006 sorgte er mit seinen Gemälden
zum Folterskandal im Abu-Ghraib-Gefängnis für Aufsehen.
Wie heißt er?

Frage 123

Die weltweit erfolgreiche Wiener Architektengruppe Coop
Himmelb(l)au – beispielsweise Architekten der neuen BMW-
Welt in München – hat einen merkwürdigen Namen. Woher
kommt er wohl?

Von den Glasfassaden, die sie anfangs planten.

Als Antithese zur bürgerlichen „Wüstenrot AG".

Von ihrem Atelier im obersten Stock eines Hochhauses.

Weil sie ihre ersten Entwürfe im Freien entwickelten.

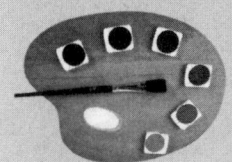

Frage 124

Einer der bekanntesten deutschen Maler der Gegenwart stellt in oftmals provokanter Form sexuelle Vorgänge und Fantasien in den Mittelpunkt. 1969 begann er Bilder zu malen, deren Figuren verkehrt herum abgebildet sind, um die Unabhängigkeit der Kunst von der Wirklichkeit auszudrücken.
Wie heißt der Mann?

Frage 125

Wie nennt man in der Kunstgeschichte eine dreidimensional aus einer Fläche hervortretende Komposition aus Mustern oder Figuren, die fest mit dem Untergrund verbunden ist?

Skulptur	Relief
Keramik	Plastik

Frage 126

In Kunst und Architektur gab es immer wieder Epochen, die vor allem überlieferte Stilformen nachahmten. Ein Höhepunkt dieser Entwicklung lag in der zweiten Hälfte des 19. Jahrhunderts, als man Kunstäußerungen aller Epochen und Kontinente kopierte.
Wie heißt diese Richtung?

Sprache

Frage 127

Über den ersten Kanzler der Bundesrepublik Deutschland, Konrad Adenauer, erzählt man sich Folgendes: In einer Kabinettssitzung war vom Auswärtigen Amt ein Beamter als Botschafter vorgeschlagen worden. „Nein", sagte Kanzler Adenauer ziemlich kategorisch, „den nehmen wir nicht. Der macht sich zu viel aus seinen Fehlern." Wie nennt man eine solche kurze, heitere, auch scharf charakterisierende Erzählung über eine historische Persönlichkeit oder Begebenheit?

Anapäst	Anekdote
Anakoluth	Anapher

Frage 128

Wie heißt das Reimschema, in dem sich ein Vers auf den jeweils übernächsten Vers reimt (abab)?

> *„Ist es möglich! Stern der Sterne,*
> *Drück' ich wieder dich ans Herz!*
> *Ach, was ist die Nacht der Ferne*
> *Für ein Abgrund, für ein Schmerz!"*

(Johann Wolfgang von Goethe)

Frage 129

Was wird als Assonanz bezeichnet?

Gleichklang der Konsonanten in mehreren Wörtern

Gleichklang der Vokale in mehreren Wörtern

Zwei kongruente Aussagen

Zwei sich widersprechende Aussagen

Frage 130

In der Druckersprache gibt es blumige Ausdrücke wie z. B.
„Schusterjunge" (die erste Zeile eines neuen Absatzes steht
allein am Ende einer Seite) oder „Blindfisch" (eine Letter,
die im falschen Fach eines Setzkastens abgelegt war). Der
Ausdruck „Gänsefüßchen" stammt allerdings nicht aus der
Druckersprache, sondern bezeichnet ein Satzzeichen. Welches
der folgenden?

„ "	{ }
;	:

Frage 131

Ein berühmtes Zitat: „Heinrich, mir graut vor dir!"
Wie heißt jener Heinrich mit Nachnamen?

Frage 132

Wie bezeichnet man ein Verspaar, das aus einer Hexameter-
und einer Pentameterzeile besteht?

Distichon	Alexandriner
Elegie	Epigramm

> „Im Hexameter steigt des Springquells flüssige Säule,
> Im Pentameter drauf fällt sie melodisch herab."
>
> (Friedrich Schiller)

Sprache

Frage 133

Die Sprachwissenschaft ist die Wissenschaft von der Sprache in ihrer Gesamtheit wie auch von den Einzelsprachen. Sie ist ein Teilgebiet der Philologie. Wie lautet der lateinische Begriff dafür?

Linguistik	Syntaktik
Semantik	Pragmatik

Frage 134

Woher stammt die Redensart „nur Bahnhof verstehen"?

Frage 135

Der Augustinermönch Ulrich Megerle, den Schiller im „Wallenstein" die Kapuzinerpredigt halten lässt, war berühmt für seine derbe Sprache. Sein „Künstlername" gilt als gute Sprachübung. Wie nannte er sich?

Antonio Corregio	Abraham a San(c)ta Clara
Luiz vas de Camoes	Aurelius Augustinus

Richtig oder falsch?

„Esperanto war zwar theoretisch eine gute Idee, funktioniert aber nicht in der Realität."

Esperanto wird von vielen Menschen sowohl beruflich als auch privat gespro- chen. Obwohl eine Kunstsprache, entwi- ckelt sie sich weiter – wie jede andere Sprache auch.

Reiterbild Wallensteins

Frage 136

„Tod und Teufel", „Kind und Kegel", „Land und Leute" – wie nennt man die Wiederholung desselben Anfangslautes?

Frage 137

Im August 2008 finden die Olympischen Spiele in Peking statt. Um den Tausenden von Besuchern aus aller Welt die Orientierung zu erleichtern, wird es auch bei diesen Spielen wieder – dem Ereignis im Design angepasste – Bildsymbole geben. Wie heißen solche interkulturell und international verständlichen Bildsymbole, die auch als Wegweiser auf Flughäfen oder Bahnhöfen benutzt werden?

Piktogramme	Pythogramme
Pyrogramme	Pintogramme

Frage 138

Wieso sagt man, etwas sei „Jacke wie Hose", wenn es keinen Unterschied macht?

Sprache

Frage 139 💡

Viele Studentenverbindungen, vor allem in den USA, bedienen sich als Bezeichnung oft einer Folge griechischer Buchstaben. Die Buchstaben sind dabei die Anfangsbuchstaben des Mottos der Verbindung. Zum Beispiel stehen bei der US-amerikanischen Studentenvereinigung „Phi Beta Kappa" die Buchstaben für „Philosophia biou kubernetes" – „Liebe der Weisheit, Leitlinie des Lebens".
Wie sieht der griechische Buchstabe „Phi" aus?

Frage 140 💡💡

„Verantwortlich ist man nicht nur für das, was man tut, sondern auch für das, was man nicht tut." Von welchem chinesischen Philosophen stammt dieser Ausspruch?
Tipp: Er gilt als der Begründer des Taoismus.

Frage 141 💡💡💡

Woher kommt die Redewendung „wie es im Buche steht" für etwas, das perfekt passt oder mustergültig ausgeführt wurde?

Frage 142

Das „Plusquamperfekt" ist wofür der lateinische Ausdruck?

- Eine Doktorarbeit, die mit „sehr gut" abgeschlossen wurde
- Das Stilmittel der Übertreibung
- Die Vorvergangenheit
- Eine hochgestellte Persönlichkeit

Frage 143

Der wichtigste deutsche Dichter der Aufklärung setzte sich stets für Freiheit und Toleranz sein.
Von wem stammt der Satz: „Wer über gewisse Dinge den Verstand nicht verliert, der hat keinen zu verlieren"?

Frage 144

Wie lautet die neue Schreibweise von Skipaß?

- Schipass
- Schipaß
- Skipaß
- Skipass

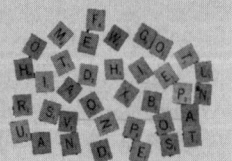

Sprache

Frage 145

„Nicht weil es schwer ist, wagen wir es nicht, sondern weil wir es nicht wagen, ist es schwer." Der Stoiker schrieb Lehrwerke für seinen Zögling Nero, um ihn auf die künftige Herrschaft vorzubereiten. Dieser zwang ihn später zur Selbsttötung.
Wer war Neros Lehrer?

Büste des jungen Nero

Frage 146

Welche der folgenden Trennungen ist nach den neuen Trennregeln erlaubt?

subs|tanz|iel	subs|tan|zie|ll
sub|stan|ziell	sub|s|tan|zi|ell

Frage 147

„Die Botschaft hör ich wohl, allein mir fehlt der Glaube." Dieser berühmte Ausspruch wird von einem Gelehrten getan, der sich kurz darauf nicht scheut, einen Pakt mit dem Teufel einzugehen.
Welcher deutsche Dichter schuf die Figur?

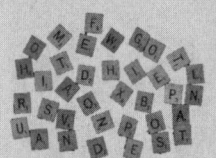

Frage 148

Woher kommt die Redensart „nicht auf dem Damm sein",
wenn sich jemand nicht wohlfühlt?

Frage 149

Wie lautet die neue Schreibweise von „unermeßlich"?

unermeßlich	unermässlich
unermesslich	unermäßlich

Frage 150

Comedians sollten lieber viele davon in der Schublade haben – wie nennt man bei Witzen und Sketchen den Höhepunkt, den Überraschungseffekt?

Sprache

Frage 151

Was ist ein „Pantschatantra"?

Eine Anleitung für Weinpanscher

Ein altindisches Lehrbuch der Liebeskunst

Eine große altindische Fabelsammlung

Ein Rezeptbuch für Palatschinken

Frage 152

Wer schon einmal im Urlaub auf Jamaika oder in Nigeria war, hat vielleicht bereits das sogenannte Pidginenglisch gehört.
Was genau ist „Pidginenglisch"?

Frage 153

„Rotwelsch" ist eine Geheimsprache, die früher oft von Gaunern und Betrügern benutzt wurde. Sie setzt sich aus Mundartwörtern, Neubildungen, Umschreibungen sowie Wörtern oder Wortteilen aus verschiedenen Fremdsprachen zusammen. Welche Fremdsprachen wurden hier hauptsächlich vermischt?

Russisch, Polnisch, Ungarisch

Chinesisch, Japanisch, Koreanisch

Plattdeutsch, Friesisch

Jiddisch, Französisch, Italienisch

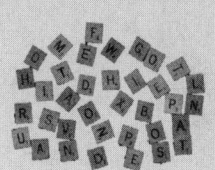

Frage 154

Wenn jemand von Regen und Sturm völlig durchnässt mit den Worten „Tolles Wetter heute!" erscheint, sagt er mit mehr oder minder feinem Spott das Gegenteil des Gemeinten. Welches rhetorische Mittel definiert sich so?

Richtig oder falsch?

„‚Kohldampf haben‘ hat mit ‚Kohl' und ‚Dampf' zu tun."

Frage 155

Woher stammt die Redewendung „aus der Form gehen", wenn jemand deutlich zunimmt?

Frage 156

Das „Alpha und Omega" sind als erster und letzter Buchstabe des griechischen Alphabets Symbol für ...

- Anarchie und Oligarchentum
- Die griechische Regierungspartei
- Eine Form der Radioaktivität
- Das Umfassende, Alles

„Kohldampf" geht auf die Gaunersprache Rotwelsch zurück. Beide Teile des zusammengesetzten Wortes heißen über- setzt „Hunger". Die Doppelung „Hunger- Hunger" bedeutet also einfach: großen Hunger haben.

Sprache

Frage 157

Wieso sagt man, dass sich jemand „mit fremden Federn schmückt"?

Frage 158

Woher stammt die Redensart „jemandem Sand in die Augen streuen" in der Bedeutung von „jemanden täuschen"?

Frage 159

Welches der folgenden Zeichen ist ein Semikolon?

$	;
:	§

Frage 160

Was ist ein „männlicher Reim"?

Ein reiner Reim

Ein Reim, der mit einer Hebung endet

Ein unreiner Reim

Ein unsinniger Reim

Frage 161

Woher stammt die Redewendung „das schwarze Schaf der Familie" für jemanden, der aus der Rolle fällt?

Frage 162

„Er freute sich, in dieser bitterkalten Nacht ein Dach über dem Kopf zu haben." In diesem Beispielsatz ist nicht das Dach allein für die Freude verantwortlich, sondern vielmehr die Wärme und Geborgenheit des ganzen Hauses, zu dem das Dach gehört. Statt des Ganzen wird hier nur ein Teil genannt. Wie nennt man diese Wortfigur?

Sprache

Frage 163

Ein Fragesatz wird im Deutschen mit einem Fragezeichen am Ende gekennzeichnet. Das Spanische benutzt noch zusätzlich ein Zeichen am Satzanfang. Welches ist es?

Eine Klammer

Ein auf dem Kopf stehendes Fragezeichen

Ein Ausrufezeichen

Ein auf dem Kopf stehendes Ausrufezeichen

Frage 164

„Der Würfel ist gefallen."
Welcher römische Feldherr fällte eine folgenschwere Entscheidung mit diesen Worten?

Frage 165

„Olim" ist das lateinische Wort für „einst".
Was bedeutet es also, wenn jemand die Redewendung „seit Olims Zeiten" benutzt?

Frage 166

Woher stammt die Redensart „jemandem die Daumen drücken"?

Frage 167

Papyrus ist eine Schilfpflanze, die auch am Ufer des Nils wächst. „Papyros" ist gleichzeitig die Bezeichnung für ein Schriftstück aus dem Altertum, das aus dem Mark der Papyrusstaude hergestellt wurde. Vor allem aus dem alten Ägypten gibt es reichhaltige Funde solcher Schriftstücke. Spätestens im 5. Jahrhundert n. Chr. wurde es von einem anderen Schreibmaterial abgelöst, dem Pergament.
Woraus wird Pergament hergestellt?

Frage 168

Wie lautet die neue Schreibweise von „Tip"?

Tip	Dipp
Tipp	Dip

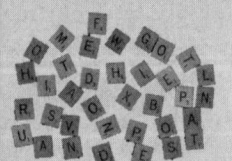

Sprache

Frage 169

Der Duden sagt: „Der Apostroph steht zur Kennzeichnung des Genitivs (Wesfalls) von artikellos gebrauchten Namen, die auf s, ss, ß, tz, z, x enden." – Wie werden dann die Werke des deutschen Philosophen und Universalgelehrten Gottfried Wilhelm Leibniz richtig geschrieben?

- Leibnizs Werke
- Leibniz' Werke
- Leibniz's Werke
- Leibniz Werke

Frage 170

Was ist gemeint, wenn jemand sagt: „Den Rasenmäher, den sich mein Nachbar von mir geliehen hat, wird er wohl am St. Nimmerleinstag zurückgeben"?

Richtig oder falsch?

„Das Wort ‚Zigeuner' kommt vom Wort ‚Gauner'."

Frage 171

Jemand engagiert sich und legt mit einer Sache so los, „dass die Funken fliegen".
Woher kommt diese Formulierung?

Sprachwissenschaftler führen „Zigeuner" auf das griechische Wort „atsinganoi" zurück, das sich ursprünglich auf Wahrsager bezog.

Frage 172

„Hegen und pflegen" – wie nennt man diese synonyme Wort-
wiederholung, das zweimalige Sagen desselben Gedankens?

Frage 173

Welche der folgenden Trennungen ist nach den neuen Trennregeln erlaubt?

Ägyp|ten	Ägy|pten
Ä|gyp|ten	Ägypt|en

Frage 174

Adelbert von Chamisso
hat 1814 „Peter
Schlemihls wunder-
same Geschichte" er-
zählt. Der „Schlemihl"
ging dann in den
allgemeinen Sprach-
gebrauch ein, bis der
Ausdruck langsam
wieder in Vergessenheit
geriet.
Was ist ein Mensch,
der als „Schlemihl"
bezeichnet wird?

Sprache

Frage 175

Ein „Palindrom" ist ein Wort (oder Satz), das (oder der) rückwärts und vorwärts gelesen gleich bleibt. Ein Beispiel dafür ist „Rentner".
Was wäre ein weiteres Beispiel?

Frage 176

In dem neuhochdeutschen Wort „Aas" sind laut Duden zwei verschiedene Wörter zusammengefallen, nämlich das mittelhochdeutsche bzw. althochdeutsche „az" („essen, Speise, Futter") und das mittelhochdeutsche „as" („Futter, Fleisch zur Fütterung der Hunde und Falken, Fleisch eines toten Körpers"). Beide Wörter gehören im Sinne von „Essen, Fraß" zu der Wortgruppe von „essen", obwohl wir Aas in der  Bedeutung von Gammelfleisch nicht mehr essen wollen. Wie lautet der Plural von „Aas", also von diversem Gammelfleisch?

Aase	Äser
Asse	Aas

Frage 177

Woher stammt die Redewendung „vor Neid platzen"?

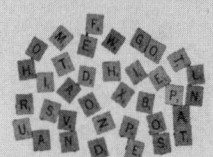

Frage 178

Die Definition des Begriffs lautet: „Eine gleichmäßig gegliederte Abfolge von Bewegungen mit mehr oder weniger regelmäßiger Wiederkehr von in Dauer und Akzentuierung ähnlichen Teilen" – schön und gut, und wie schreibt man's richtig?

Rythmus

Rhytmus

Rhythmus

Rhythmuss

Frage 179

„Die letzte Stimme, die man hört, bevor die Welt explodiert, wird die Stimme eines Experten sein, der sagt: ‚Das ist technisch unmöglich!'"
Von welchem humorvollen Schauspieler, Schriftsteller und Sonderbotschafter für UNICEF, der 1990 von Queen Elisabeth II. zum Ritter geschlagen wurde, stammt dieses Zitat?

Frage 180

Woher kommt die Redewendung „jemandem die Flügel stutzen"?

Sprache

Frage 181

Wie nennt man die Kunst des Schönschreibens, die unter anderem in Japan zu höchster Vollendung entwickelt wurde. Sie wird mit Pinsel und Tusche ausgeführt.

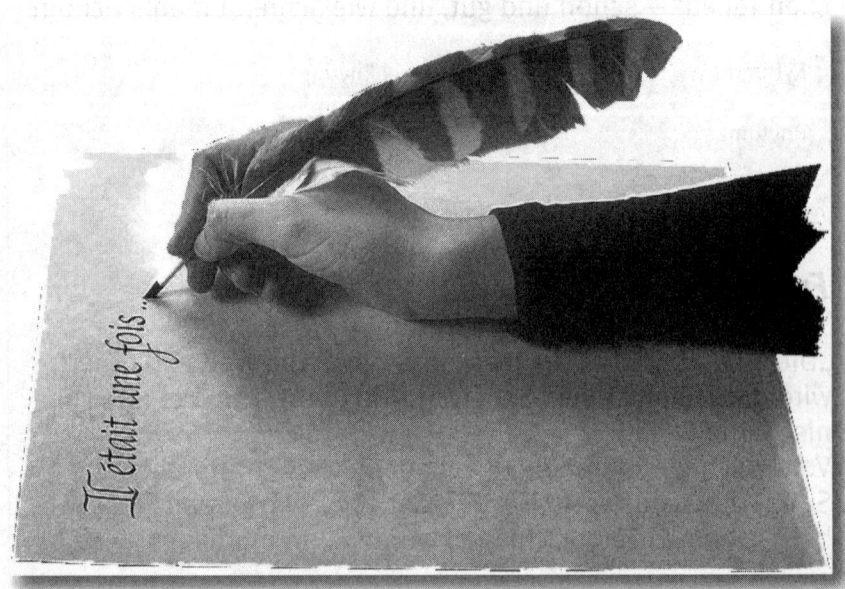

Frage 182

Manchmal sagt man „Tempo" für Taschentücher, „Eva" für Frau oder nennt einen Verräter „Judas".
Wie heißt diese rhetorische Figur?

Frage 183

Wie lautet die neue Schreibweise von „auf deutsch"?

Auf Deutsh	aufdeutsch
auf deutsch	auf Deutsch

Frage 184

Um welchen Themenkreis dreht sich die bukolische Dichtung, auch arkadische Dichtung oder Pastorale genannt?

Frage 185

Woher kommt die Redewendung „hinter schwedischen Gardinen"?

Frage 186

Was ist ein „Gaunerzinken"?

- Die Nase von Al Capone
- Eine manipulierte („gezinkte") Spielkarte
- Die geheime Zeichenschrift der Landstreicher und Bettler
- Die volkstümliche Bezeichnung für Frankfurter Würstchen

Sprache

Frage 187

Dem französischen Ägyptologen Jean-François Champollion gelang im Jahr 1822 die endgültige Entzifferung der Bilder- und Lautschrift der alten Ägypter dank der Entdeckung der berühmten Steininschrift von Rosette. Wie heißt die Schrift der Ägypter?

Frage 188

Das Alphabet bezeichnet eine festgelegte Buchstabenreihenfolge einer Schrift; benannt ist es nach den griechischen Buchstaben Alpha und Beta. Wie viele Buchstaben hat das deutsche Alphabet (ohne Umlaute und scharfes ß)?

15	20
26	30

Frage 189

Nicht nur in dramatischer Literatur findet sich dieses Stilmittel häufig, auch im Alltag verstummen wir mitten im Satz, weil wir es dem Gesprächspartner überlassen möchten, das Weggelassene aus dem Inhalt zu erschließen.
Wie nennt man diese Figur?

Frage 190

Wie lautet die neue Schreibweise von „behende"?

Frage 191

„Der Dativ ist dem Genitiv sein Tod" lautet der Titel des Buches von Bastian Sick über die kleinen Sprachvergehen des Alltags, mit dem er Hunderttausende von Sprachinteressierten begeistert. Wie lautet der deutsche Name des Genitivs, der laut Bastian Sick langsam, aber sicher vom Dativ verdrängt wird?

Werfall

Wenfall

Wesfall

Wemfall

Frage 192

„Darauf kannst du Gift nehmen!" – das sagt man, wenn man etwas mit großer Gewissheit vertritt.
Woher stammt diese Redewendung?

Richtig oder falsch?

„Der leckere (Festtags-)Braten kommt vom Verb ‚braten'."

Ursprünglich bedeutete das althochdeutsche „brato" nur „Fleisch". Erst die Ähnlichkeit mit dem Verb führte zu einer Vermengung der beiden Begriffe.

Sprache

Frage 193

„Es kann der Frömmste nicht in Frieden leben, wenn es dem bösen Nachbarn nicht gefällt."
Welcher deutsche Dichter war dieser Meinung?

Frage 194

Das Verb, auch Zeitwort, Tätigkeitswort oder – früher in der Schule – Tuwort genannt, drückt eine Tätigkeit aus, zum Beispiel „wandere" in „ich wandere im Wald umher". Das Adjektiv dient der näheren Bestimmung eines Substantivs; es drückt die Eigenschaft von etwas aus. Wie wurde das Adjektiv deshalb früher auch genannt?

Hauptwort	Wemfall
Wiewort	Wesfall

Frage 195

Woher kommt die Redewendung „frieren wie ein Schneider"?

Frage 196

„Synagoge" heißt das jüdische Gotteshaus. Aus welcher Sprache kommt das Wort?

Frage 197

Die Grammatik befasst sich mit den Gesetzmäßigkeiten und dem Aufbau einer Sprache und liefert ein Regelsystem über die Funktionen von Wörtern und deren möglicher Anordnung im Satz. Das Wort „Grammatik" leitet sich vom griechischen Wort „gramma" ab. Was aber bedeutet „gramma" eigentlich?

Regel	Sprache
Buchstabe	Wort

Frage 198

Woher kommt die Redensart „unter dem Deckmantel des ...", die die Tarnung eines anrüchigen Vorgangs oder die Verhüllung der wahren Absichten bezeichnet?

Sprache

Frage 199

Woher kommt die Redewendung „am Hungertuch nagen"?

Frage 200

Hat Achilles „wie ein Löwe" gekämpft, kennzeichnet das
„wie" den Vergleich des unbezwingbaren Heerführers mit dem
wilden Raubtier. Nennen die Dichter den Krieger aber einen
„Löwen im Kampf", meinen sie dies im übertragenen Sinn.
Um welche rhetorische Figur handelt es sich?

Frage 201

Im Englischen ist der am häufigsten benutzte Buchstabe das
„E". Welcher ist der am häufigsten vorkommende Buchstabe
in der deutschen Sprache?

Das A	Das S
Das I	Das E

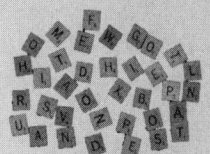

Frage 202

„Sein oder nicht sein, das ist hier die Frage."
Welche Figur von Shakespeare wurde mit diesem Satz berühmt?

Frage 203

„Mögen sie hassen – wenn sie nur fürchten!" Welchem römischen Cäsaren wird dieser Satz zugeschrieben?

Augustus	Julius Cäsar
Nero	Caligula

Frage 204

Worauf bezieht sich die Redensart „blank sein"?

Sprache

Frage 205

Wieso sagt man, jemand sei „auf etwas erpicht"?

Frage 206

„Die Jugend von heute liebt den Luxus, hat schlechte Manieren und verachtet die Autorität. Sie widersprechen ihren Eltern, legen die Beine übereinander und tyrannisieren ihre Lehrer." Diesem Ausspruch würden viele Menschen ohne Zögern zustimmen. Dabei ist er keineswegs so modern, wie er klingt. Von wem stammt er?

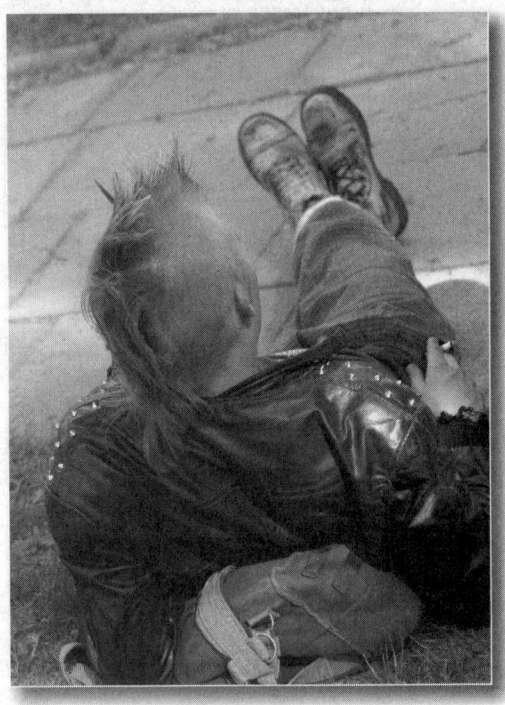

Richtig oder falsch?

„Der ‚Gute Rutsch!' zu Neujahr hat mit den Gefahren der kalten Jahreszeit zu tun."

Das Wort „Rutsch" ist eine Verballhornung des jiddischen „Rosch", das auch die Bedeutung „Anfang" haben kann.

Frage 207

Ein Palatal ist ein im vorderen Mundraum gebildeter Gaumenlaut, zum Beispiel ...

K	A
O	E

Frage 208

Wie nennt man die Vermenschlichung abstrakter Begriffe, beispielsweise wenn von „Vater Rhein" die Rede ist?

Frage 209

In welchem Land wird Urdu gesprochen?
Tipp: Es grenzt an Indien und liegt am Arabischen Meer.

Frage 210

„Küchenlatein" – was bedeutet das?

Eine Sammlung von mittelalterlichen Kochrezepten

Eine Kräuterfibel

Schlechtes, verballhorntes Latein

Eine nicht mehr gebräuchliche Geheimsprache von Betrügern

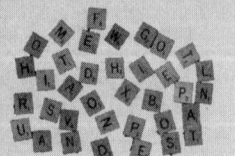

Sprache

Frage 211

Wieso sagt man, jemand „wirft sein Geld zum Fenster hinaus"?

Frage 212

Die Entstehung der romanischen Sprachen aus dem Latein setzte die Verästelung der indoeuropäischen Sprachen fort. Die Trennung der Sprachen begann im frühesten Mittelalter. Welche der folgenden Sprachen gehört nicht zum Zweig der romanischen Sprachen?

Spanisch	Französisch
Italienisch	Ungarisch

Frage 213

Man kennt es aus Büchern, Filmen und aus dem Theater: Plötzlich wendet sich eine der Figuren an das Publikum, spricht es direkt an, gibt einen Kommentar ab oder fragt sogar rhetorisch um Rat.
Wie nennt man dieses Stilmittel?

Frage 214

Was bedeutet „Interpunktion"?

Wortbau	Groß- und Kleinschreibung
Sprachenlehre	Zeichensetzung

Frage 215

Ein Globetrotter täte gut
daran, polyglott zu sein.
Was bedeutet eigentlich
„polyglott"?

Frage 216

Was bedeutet „Kauderwelsch"?

Unverständliche, fremdartige oder verworrene Sprache

Ein ungarischer Dialekt

Eine Reimart

Im Buchdruck eine kaputte Setzletter

Sprache

Frage 217

„Das habe ich dir schon tausendmal gesagt!" Gern übertreiben wir, besonders wenn uns etwas ärgert.
Wie heißt das sprachliche Stilmittel der Übertreibung?

Frage 218

Manchmal fällt einem Briefeschreiber noch etwas ein, wenn er einen Brief schon beendet und die Grußformel daruntergesetzt hat. Oder er möchte absichtlich noch einen Nachtrag anbringen. Dann benutzt er das sogenannte Postskript, und zwar in der abgekürzten Form.
Wie lautet diese abgekürzte Form?

Frage 219

Was bedeutet „Minuskel"?

Lateinisch für „Maus"	Lateinisch für „Lidmuskel"
Kleinbuchstabe	Subtraktionszeichen

Frage 220 💡

Wie lautet die neue Schreibweise von „achtmilliardenmal"?

Acht Milliarden mal	acht Milliardenmal
achtmilliardenmal	Acht Milliarden Mal

Frage 221 💡💡

Ein Rebus ist ein Bilder- und Worträtsel, bei dem ein Begriff, ein Satz, ein Gedicht o. Ä. aus einer Reihe von Bildern erraten werden soll.
Welchen Begriff will dieser Rebus hier darstellen?

Frage 222 💡

Was ist ein Kasus, auf Deutsch „Fall" genannt?

Die grammatikalische Beugungsform des Verbs

Die grammatikalische Beugungsform des Adjektivs

Die grammatikalische Beugungsform des Nomens

Die grammatikalische Beugungsform des Adverbs

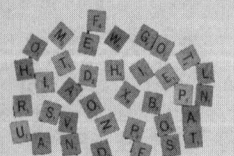

Sprache

Frage 223

Woher stammt die Redewendung „jemandem einen Bären aufbinden"?

Frage 224

„Wir sind eine gut intrigierte Truppe." – „Wir dürfen jetzt nur nicht den Sand in den Kopf stecken."
Welcher deutsche Fußballer leistete sich diese Sätze?

Frage 225

Im Gegensatz zum Monophthong, einem einfachen Vokal, ist der Diphthong ein aus zwei Vokalen gebildeter Laut, z. B. „au". Was wäre ein weiteres Beispiel für einen Diphthong?

th	-ung
ss	eu

Frage 226

„Alphanumerisch" ist ...

- ... die Kombination aus Buchstaben und Dezimalziffern

- ... die Kombination aus Wörtern verschiedener Sprachen

- ... die Kombination aus Groß- und Kleinbuchstaben

- ... die Kombination aus Buchstaben verschiedener Sprachen

Frage 227

Wenn ein Drucker von einem „Klischee" redet, spricht er von einer Rasterätzung für den Hochdruck. Das Klischee kann im alltäglichen Gebrauch aber auch noch etwas anderes bedeuten, nämlich?

- Übertreibung

- Einen Kommentar zu etwas abgeben

- Falschaussage

- Abgegriffene Redewendung, Phrase

Richtig oder falsch?

„Brav' bedeutete schon immer ,artig'."

Frage 228

Der schlaue Fuchs findet sich bereits in einer antiken Fabel des Äsop und ist in mittelalterlichen Erzählungen häufig anzutreffen.
Wie lautet der Name des Fuchses?

„Brav" lässt sich auf das lateinische „barbarus" zurückführen, das „wild, ungesittet" bedeutet. Bezieht man die Wortherkunft mit ein, ist also jedes Kind so oder so „brav".

105

Sprache

Frage 229

Was ist – fremdsprachlich
ausgedrückt – die Eigen-
schaft von jemandem, der
allem zugetan ist, was aus
Frankreich kommt?
Er oder sie ist ...

Frage 230

Ein Lehnwort ist ein aus einer Fremdsprache übernommenes,
assimiliertes Wort. Welches der folgenden ist ein Lehnwort aus
dem Französischen?

Banane	Orange
Apfel	Kiwi

Frage 231

Was meint man, wenn man sagt, jemand schreibe im Kanzlei-
stil?

Jemand benutzt ausschließlich Großbuchstaben.

Jemand schreibt im Stehen an einem Schreibpult.

Jemand schreibt nur in Reimform.

Jemand drückt sich amtlich und umständlich aus.

Frage 232

Welche Redensart be-
zeichnet die einfache
Lösung einer scheinbar
unlösbaren Problemstel-
lung?
Die Redensart leitet sich
angeblich von einer Be-
gebenheit mit Christoph
Kolumbus her.

Frage 233

„Oberdeutsch" ist die zusammenfassende Bezeichnung für die
süddeutschen Mundarten. Was ist „Niederdeutsch"?

Die Bezeichnung für die norddeutschen Mundarten

Früherer Dialekt der Knechte und Mägde

Schlechtes, unsauberes Deutsch

Die Bezeichnung für die österreichischen Mundarten

Frage 234

Wo wurde der Apostroph falsch gesetzt?

Apre's Ski

Das Leben Johannes' des Täufers

Günter Grass' gesammelte Werke

Ku'damm

Literatur

Frage 235

Der Nachfahre indischer Einwanderer wuchs in Trinidad auf und lebt heute in England. Sein Roman „Ein Haus für Ms. Biswas" (1961) beschreibt das Leben auf Trinidad. Es folgten „Guerillas" (1975), „An der Biegung des großen Flusses" (1979) und „Eine islamische Reise" (1981). Neben Romanen verfasste er auch mehrere Reiseschilderungen und Reportagen, darunter „Indien: Ein Land im Aufruhr" (1991).
Wie ist der Name des Autors, der 2001 den Nobelpreis für Literatur erhielt?

Frage 236

Wie heißt der norwegische Schriftsteller, dem sein Eintreten für den National-sozialismus einen Prozess wegen Landesverrats ein-brachte, in dem er zu einer hohen Geldstrafe verurteilt wurde? Er erhielt 1920 den Nobelpreis für Literatur für seinen Roman „Segen der Erde" (dänisch „Markens Graden").

Frage 237

Die irische Schriftstellerin Anne Enright erhielt 2007 den Booker-Preis, den wichtigsten britischen Literaturpreis, der seit 1969 jährlich für einen englischsprachigen Roman eines Autors aus Großbritannien, Irland oder dem Commonwealth vergeben wird. Wie heißt der Roman, für den Enright ausge-zeichnet wurde?

The Virgin Suicides	The Gathering
The Portable Virgin	The Fifth Child

Frage 238

Hauptfiguren ihrer Romane waren oft die schrullige Miss Marple und der akribische Hercule Poirot.
Wie heißt die britische Autorin?

Frage 239

In seinem 2002 erschienenen Roman beschreibt der griechischstämmige US-amerikanische Schriftsteller Jeffrey Eugenides die Lebens- und Familiengeschichte der hermaphroditischen Hauptfigur Calliope bzw. Cal. Wie heißt das Buch?

Gender Studies	Crossroads
Middlesex	Between the Lines

Frage 240

Die britische Schriftstellerin verbrachte ihre Kindheit in Rhodesien (heutiges Simbabwe). Der Roman „Das Goldene Notizbuch" (1962) markierte endgültig ihren Durchbruch und ist inzwischen ein Klassiker der feministischen Literatur.
Wie heißt die Autorin, die 2007 den Nobelpreis für Literatur erhielt?

Frage 241

Welcher deutsche Dichter entdeckte bei seinen naturwissen-schaftlichen Studien den Zwischenkieferknochen beim Men-schen?

Frage 242

Das berühmteste Liebes-paar. In einer einzigen Nacht erleben sie den Rausch der Liebe und finden sie sich wieder zur letzten Vereinigung im Tode – um unsterblich zu werden.
Wie heißen die beiden Veroneser, denen Shake-speare ein Denkmal gesetzt hat?

Frage 243

In welchem Weltbestseller heißt die Heldin Scarlett O'Hara? Sie gilt als eine der stärksten Frauen der Weltliteratur. Nach ihr wurde auch ein Cocktail benannt.

Onkel Toms Hütte	Wem die Stunde schlägt
Palast der Winde	Vom Winde verweht

Frage 244

In dem Weltbestseller „Die Nebel von Avalon" beschreibt die Autorin den Untergang Avalons, der heiligen Insel der keltischen Priesterinnen. Wie heißt die Schriftstellerin?

Margaret Mitchell

Marion Zimmer Bradley

Miriam Gardner

Valerie Graves

Frage 245

„Im achtzehnten Jahrhundert lebte in Frankreich ein Mann, der zu den genialsten und abscheulichsten Gestalten dieser an genialen und abscheulichen Gestalten nicht armen Epoche gehörte." Welches Buch beginnt mit diesem Satz?
Tipp: Die Geschichte wurde 2006 verfilmt.

Frage 246

Goethe hatte die Biografie eines fränkischen Ritters aus den Bauernkriegen gelesen und schrieb danach in wenigen Wochen ein Drama, das als ein Gipfelpunkt in der deutschen Dramatik der Sturm-und-Drang-Zeit gilt. Er selbst war so fasziniert von dieser Gestalt, dass er zwei Jahre später eine neue Fassung veröffentlichte, die dem heutigen Theater zumeist als Vorlage dient.
Wie heißt dieser Ritter, der mit dem „A-Wort" berühmt wurde?

Literatur

Frage 247

James Fenimore Cooper schuf als erster amerikanischer Romancier gleich den ersten Mythos in der amerikanischen Literatur. Mit dem Pionier Natty Bumppo entstand eine der berühmtesten Romanfiguren Amerikas und zudem ein bedeutender Beitrag zur Kinder- und Jugendliteratur. Wie war der Obertitel dieser Romane?

Lederstrumpf	Falkenauge
Chingachgook	Uncas

Frage 248

Der kleine Mogli wächst im indischen Dschungel zusammen mit wilden Tieren auf, die seine Freunde werden und ihm bei allen Gefahren beistehen.
Wie heißt der Autor des Dschungelbuchs?

Frage 249

Beide zählen zu den Größten ihres Landes. Der eine, Engländer, als Dramatiker, der andere, ein Spanier, als Romancier. Und diese beiden Dichter ganz verschiedener Nationalität starben an ein und demselben Tag. Übrigens noch vor dem Dreißigjährigen Krieg.
Um wen handelt es sich?

Frage 250

Heinrich von Kleist schrieb eine wunderbare deutsche Komödie, die in Holland spielt. Der Dorfrichter Adam muss einen Fall von sexueller Belästigung untersuchen, bei dem er selbst der Schuldige ist. Die Komik lebt von den verzweifelten Versuchen des Richters, unter den Augen des Justizrats Walter seinen Kopf aus der Schlinge zu ziehen. Wie heißt das Stück?

Frage 251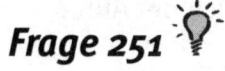

Von welchem Autor ist das Buch „MOMO oder Die seltsame Geschichte von den Zeit-Dieben und von dem Kind, das den Menschen die gestohlene Zeit zurückbrachte"?

Michael Ende	Astrid Lindgren
J. R. R. Tolkien	Selma Lagerlöf

Frage 252

Wie heißt der Titelheld der Fortsetzungsromane, in denen eine „Maulende Myrte", ein „Kater Krummbein" oder ein „Knallrümpfiger Kröter" eine Rolle spielen?

Literatur

Frage 253

Häufig möchte ein Autor seinen Lesern Hintergrundinformationen mitgeben, die er in einem Vorwort oder Prolog dem Werk voranstellt.
Wie nennt man den Schlussteil oder das Nachwort zum Beispiel eines Romans auch?

Frage 254

Henri Beyle wurde 1783 in Grenoble geboren. Mit 16 ging er nach Paris, später wurde Italien seine Wahlheimat. Mit dem napoleonischen Heer durchquerte er halb Europa und kam durch einen Ort in Preußen, dessen Namen er sich als Pseudonym zulegte.
Wie nannte sich der Autor fortan?

Frage 255

Einer der berühmtesten literarischen Detektive, Jules Maigret, stammt aus der Feder des belgischen Schriftstellers Georges Simenon. Immer wiederkehrende Orte sind sein Büro am Quai des Orfèvres und seine Wohnung am Boulevard Richard Lenoir, die er zusammen mit seiner Frau bewohnt. Das Ehepaar hat keine Kinder, wobei erwähnt wird, dass beide gern welche gehabt hätten. Wie wird seine Frau in den Romanen fast ausschließlich genannt?

„Madame Maigret"

„Die beste aller Ehefrauen"

„Die Frau an seiner Seite"

„Henriette"

Frage 256

Man nannte sie die „tre corone fiorentini", die „drei Florentiner Kronen", die mit ihrem Schaffen den Ruhm der Stadt Florenz in alle Welt trugen. Wer der hier aufgeführten gehört nicht zu ihnen?

- Giovanni Boccaccio
- Dante Alighieri
- Francesco Petrarca
- Luigi Pirandello

Frage 257

„Nathan der Weise" heißt ein fünfaktiges Ideendrama von 1769. Das Theaterstück plädiert für religiöse Toleranz. Wie heißt der Dichter?

Frage 258

In einem von Shakespeares Königsdramen unterwirft der alternde Herrscher seine drei Töchter einem Liebestest. Danach verstößt er die gute Tochter und vererbt den beiden falschen sein Reich. Zur Strafe wird er von ihnen verstoßen, und wir erleben auf der Bühne die Qual eines langsamen Prozesses, bei dem der Titelheld tobend und protestierend alles, sogar den Verstand verliert.
Wie heißt der Protagonist?

Literatur

Frage 259

Der Sohn eines Bildhauers war 30, als er aus amerikanischer Kriegsgefangenschaft nach Köln zurückkehrte. Seit 1951 war er freier Schriftsteller. Er begann mit satirischen Anklagen gegen den Krieg und wurde einer der bedeutendsten deutschen Erzähler der Nachkriegszeit und zeitkritischer Moralist. 1951 erhielt er den Preis der „Gruppe 47" und 1972 den Nobelpreis. Von wem ist hier die Rede?

Frage 260

Welcher russische Dichter wurde kurz vor seiner Hinrichtung zu Zwangsarbeit begnadigt?

Dostojewski

Gogol

Puschkin

Tolstoi

Frage 261

Sie bewirtschaftete eine Kaffeeplantage in Kenia, kehrte aber 1931 nach Dänemark zurück und lebte als freie Schriftstellerin auf dem väterlichen Gut bei Kopenhagen. Besonders bekannt wurden ihre Afrika-Romane. „Jenseits von Afrika" wurde mit Meryl Streep, Robert Redford und Klaus Maria Brandauer erfolgreich verfilmt.
Wie hieß die Autorin?

Frage 262

Der Nobelpreis wird seit 1901 alljährlich am 10. Dezember (Todestag des Stifters) in Stockholm verliehen. Wer war der erste deutsche Nobelpreisträger für Literatur?

- Heinrich Böll
- Günter Grass
- Thomas Mann
- Theodor Mommsen

Frage 263

Shakespeare schuf eine Gegenfigur zu Lessings „Nathan der Weise". Ein jüdischer Wucherer, ein Kaufmann aus dem Ghetto, geizig und rachsüchtig, dem Shakespeare dennoch einen bewegenden Appell an Fairness, Menschlichkeit und Brüderlichkeit in den Mund legt.
Wie heißt der Mann?

Frage 264

Schillers Dramen haben oft einen berühmten letzten Satz. In welchem Stück heißt es am Schluss „Kardinal, ich habe das Meinige getan. Tun Sie das Ihre!"?

Richtig oder falsch?

„Bertold Brecht hat die ‚Dreigroschenoper' erfunden."

Der Stoff geht auf die englische „The Beggar's Opera" von John Gay zurück.

Literatur

Frage 265

Dr. Watson ist als eifriger Assistent und Bewunderer seines Chefs in die Literatur eingegangen. Neu war dessen Arbeitsmethode, die ausschließlich auf detailgenauer Beobachtung und nüchterner Schlussfolgerung beruhte.
Wie heißt dieser Chef?

Frage 266

Die 1921 in London gegründete internationale Schriftstellervereinigung nennt sich P.E.N.-Club. Sie will zur weltweiten Verbreitung der Literatur und zur Verständigung der Völker beitragen. Für was steht die Abkürzung P.E.N.?

- PENcil = Bleistift
- PENaten = röm. Schutzgötter
- Poets, Essayists, Novelists
- PENibel = sehr genau

Frage 267

Schillers Berufung an die Universität in Jena als Professor für Geschichte führte zur Abfassung der „Geschichte des Dreißigjährigen Krieges". Bei den Vorarbeiten kam Schiller die Idee eines Dramas. Schließlich wuchsen ihm Thema und Material über den Kopf. Auf Goethes Anraten machte er aus dem Stoff eine elfaktige Trilogie. Wie heißt der letzte Teil dieser Trilogie?

Frage 268

Unter den deutschen Biblio-
theken ist sie einzigartig. Nicht
nur, weil sie Goethe und Schiller
mit Büchern versorgte. Als das
Haus im Herbst 2004 brannte
und große Bücherschätze vernichtet wurden, war das eine kulturelle Katastrophe. Drei Jahre später wurde die rekonstruierte
Bibliothek wieder eingeweiht, schöner denn je. Wie heißt sie?

Herzogin Luise Bibliothek	Roman Herzog Sammlung
Herzogin Anna Amalia Bibliothek	Kaiserin Elisabeth Bibliothek

Frage 269

Sie sollte Musikerin werden, die Mutter zweier Töchter ent-
schied sich aber, Geschichten für Kinder zu schreiben. Für
ihre zahllosen kleinen Leser, die sich zu Clubs zusammengeschlossen hatten, gab sie eine eigene Zeitschrift heraus.
Ihre nahezu 400 Bücher wurden in alle möglichen Sprachen
übersetzt, sogar in Indonesisch und Suaheli. Sie schrieb die
„Fünf-Freunde-Serie" und die „Schwarze-Sieben-Serie".
Wer war die Schriftstellerin?

Frage 270

Er gehörte als Schauspieler,
Stückeschreiber und Teil-
haber der Theatergruppe
„Chamberlain's Men" an,
die zur königlichen Truppe
„King's Men" aufstieg. Er
selbst wurde zum größten
Dramatiker aller Zeiten
und war bis zu seinem Tod
der reichste Bürger und
größte Grundbesitzer seiner
Heimatstadt.
Wer war's?

Literatur

Frage 271

Die Grundform dieses Gedichts hat 14 Zeilen, die in je zwei Quartette und zwei Terzette aufgeteilt sind. Sie ist in Italien entstanden, aber Dichter vieler Nationalitäten haben sich dieser Form bedient – darunter auch Shakespeare.
Wie nennt man diese Gedichtform?

Frage 272

Wie heißt der Held eines satirischen Romans von 1726, der vier Reisen unternimmt: ins Land der Liliputaner, ins Land der Riesen, nach Laputa und schließlich ins Land der Houyhnhnms und Yahoos?

Richtig oder falsch?

„Frankenstein ist das Monster aus Mary Shelleys Roman."

Frage 273

Wie heißt die Verlobte von Donald Duck und Angebetete von Gustav Gans in der Comic-Serie von Walt Disney?
Tipp: Sie ist Donalds Cousine.

Daisy	Barbarella
Ducky	Lissy

Der Schöpfer des Monsters heißt Victor Frankenstein, das Monster ist „Franken- steins Unhold".

Frage 274

Die neunjährige Schwedin mit den roten Zöpfen hat in den Kinderbüchern u. a. folgende Vornamen: Viktualia Rollgardina Pefferminza Efraimstochter. Sie lebt fast allein in einem großen Haus, der Villa Kunterbunt. Nur ein Pferd namens Kleiner Onkel und ein Affe mit dem Namen Herr Nilsson leben noch mit ihr. Dennoch sind alle weltberühmt.
Wer ist gemeint?

Frage 275

Im Jahr 1568 wird eine hoch-rangige Dame wegen der Ermordung ihres Gatten aus dem Land verjagt und flieht nach England. Sie erhofft sich Schutz von der engli-schen Königin. Die aber lässt sie gefangen nehmen und in einem Schloss inter-nieren. Das Stück spielt 19 Jahre später – drei Tage vor der Hinrichtung der Dame. Wie heißt das Theaterstück?

Kabale und Liebe	Die Jungfrau von Orleans
Maria Stuart	Emilia Galotti

Frage 276

„Mit der 41 in die Stadt – Noch immer nicht da – Belehrung durch das Beispiel des Zannowich – Vervollständigung der Ge-schichte in unerwarteter Weise und dadurch erzielte Kräftigung des Haftentlassenen – Tendenz lustlos, später starke Kursrück-gänge, Hamburg verstimmt, London schwächer – Sieg auf der ganzen Linie! Franz Biberkopf kauft ein Kalbsfilet …“ Welcher Roman beginnt mit diesen Worten?
Tipp: Der Roman wurde von Fassbinder verfilmt.

Literatur

Frage 277

Es war ein kleiner Skandal, als 2002 die „Frankfurter Allgemeine" den Vorabdruck von Martin Walsers Roman „Tod eines Kritikers" – eine Persiflage auf einen deutschen Literaturkritiker – verweigerte. Man warf Walser Antisemitismus vor. Der Kritiker, der sich persifliert sehen musste, schlug zurück: „Das Buch ist nicht antisemitisch, sondern nur erbärmlich geschrieben."
Wie heißt der Kritiker?

Frage 278

Erst der dänische König ermöglichte dem Sohn eines armen Schuhmachers den Besuch der Lateinschule und ein Universitätsstudium. Später konnte Hans Christian Andersen seine Reisen durch Deutschland, Frankreich und Italien selbst bezahlen. Besonders seine vielen Märchen begründeten seinen Weltruhm. Welches ist nicht von ihm?

Des Kaisers neue Kleider

Die Galoschen des Glücks

Das hässliche Entlein

Der gestiefelte Kater

Frage 279

„Jemand mußte Josef K. verleumdet haben, denn ohne daß er etwas Böses getan hätte, wurde er eines Morgens verhaftet."
Welcher Roman von welchem Autor beginnt mit diesem Satz – einem der berühmtesten Anfangssätze der Literatur?

Frage 280

„Mit aller Bestimmtheit will ich versichern, dass es keineswegs aus dem Wunsche geschieht, meine Person in den Vordergrund zu schieben, wenn ich diesen Mitteilungen über das Leben des verewigten Adrian Leverkühn, dieser ersten und gewiss sehr vorläufigen Biografie des teuren, vom Schicksal so furchtbar heimgesuchten, erhobenen und gestürzten Mannes und genialen Musikers einige Worte über mich selbst und meine Bewandtnis vorausschicke." Zu welchem Roman gehört dieser erste Satz?
Tipp: Der Autor erhielt 1929 den Nobelpreis.

Frage 281

Die blutrünstige Historie von dem eifersüchtigen Mohren, der seine geliebte Gattin ermordet, hat Shakespeare nachgelesen. Doch er schuf daraus den bemitleidenswerten Helden, der nur an das Gute glauben will, aber von einem Intriganten in den Wahnsinn getrieben wird.
Wie heißt dieser Held?

Frage 282

Henning Mankell schuf in seinen Romanen, die zu Bestsellern wurden, die Figur des Kriminalkommissars Kurt Wallander. Er wohnt in der Mariagatan in einer südschwedischen Kleinstadt. Wie heißt diese Stadt?

Ypern	York
Ystad	Yesil

Literatur

Frage 283

Welcher deutsche Politiker hat sich wohl sehr gefreut, als seine (angeheiratete) Tante Doris Lessing im Herbst 2007 den Nobelpreis für Literatur zugesprochen bekam?

Oscar Lafontaine

Joschka Fischer

Gregor Gysi

Klaus Wowereit

Frage 284

Schiller begann seine Karriere mit einem Paukenschlag: Ein Drama, das für die Epoche des „Sturm und Drang" steht. Der jüngere von zwei Brüdern betrügt den älteren um sein Erbe, woraufhin dieser einen Haufen Gesetzlose um sich schart und in den Wäldern lebt. Am Ende kehrt er, mit dem Blut Unschuldiger befleckt, nach Hause zurück und alles endet in der Katastrophe.
Wie heißt das Stück?

Frage 285

Samuel Langhorne Clemens schrieb unter einem Pseudonym Bücher über die Abenteuer von zwei jungen Bengels am Mississippi. Er war ein Vertreter des amerikanischen Realismus und besonders wegen seiner humoristischen, von Lokalkolorit und genauen Beobachtungen des sozialen Verhaltens geprägten Erzählungen berühmt. Wer war der Schriftsteller?

Frage 286

Wie heißt der Sammelbegriff für jede Form von Literatur, die auf der Basis naturwissenschaftlich-technischer Erkenntnisse fantastische oder utopische Geschichten erzählt?

Frage 287

Einem Politiker ist es gelungen, 1953 für sein umfassendes historisches Werk den Nobelpreis für Literatur zu bekommen. Wer war's?

Konrad Adenauer	Winston Churchill
Dwight D. Eisenhower	Charles de Gaulle

Frage 288

Schon in ganz jungen Jahren hatte sich der Dichter in eine Frau verliebt, der er in seinem größten Werk – als symbolischer Gestalt für die Offenbarung – ein Denkmal setzte. Die Dichtung ist ein Sinnbild des christlichen Glaubens mit den Stufen Hölle, Läuterung, Offen-barung/Paradies. Nach einer Wanderung durch die Tiefen der Hölle wird der Dichter von seiner Geliebten empfangen.
Wer war der Gelehrte?

Literatur

Frage 289

Er war ein großartiger Schauspieler und brach auf offener Bühne zusammen. Zu Hause starb er, gerade 51 Jahre alt. Der Wunsch, einen Priester zu sehen, wurde ihm nicht erfüllt, und der Erzbischof verbot (zunächst) sogar das Begräbnis auf geweihtem Boden. Den Zorn der Geistlichkeit hatte sich der Bühnenautor mit einem Stück um einen scheinheiligen Geistlichen zugezogen.
Wer war der Dramatiker?

Frage 290

Friedrich Schiller hat viele große Balladen gedichtet. Einige stehen heute noch auf dem Lehrplan für Deutsch. Erinnern sie sich noch, mit welchen Worten „Die Bürgschaft" beginnt?

Hat der alte Hexenmeister	Zu Dionys dem Tyrannen
Wer wagt es, Rittersmann	Burg Niedeck ist im Elsaß

Frage 291

Zeitlebens war er auf der Flucht. Er verkehrte mit Dirnen und Zuhältern, saß zuweilen an der Tafel von Herzögen, die sein dichterisches Talent schätzten, dann wieder im Gefängnis. Lebendig geblieben sind seine Balladen und Gedichte, die Bertolt Brecht ziemlich schamlos für seine Dreigroschenoper „nachdichtete".
Wer war der Dichter?

Frage 292

„Nathan der Weise" ist und bleibt das Hohelied der Toleranz und Menschenliebe, ein erhabenes Beispiel des Zusammenlebens. Höhepunkt des Dramas ist die Geschichte, die Nathan dem Sultan erzählt und zu der Goethe sagte: „Möge … das darin ausgesprochene göttliche Duldungs- und Schonungs-Gefühl der deutschen Nation heilig und wert bleiben!" Wie nennt man diese Geschichte landläufig?

Die Ring-Parabel	Das Hohe Lied
Die Bergpredigt	Ode an die Freude

Frage 293

„Es ist unsere Absicht, in diesem Buch das Wenige festzuhalten, was wir an biographischem Material über Josef Knecht aufzufinden vermochten, den Ludi Magister Josephus III., wie er in den Archiven des … genannt wird." Welches Buch beginnt mit diesem ersten Satz?
Tipp: Der Autor erhielt 1947 den Nobelpreis.

Frage 294

Der finnische Schriftsteller Mika Waltari schrieb 1945 einen historischen Roman, der Bestseller wurde. Angeregt wurde er durch einen altägyptischen Text, der als eines der ältesten literarischen Werke gilt und aus der Zeit Pharao Amenemhets I. stammt. Der Titelheld ist Leibarzt bei Echnaton.
Wie heißt er?

Literatur

Frage 295

Mit seinen berühmten Werken „Krieg und Frieden" (1868) und Anna Karenina (1877) nahm der Spross aus altem russischen Adelsgeschlecht großen Einfluss auf die Gattung des historischen Romans.
Welcher Schriftsteller ist gemeint?

Frage 296

Nur 26 Jahre alt wurde Wolfgang Borchert und dennoch hat er wie kein anderer Deutscher die Situation der Kriegsheimkehrer aus dem Zweiten Weltkrieg in Kurzgeschichten und einem Drama geschildert.
Wie heißt es?

Frage 297

Im deutschen Gedicht wird durch die unterschiedliche Betonung der Silben ein Sprachrhythmus erzeugt. Wie nennt man ein Versmaß mit einer kurzen, also unbetonten, und einer langen, betonten Silbe?

Jambus	Daktylus
Trochäus	Anapäst

Frage 298

Miguel de Cervantes y Saavedra war fünf Jahre lang Gefangener der Korsaren in Algier. Später versuchte er sich in Madrid als Theaterautor und Steuereintreiber. Durch Intrigen immer wieder im Gefängnis vertrieb er sich die Zeit mit Schreiben. Dort entstand auch das Buch, das 1605 den modernen Roman begründete.
Wie heißt das Werk?

Frage 299

Das „Nibelungenlied" ist eines der größten deutschen Gedichte und ein Zeugnis mittelhochdeutscher Sprache. Wie heißen seine ersten Verse?

Als unsres Lebens Mitte

Sage mir Muse die Taten

Viel Wunderdinge melden

Am Anfang schuf Gott

Frage 300

Am 21. November 1811, gegen vier Uhr nachmittags, nahm der Dichter seiner Begleiterin und sich mit einer Pistole das Leben. Zeit seines Lebens verkannt, auch von Goethe zurückgestoßen, befreundete er sich kurz vor seinem Freitod mit Henriette Vogel, einer unheilbar kranken Frau.
Wer war der Unglückliche?

Richtig oder falsch?

„Wagners ‚Götterdämmerung' ist ein Thema aus der Nibelungensage."

Dieses Thema stammt aus der Edda.

Literatur

Frage 301

Wie nennt man eine Erzählung, die mehrere selbständige Erzählungen umschließt? Meistens trägt eine Person aus der Haupterzählung die weiteren eigenständigen Erzählungen vor. Ein klassisches Beispiel aus dem Orient ist die Sammlung 1001 Nacht, mit Scheherazade als Hauptperson.

Sammelerzählung	Rahmenerzählung
Rezitativ	Decamerone

Frage 302

„Die gantz welt lebt in vinstrer nacht / Und duot in sünden blint verharren / All strassen / gassen / sindt voll narren." In düsteren Farben schildert Sebastian Brant in der Vorrede zu seinem Roman die Welt um 1500. Hätte es damals schon Bestsellerlisten gegeben, sein Buch hätte jahrzehntelang auf Platz eins gestanden. Wie heißt der Roman?

Frage 303

Während des Siebenjährigen Kriegs war Lessing in Breslau Gouvernementssekretär des Generals Tauentzien. Die Begegnung mit preußischen Offizieren führte zu der Entstehung seines zum Klassiker gewordenen Lustspiels, das sich immer noch großer Beliebtheit erfreut.
Wie heißt das Stück?

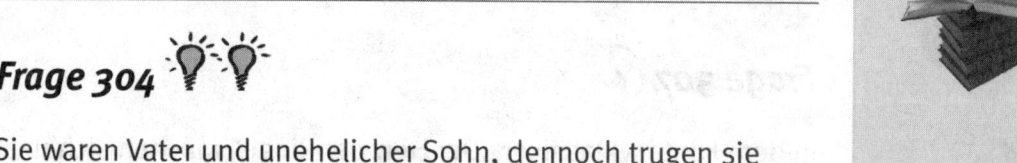

Frage 304

Sie waren Vater und unehelicher Sohn, dennoch trugen sie den gleichen Namen. Beide schrieben Romane, die Welterfolge wurden. „Der Graf von Monte Christo" stammt vom Vater. Der Sohn schrieb „Die Kameliendame".
Wie hießen die beiden?

Frage 305

Auf Anordnung seines Landesherrn in einer geschlossenen Lehranstalt untergebracht schreibt er heimlich sein erstes Theaterstück. Das Publikum erkennt, dass der Autor mit „Der verlorene Sohn" gegen die bestehende Ordnung rebelliert. Der Poet, der inzwischen als Regimentsmedikus dient, muss ins benachbarte Ausland fliehen.
Wer sollte einer der größten Dichter seiner Nation werden?

Frage 306

„In Anerkennung seines schöpferischen schriftstellerischen Schaffens, dessen freiheitlicher Geist und dessen Suche nach Wahrheit einen weitreichenden Einfluss auf unser Zeitalter ausgeübt hat." Mit dieser Begründung wurde ihm der Nobelpreis für Literatur 1964 zuerkannt. Doch er lehnte den Preis ab. Wer war's?

Pablo Neruda

Aleksandr Solschenizyn

Michail Scholochow

Jean Paul Sartre

Literatur

Frage 307 🔆

In dem Fantasyklassiker „Der Herr der Ringe" machen sich u. a.
der Ringträger Frodo Beutlin, sein Freund Samweis Gamdschie
und seine Vettern Meriadoc Brandybock und Peregrin Tuk auf,
den bösen Ring zu zerstören. Zu welchem Volk gehören die
vier?

Zu den Orks	Zu den Hobbits
Zu den Zwergen	Zu den Elben

Frage 308 🔆

Ob Homer gelebt hat, ist
strittig. Die einen glauben,
dass der Dichter im 8. Jahrhundert v. Chr. im kleinasi-
atischen Smyrna geboren
wurde und auf der Insel
Chios lebte. Die anderen
sehen in den Werken seiner
Zeit mündlich überlieferte
Einzellieder. Unstrittig mar-
kieren „seine" beiden groß-
en Epen den Beginn der
abendländischen Literatur.
Wie heißen sie?

Frage 309 🔆🔆🔆

„Die Kinder aus der Krachmacherstraße" heißt ein berühmtes
Kinderbuch von Astrid Lindgren.
Wie ist der Name der kleinen Schwester von Mia Maria und
Jonas?

Frage 310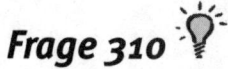

Sein Weg zum Königsthron ist mit Blut besudelt, weil er von Ehrgeiz besessen ist. Seine Frau drängt ihn zum Mord und er befiehlt eine Reihe von Gewaltakten, weil er der Prophezeiung dreier Hexen glaubt. Am Ende wird auch er erschlagen. Wie heißt das Stück von Shakespeare?

Frage 311

Seit 2005 gibt es den Deutschen Buchpreis, der dem „besten deutschsprachigen Roman" eines Jahres gewidmet sein soll. 2007 erhielt die Schriftstellerin Julia Franck diese Auszeichnung. Wie heißt ihr Roman?

Die Mittagsfrau	Die bewohnte Frau
Das Superweib	Die Frau in Weiß

Frage 312

Es gibt einen Roman der Weltliteratur, der ausschließlich am 16. Juni 1904 in Dublin spielt. Wie heißt er?

Richtig oder falsch?

„Alexandre Dumas schrieb ‚Die drei Musketiere'."

Vermutlich war Auguste Macquet, ein Historiker, den Dumas beschäftigte, der Autor des Romans.

Literatur

Frage 313

Welcher römische Dichter schrieb die berühmten „Metamorphosen"?

Marcus Tullius Cicero	Publius Ovidius Naso
Gaius Valerius Catullus	Publius Vergilius Maro

Frage 314

Seine Vorstudien und Recherchen waren so umfangreich und genau, dass die Handlungen seiner Abenteuer- und Zukunftsromane stets als möglich erschienen. Und viele seiner Utopien, wie eine Reise zum Mond, wurden im 20. Jahrhundert tatsächlich Realität.
Wer war der Vater der Science-Fiction-Literatur?

Frage 315

Als erfolgreicher Geschäftsmann begann er 1933 fesselnde Kriminalromane und Detektivgeschichten zu schreiben, später auch Drehbücher für Kriminalfilme. Sein Held ist der melancholische Privatdetektiv Philip Marlowe. Die Handlungen seiner Stories werden in sachlich hartem Stil geschildert und sind so geschickt aufgebaut, dass sich die Spannung des Lesers zunehmend steigert.
Wer war der Autor?

Frage 316

Er hatte zunächst Maschinen-
bau studiert, bevor er an
die Kunstschule ging. Seine
Bildergeschichten mit den
knappen, humorvollen
Texten und den satirischen
Bilderfolgen sind vollendete
Kunstwerke, in denen er
sich als scharfer Kritiker von
Staat, Kirche und Bürgertum
äußerte. Werke wie „Max
und Moritz", „Die fromme
Helene" oder „Maler Kleck-
sel" wurden weltberühmt.
Wer war der Dichter?

Frage 317

Seinen ersten Höhepunkt erreichte der deutsche Roman mit
H. J. C. von Grimmelshausen. Der Autor beschreibt die verrück-
ten Abenteuer eines einfältigen jungen Mannes im Europa des
Dreißigjährigen Kriegs. Der Held endet schließlich als weiser
Eremit auf einer Insel.
Wie heißt der Protagonist?

Frage 318

Es gibt immer wieder themenbezogene Zusammenstellungen
von Lyrik oder Aphorismen oder ausgewählten Texten verschiedener Autoren. Wie nennt man eine solche Sammlung?

- Anagramm
- Anthologie
- Agenda
- Anekdote

Literatur

Frage 319

Welcher russische Dichter starb an den Verletzungen, die er bei einem Duell erlitt?

Dostojewski	Puschkin
Gogol	Tolstoi

Richtig oder falsch?

„Karl May hat Amerika, das Land seiner Helden, nie besucht."

Frage 320

Peter Handke, der österreichische Schriftsteller, schockierte und amüsierte 1966 mit einem Sprechstück das Publikum, obwohl es von den Schauspielern regelrecht beschimpft wurde. Wie heißt das Stück?

Frage 321

Das Werk, das ihn schlagartig bekannt gemacht hat, war die empfindsame Liebesgeschichte eines jungen Mannes, der sich von der Qual seiner unerwiderten Liebe durch eine unerhörte Tat befreit. Da war der Autor gerade 24 Jahre alt. Der schmale Band wurde zum Kultbuch der Jugend seiner Zeit. Wer war der Dichter?

Er bereiste die Vereinigten Staaten, allerdings erst nach dem Erscheinen seiner Winnetou-Geschichten.

Frage 322

„Zugegeben: ich bin Insasse einer Heil- und Pflegeanstalt, mein Pfleger beobachtet mich, lässt mich kaum aus dem Auge; denn in der Tür ist ein Guckloch, und meines Pflegers Auge ist von jenem Braun, welches mich, den Blauäugigen, nicht durchschauen kann." Welches Buch beginnt mit diesem ersten Satz?
Tipp: Der Autor erhielt 1999 den Nobelpreis.

Frage 323

Schiller schuf zur Zeit der Weimarer Klassik eine romantische Tragödie, die zu seinen Lebzeiten sehr häufig gespielt wurde. Sie erzählt die Geschichte einer Bauerntochter, die beseelt von einem göttlichen Auftrag in die Schlacht zieht. Im Gegensatz zu anderen Versionen der Geschichte verzichtet Schiller jedoch darauf, den Prozess und den Tod auf dem Scheiterhaufen zu thematisieren. Wer war die tragische Heldin?

- Johanna, die Jungfrau von Orléans
- Beatrice, die Braut von Messina
- Minna, das Mädchen von Barnhelm
- Eve Rull, die Magd aus Utrecht

Frage 324

Daniel Defoe sollte Pfarrer werden, ergriff aber den Kaufmannsberuf und reiste durch ganz Europa. Außerdem war er Journalist und landete wegen seiner politischen und religiösen Flugschriften 1703 am Pranger und im Gefängnis. Er hatte also ein wildes Leben hinter sich, als er mit 59 Jahren seinen ersten Roman schrieb, der zugleich als erster moderner Roman Englands gilt.
Wie heißt das Buch?

Literatur

Frage 325

Bertolt Brecht war einer der einflussreichsten Dramatiker und Lyriker des 20. Jahrhunderts. Mit seinem „epischen Theater" wollte er die Aktivität der Zuschauer wecken, sie zum engagierten Mitdenken über die dargestellten Personen und Verhältnisse aufrufen. Als überzeugter Marxist war er zunächst in Westdeutschland verpönt. Welches dieser Stücke ist nicht von ihm?

Trommeln in der Nacht

Tod eines Handlungsreisenden

Im Dickicht der Städte

Baal

Frage 326

„Die Hölle, das sind die anderen" ist ein berühmter Ausspruch in einem Drama des französischen Schriftstellers und Philosophen Jean-Paul Sartre. Es wurde 1944 uraufgeführt und heißt im Original „Huis clos".
Wie heißt es in den deutschen Theaterspielplänen?

Frage 327

Tennessee Williams, amerikanischer Dramatiker aus der Mitte des vorigen Jahrhunderts, steht auch heute noch mit Stücken wie „Die Glasmenagerie" oder „Endstation Sehnsucht" auf dem Spielplan. Welcher der hier aufgeführten Titel ist nicht von ihm?

A Streetcar Named Desire

Cat On a Hot Tin Roof

A Long Day's Journey into Night

Sweet Bird of Youth

Frage 328

Die Geschichte von Michael Kohlhaas ist eine der klassischen Novellen der deutschen Literatur. Sie handelt von dem brandenburgischen Pferdehändler Kohlhaas, der, als ein Junker ihm seine Pferde ruiniert und er vor Gericht nicht entschädigt wird, das Gesetz in die eigenen Hände nimmt. Der Name wird zum Synonym für Gesetzesfanatiker. Wer schrieb die Geschichte?

- Heinrich von Kleist
- Novalis
- Conrad Ferdinand Meyer
- Gottfried Keller

Frage 329

Die amerikanische Krimiautorin Donna Leon hat einen venezianischen Commissario erfunden, der mit Paola, Tochter eines Conte aus der Familie Falier, einer der ältesten Familien Venedigs, verheiratet ist. Wie heißt der Mann?

Frage 330

Die „Buhlschaft" ist eine beliebte Rolle für Schauspielerinnen. In welchem Stück?

Philosophie und Mythologie

Frage 331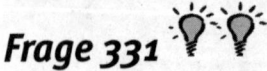

Wie heißt der altgermanische Hauptgott? Er erscheint als
Reiter oder schneller Wanderer, begleitet von den beiden
Raben Hugin und Munin sowie den Wölfen Geri und Freki. Der
Führer des Wilden Heers reitet auf dem achtbeinigen Pferd
Sleipnir und ist der Gemahl der Frija.

Frage 332

Wer ist die Gemahlin des Zeus und Beschützerin der Ehe und
der Frauen?

Frage 333

Was streben Anhänger des Utilitarismus an?

Das Glück aller	Das persönliche Glück
Unterwerfung	Glaube

Frage 334

Als unmittelbar evidente Grundvoraussetzung allen Seins, die nicht mehr angezweifelt werden kann, bleibt einem französischen Philosophen die Tatsache seines eigenen Nachdenkens: „Cogito, ergo sum" (Ich denke, also bin ich). Wer war's?

Thomas Hobbes	John Locke
David Hume	René Descartes

Frage 335

Aphrodite, die griechische Göttin der Schönheit und der Liebe, ist eine Tochter des Göttervaters Zeus. Sie ist entweder der Titanin Dione oder dem Schaum des Meeres entsprungen. Wie heißt sie bei den alten Römern?

Frage 336

Welcher philosophisch-literarischen Richtung gehörte Albert Camus an?
Tipp: Lange Jahre war er mit Sartre befreundet.

Philosophie und Mythologie

Frage 337

Rudolf Steiner war der Begründer einer philosophisch-esoterischen Lehre. Nach seiner Auffassung kommt alles Sein aus dem Geistigen und kehrt nach dem Durchlaufen von sieben Entwicklungsstadien dorthin zurück. Nach seinen Angaben kann die übersinnliche Wahrnehmungsfähigkeit des Menschen geschult werden und zur „Erkenntnis höherer Welten" vordringen.
Wie nennt sich seine Anschauung?

Frage 338

In seinem Hauptwerk „Der Untergang des Abendlandes" vertritt er die Theorie, dass die verschiedenen voneinander unabhängigen Kulturen einen dreiteiligen Lebenszyklus durchlaufen, der dem biologischen Kreislauf in der Natur gleicht. Am Ende dieser Entwicklung steht dieser Theorie zufolge unweigerlich ihr Verfall – und damit ihre Ablösung durch eine neue kulturelle Entwicklung. Wer war der Mann?

Hans Grimm	Oswald Spengler
Heinrich Mann	Friedrich Nietzsche

Richtig oder falsch?

„ Der ‚edle Wilde' ist eine Erfindung von Jean-Jacques Rousseau."

Schon der spanische Schriftsteller Alonso de Ercilla y Zúñiga beschrieb 1605 in seinem Hauptwerk „La Araucana" die indigenen Völker des neu entdeckten amerikanischen Kontinents in sehr positiver Weise.

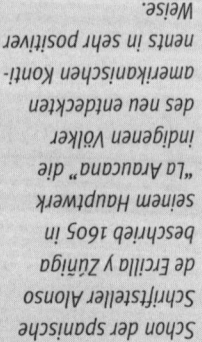

Frage 339

In der griechischen Mythologie ist er der Gott der Unterwelt. Später wird der Begriff dann als Bezeichnung für die Unterwelt insgesamt verwendet. Wer ist es?

142

Frage 340

„Homo homini lupus" – auf gut Deutsch: Der Mensch ist des Menschen Wolf. Der Gedanke stammt ursprünglich von Plautus, populär wurde er aber durch einen englischen Staatstheoretiker, der 1651 seinem Hauptwerk „Leviathan" diesen Gedanken voranstellte.
Wer war der kluge Kopf?

Frage 341

Die erste eigenständige amerikanische Strömung der Philosophie entstand im 19. Jahrhundert durch Charles S. Peirce. Er lehnte es ab, über Fragen zu spekulieren, die keinen praktischen Nutzen bringen. Außerdem postulierte er, dass Wahrheit sich in Relation zu Zeit, Ort und dem jeweils verfolgten Ziel verhält. Wie nennt sich dieser philosophische Ansatz?

Sophismus	Pragmatismus
Amerikanismus	Prädestination

Frage 342

Neben seiner Lehrtätigkeit an der University of California nahm der Professor für Politologie 1965 eine außerordentliche Professur an der Freien Universität Berlin an. 1955 und 1964 waren seine beiden Hauptwerke „Triebstruktur und Gesellschaft" und „Der eindimensionale Mensch" erschienen. Sie zählen zu den Standardwerken der Studentenbewegung in aller Welt, vorwiegend in den USA und Deutschland.
Wer war der Autor?

Philosophie und Mythologie

Frage 343

Herakles musste bei seinen Strafarbeiten auch den Wächter am Eingang zur Unterwelt bezwingen, einen fürchterlichen Höllenhund. Wie hieß er?

- Zerberus
- Minotaurus
- Hades
- Charon

Frage 344

Es gibt zwei Begriffe aus der chinesischen Philosophie, die nicht zu trennen sind. Bei Yang handelt es sich um das Prinzip Sonne, bei dem anderen um das Prinzip Schatten. Der Übergang ist dabei fließend.
Wie heißt der zweite, entgegengesetzte Begriff?

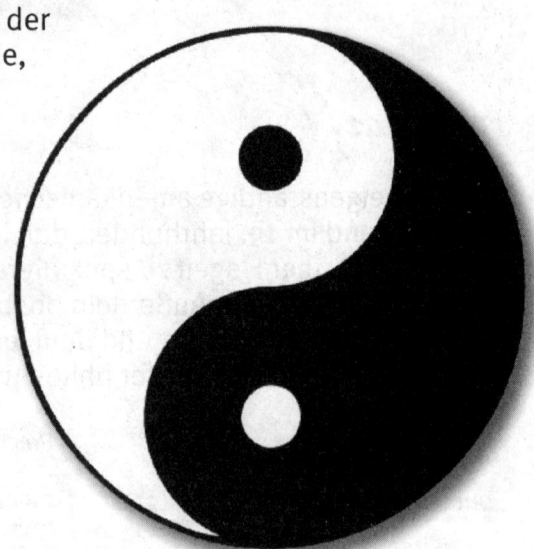

Frage 345

Wie Homer in der Ilias berichtet, bauten die Griechen nach zehnjähriger Belagerung im Trojanischen Krieg auf den Rat des Odysseus ein monumentales Holzpferd, in dem sich die griechischen Belagerer der Stadt versteckten. Als die neugierigen Trojaner das Pferd als Geschenk der Griechen in die Stadt holten, kamen diese in der Nacht heraus, öffneten von innen das Stadttor und konnten so den Sieg für sich gewinnen.
Wie nennt man seitdem ein solches unheilbringendes Geschenk?

Frage 346

Welcher Begriff wird nicht für eine philosophische Auffassung verwendet?

Materialismus	Fatalismus
Paralogismus	Determinismus

Frage 347

Der trojanische Königssohn Paris raubte die Gattin Menelaos', des Königs von Sparta. Unter der Führung von Menelaos' Bruder zogen die Griechen nach Troja zur ihrer Befreiung. Es wurde ein zehnjähriger Krieg um die schönste Frau ihrer Zeit.
Wie hieß sie?

Richtig oder falsch?

"Poseidon ist der griechische Meeresgott."

Frage 348

1949 erschien das Buch „Das andere Geschlecht" von Simone de Beauvoir. Damit wurde sie zu einer Leitfigur der Frauenbewegung in den Siebzigerjahren. Ähnlich bekannt wurde sie aber als die Lebensgefährtin eines berühmten Denkers.
Wer war dieser Freund?

Es gab nicht nur einen Meeresgott. Ein älterer Gott der Wogen heißt zum Beispiel Okeanos.

Philosophie und Mythologie

Frage 349

Zeus verliebte sich in die Tochter des phönizischen Königs Agenor. Um ihr nahe zu sein, verwandelte er sich in einen schneeweißen Stier und mischte sich unter die Rinderherde ihres Vaters. Als sie nahe der Herde am Strand spazieren ging, begann sie, mit dem schönen Tier zu spielen. Nach und nach überwand sie alle Angst und kletterte auf den Rücken des Stiers, woraufhin dieser mit ihr ins Meer lief. Er schwamm bis nach Kreta.
Wie hieß das Mädchen?

Frage 350

Wie bezeichnet man eine philosophische Lehre, die das persönliche Lustgefühl als höchstes Ziel anstrebt?

Fanatismus	Hedonismus
Okkultismus	Defätismus

Frage 351

Der deutsche Philosoph Immanuel Kant hat folgendes Sittengesetz geprägt: „Handle so, dass die Maxime deines Willens jederzeit zugleich als Prinzip einer allgemeinen Gesetzgebung gelten könne."
Wie nennt man dieses Gebot?

Frage 352

Der niederländische Philosoph Baruch de Spinoza sah die Allnatur – im Gegensatz zur christlichen Religion – nicht als Werk Gottes, sondern als Wesen Gottes. Schleiermacher nannte später diese Sichtweise „die heimliche Religion der Deutschen". Schopenhauer dagegen sah darin nur eine „vornehme Form des Atheismus".
Wie nennt sich diese „Religion"?

Frage 353

1516 veröffentlichte der englische Staatsmann Thomas Morus einen in lateinischer Sprache geschriebenen Roman, in dem er – aufbauend auf humanistischem Gedankengut – eine ideale Gesellschaft mit demokratischen Grundzügen darstellte. Der Buchtitel prägte einen Begriff, der noch heute für meist unerfüllbare Wunschvorstellungen verwendet wird.
Wie heißt der Roman?

Frage 354

Er war ein Titan und der Bruder des Atlas. Doch er verstieß gegen das Herrschaftsinteresse der Götter und brachte den Menschen das Feuer. Zeus ließ ihn schließlich an einen Felsen des Kaukasus schmieden und täglich zwei Adler kommen, die an seiner Leber pickten. Wer war der erste Revolutionär?

Ödipus

Diogenes

Prometheus

Achilles

Philosophie und Mythologie

Frage 355

Früher war es die Wissenschaft von der Sinnlichkeit und ihrem Anteil an der begrifflichen Erkenntnis. Heute ist es vor allem die Lehre vom Schönen oder von den Gesetzen der Kunst – also in der Regel von Gefühlswerten, die nicht rational zu begründen sind.
Welcher Begriff ist hier gemeint?

Frage 356

Die antike Philosophie kennt eine „klassische Periode", die zwischen den Vorsokratikern und der hellenistischen Periode liegt und von drei großen Denkern geprägt wurde. Welcher der hier genannten gehört nicht dazu?

- Pythagoras
- Platon
- Sokrates
- Aristoteles

Frage 357

Dieser grausame Riese der griechischen Mythologie bot müden Reisenden ein Bett an. War der Wanderer groß, gab er ihm ein kleines Bett und hackte ihm die Füße ab, damit er hineinpasste. War er eher klein, gab er ihm ein großes Bett und zog ihn in die Länge.
Wie heißt die Gestalt, von deren Bett wir heute noch sprechen?

Frage 358

Ein philosophisches Konzept geht davon aus, dass alle Ereignisse prinzipiell von den vorhergehenden Ereignissen bestimmt werden. Bei einem vollständig bekannten Zustand eines Systems läuft also alles nach bekannten Naturgesetzen ab. Wie nennt man diese Auffassung?

Determinismus	Teleologie
Devaluation	Didaktik

Frage 359

Die Atriden sind in der griechischen Mythologie das Geschlecht, aus dem die Brüder Agamemnon und Menelaos stammen. Berühmt ist auch ihre Heimatstadt. Die Ausgrabungen der Burg am Rand der peloponnesischen Landschaft Argolis liegen heute etwa 15 Kilometer vom Meer entfernt. Wie heißt die Stadt, die zum Weltkulturerbe gehört?

Frage 360

Er war Mathematiker und Philosoph. Wem wird das berühmte Zitat „Erkenne dich selbst!" zugeschrieben?

Richtig oder falsch?

"Der ‚Übermensch' ist ein Beweis dafür, dass Nietzsche Nationalsozialist war."

Der von Nietzsche geprägte Begriff des Übermenschen bezeichnet einen idealen Menschen, den es in der Realität nicht gibt. Erst nach dem Tod des Philosophen wurde die Bezeichnung von den Nazis in ihre Ideologie übernommen.

Philosophie und Mythologie

Frage 361

Er gilt als einer der bedeutendsten Philosophen des 20. Jahrhunderts. 1927 erschien sein wichtigstes und einflussreichstes Werk „Sein und Zeit". Auf ihn geht die Unterscheidung zwischen Sein und Seiendem zurück. Seine Philosophie nannte er selbst „Fundamentalontologie".
Wer war der Mann?

Frage 362

Ein Hinkelstein war ein unbehauener, aufrecht stehender Großstein eines jungsteinzeitlichen Kults in Westeuropa. Hinkelsteine wurden einzeln, aber auch in Reihen und Kreisen aufgestellt.
Wie nennt man sie noch?

Menhire

Mensa

Menses

Mensurale

Frage 363

Karl Marx übernahm in seinem Denken die uralte philosophische Methode der Dialektik: Er setzte als These Produktion, als Gegenthese Kapitalismus und kam so zur Synthese Kommunismus.
Wie nennt man diese Denkweise, die später von Lenin und Stalin in ihre Ideologie eingebettet wurde?
Tipp: Sie bildet eine Einheit mit dem Historischen Materialismus.

Frage 364

Als „Frankfurter Schule" wird ein einflussreicher Kreis von Philosophen und Soziologen bezeichnet, die seit den frühen Dreißigerjahren dem Frankfurter Institut für Sozialforschung angehörten, während der Zeit des Nationalsozialismus in die USA emigrierten und ihre Arbeit nach dem Zweiten Weltkrieg an der Universität in Frankfurt fortsetzten. Ihre bekanntesten Vertreter sind Max Horkheimer und Theodor W. Adorno. Welcher der hier Aufgeführten gehörte nicht dazu?

Walter Benjamin	Erich Fromm
Herbert Marcuse	Karl Jaspers

Frage 365

Welche programmatische Schrift, die Weltgeltung erhielt, beginnt mit den provozierenden Worten: „Ein Gespenst geht um in Europa – das Gespenst des Kommunismus"?

Frage 366

Schicksalsgöttinnen in der Gestalt dreier Frauen kennt man in verschiedenen Mythologien. Nornen nennt man die germanischen Schicksalsgöttinnen. Bei den alten Griechen hießen sie Moiren, in der slawischen Mythologie Zorya.
Wie nannten die Römer sie?

Philosophie und Mythologie

Frage 367

Eine philosophische Welterklärung betrachtet die Materie als einzige wirkliche Substanz. Geistige und seelische Vorgänge sind aus materiellen zu erklären.
Wie heißt diese Denkschule?

Frage 368

Jean Paul Sartre, der französische Existenzphilosoph, hat sich in seinem wichtigsten Werk u. a. mit Martin Heidegger, Edmund Husserl und G. W. F. Hegel auseinandergesetzt. Wie heißt es?

Die geistige Situation der Zeit	Haben oder Sein
Das Sein und das Nichts	Sein oder Nichtsein

Frage 369

Platon schildert in seinem Dialog „Symposion", wie der junge, schöne Alkibiades vergeblich versucht, Sokrates zu verführen. Dieser schlägt statt der sexuellen Vereinigung eine „höhere", nicht körperliche Form der Liebe vor, in der die Seelen zueinanderfinden. Wie nennt man diese Form einer Partnerschaft?

Frage 370

„Der Mensch ist das Maß aller Dinge", sagte ein griechischer Philosoph und meinte, dass Erkenntnis nur auf das jeweils erkennende Subjekt bezogen werden kann. „Der gleiche Wind erscheint dem einen warm, dem andern kalt." Wie hieß der bedeutendste Sophist?

Pythagoras	Protagoras
Polykrates	Pygmalion

Frage 371

Trotz der Möglichkeit zur Flucht blieb er, den Tod erwartend, im Gefängnis. Er trank den Schierlingsbecher gelassen und ohne jede Pose, der Mann, „der an Einsicht und Gerechtigkeit von niemandem über-
troffen wird", wie
Platon sagte.
Wer war der große
Grieche?

Frage 372

Aristoteles hat ein bestimmtes Denken begründet: Seine Lehre vom richtigen Schluss untersucht, wie aus zwei eindeutigen Sätzen ein dritter richtig geschlossen wird. Insgesamt beschäftigt sie sich mit Beweisen und Folgerungen.
Wie nennt man diese Denkweise?

Philosophie und Mythologie

Frage 373

Als philosophischer Begriff für eine bestimmte Lehre kam das Wort auf, weil das Buch, in dem Aristoteles den letzten Grund des Seins philosophisch erörterte, bei der später üblich gewordenen Anordnung seiner Werke „hinter der Physik" eingereiht wurde. Gleichzeitig bedeutet der Begriff auch „das, was nach der Natur kommt".
Wie heißt der heute gebräuchliche Begriff?

Frage 374

Er wurde von Hermes aus dem Leib der toten Mutter gerettet und dem heilkundigen Kentaur Cheiron übergeben. Der unterwies das Kind in der Heilkunst, die ihm einst Apollon beigebracht hatte. Asklepios hieß er bei den alten Römern.
Wie heißt er auf Deutsch?

Frage 375

Riesen hat es in den Mythologien verschiedenster Kulturen gegeben. Welcher der folgenden Namen bezeichnet kein Riesengeschlecht?

Jöten	Giganten
Kyklopen	Atriden

Frage 376

Ein Philosoph lehrte: „... mit unserer Willensfreiheit sollen wir das Glück genießen; ohne Angst vor dem Tod, der uns in Wahrheit gar nicht berührt: Wenn wir sind, ist er nicht; wenn er ist, sind wir nicht; wozu also Furcht vor ihm? Das kunstvollste Dasein ist nicht das blindlings ausschweifende; nur derjenige wird es führen können, der die richtige Messkunst beherrscht ..." Wer war der Grieche?
Tipp: Seine Lehre, die seinen Namen trägt, wird auch hedonistisch genannt.

Frage 377

In der griechischen Mythologie bleibt ein Bildhauer aus Abneigung gegen das weibliche Geschlecht ehelos, entbrennt aber in Liebe zu einer von ihm geschaffenen elfenbeinernen Frauenstatue. Auf sein Bitten hin wird ihr von Aphrodite Leben

eingehaucht. Der Schöpfer heiratet daraufhin sein beseeltes Geschöpf. Wie heißt er?

Pygmalion	Phidias
Praxiteles	Milo

Frage 378

Aus dem bettelarmen, buckligen jüdischen Migrantenjungen Moische aus Dessau wurde einer der wichtigsten Autoren und Repräsentanten der Berliner Aufklärung. Er war der lebende Beweis dafür, wie tolerant die Aufklärung war: Ein orthodoxer Jude, ein Migrant und Andersgläubiger ohne Taufe konnte als Bürger und Philosoph, als Kaufmann und Redakteur in der bürgerlichen Öffentlichkeit mitreden und sich behaupten. Wer war der Gelehrte?

Richtig oder falsch?

"Der Olymp ist der Sitz der griechischen Götter."

Nur die zwölf größten griechischen Götter lebten im Olymp, und auch das nicht ständig. Hades – obwohl zu den wichtigsten Göttern gehörend – bewohnte beispielsweise die Unterwelt.

Frage 379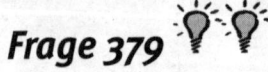

Eine griechische Denkschule hat das geistige Gesicht der europäischen Menschheit dauerhaft geprägt. Sie bestimmte auch die Lebensform gebildeter Römer wie Seneca und Kaiser Marc Aurel. Wie hieß diese Schule?
Tipp: Die „Wege zu sich selbst" des Kaisers sind als die berühmteste Zusammenfassung der Lehre in die philosophische Weltliteratur eingegangen.

Frage 380

Während ihr Gatte im Trojanischen Krieg kämpfte und danach zahlreiche Abenteuer auf seinen Irrfahrten durch das Mittelmeer bestehen musste, wartete sie 20 Jahre lang treu auf ihn. Zu Hause wurde sie von Freiern umworben, die sie zur Heirat drängten. Sie jedoch gab vor, erst dann heiraten zu wollen, wenn sie das Leichentuch für ihren Schwiegervater Laertes fertig gewebt habe. Heimlich trennte sie Nacht für Nacht die am Tag angefertigten Webreihen wieder auf. Wie hieß die Dame?

Penelope	Klytämnestra
Iphigenie	Medusa

Frage 381

Er war der Nationalheld Athens, weil er sein Land von sechs Plagen befreit hatte. Unter anderem tötete er den Minotaurus und Schurken wie Skeiron, Sinis und Prokrustes. Wer war der Heroe?

Frage 382

Karl Marx war mehr als ein Theoretiker des Kommunismus mit dem Hauptwerk „Das Kapital". Er war auch Philosoph, politischer Journalist und Kritiker der klassischen Nationalökonomie. Welche hier aufgeführte Schrift stammt nicht von ihm?

Das revolutionäre Spanien

Der achtzehnte Brumaire des Louis Bonaparte

Die heilige Familie oder Kritik der kritischen Kritik

Zur Geschichte des Urchristentums

Frage 383

Eine philosophische oder auch religiöse Lehre besagt, dass alle Ereignisse an ein festgesetztes und unausweichliches Schicksal geknüpft und durch übergeordnete Kräfte bestimmt sind. Sie können also durch individuellen Willen weder kontrolliert noch beeinflusst werden.
Wie nennt man diese Anschauung?

Frage 384

Mit der Aussage „Gott ist tot!" hat der deutsche Philosoph für Aufsehen gesorgt. Er starb 1900 in geistiger Umnachtung.
Wer schrieb „Die Geburt der Tragödie aus dem Geiste der Musik"?

Philosophie und Mythologie

Frage 385 ☀

Er war der Überzeugung, dass der Welt ein irrationales Prinzip zugrunde liegt. Bei seiner Tätigkeit als Hochschullehrer in Berlin kam es zu einem Streit mit seinem Kollegen Hegel, der damals weitaus bekannter war als er.
Wer schrieb „Die Welt als Wille und Vorstellung"?

Frage 386 ☀ ☀

Einer der Stars in der griechischen Mythologie: König des sagenhaften Mykene, Anführer der Griechen im Trojanischen Krieg, bei seiner Heimkehr auf Betreiben seiner Gattin Klytämnestra von deren Liebhaber ermordet. Vater von Orest, Iphigenie und Elektra.
Wer war der Herrscher?

Frage 387 ☀

Wie nennt man die philosophische Methode des Denkens, bei der zwei Partner These und Gegenthese verfechten und miteinander zur Wahrheit vorzudringen versuchen? Sokrates und Platon machten sie zur Grundlage ihres Philosophierens.

Dialektik	Scholastik
Sophistik	Dualismus

Frage 388

In der griechischen Mythologie ließ Klytämnestra ihren Gatten töten. Doch dessen Tod wurde von ihrem
Sohn gerächt. Der wurde
wiederum als Muttermörder
von den Erinnyen verfolgt
und von Apollo in Delphi
entsühnt. Später war er
König von Mykene, Argos
und Sparta.
Von wem ist hier die Rede?

Frage 389

Eine philosophische Strömung lehnt Metaphysik und Theologie zur Erkenntnisgewinnung strikt ab und gewinnt jegliche Erkenntnis ausschließlich aus Erfahrung und durch Beobachtung
der wahrnehmbaren positiven Tatsachen. Wie nennt sie sich?

Empirismus	Positivismus
Realismus	Konstruktivismus

Frage 390

Einer der wichtigsten deutschen Philosophen in der Nachkriegszeit hat sich immer auch in die politische Diskussion ein-
geschaltet, ganz nach seiner These, dass eine Philosophie der
Freiheit sich im politischen Raum bewähren muss. In seinem
1946 herausgekommenen Buch „Die Schuldfrage" sprach er
von der Kollektivschuld des deutschen Volks am Zustande-
kommen des Zweiten Weltkriegs. In seinem 1966 veröffentlichten Buch „Wohin treibt die Bundesrepublik?" erörterte
er die Entwicklungstendenzen der parlamentarischen Demokratie.
Wer war der Autor?

Philosophie und Mythologie

Frage 391

Er war der erste, dem der Traum vom Fliegen erfüllt wurde. Sein Vater Dädalus hatte seinem Sohn und sich aus Wachs und Federn Flügel gebaut, damit sie von Kreta fliehen konnten, wo Minotaurus sein Unwesen trieb. Doch der Sohn kam zu nahe an die Sonne, das Wachs schmolz und er stürzte ins Meer, das heute noch seinen Namen trägt. Um wen geht es?

Frage 392

Die Erinnyen oder Furien sind Rachegöttinnen der griechischen Mythologie. Welche der folgenden Damen gehört nicht zu den furchtbaren Verfolgerinnen?

Tisiphone	Alekto
Megaira	Aglaia

Frage 393

Sie sucht nach dem Sinn der menschlichen Existenz, fragt auf gedanklichem Weg nach den Prinzipien der Dinge und ihrem Verhältnis zur Wirklichkeit. Wie heißt diese wissenschaftliche Disziplin allgemein?

Frage 394

Während der Abwesenheit seines Vaters reift er langsam zu einem Mann heran, der seine Interessen vertreten kann. Der Sohn der Penelope ergreift schließlich die Initiative und entwickelt sich zu einem Anführer seines Volks. Bei der Rückkehr des Vaters steht er ihm bei der Tötung der Freier seiner Mutter bei. Wie heißt der Held?

Telemachos	Ödipus
Orest	Pygmalion

Frage 395

Sie haben den Kopf und die Schultern eines Mannes sowie den Körper und die Beine eines Pferdes. Sie sind anarchische und lüsterne Geschöpfe, verschlagen und launenhaft, sie essen rohes Fleisch und werden schon betrunken, wenn sie Wein nur riechen.
Wie heißen sie?

Frage 396

Wie heißt in der nordischen Göttersage die immergrüne Weltesche, auf deren Ästen der Himmel ruht? Wenn sie bebt, ist das Ende der Welt (Ragnarök) nahe.

Yggdrasil	Ymir
Yoni	Ygramul

Frage 397

Welches Gebot, das nicht zu den Zehn Geboten gehört, aber im Alten Testament steht und im Neuen Testament bekräftigt wird, haben Juden und Christen gemeinsam?

› Moses mit der Tafel der Zehn Gebote

Richtig oder falsch?

„Jesu Geburt bezeichnet das Jahr null."

Frage 398

Wie nennt man die symbolhafte, rituelle Zeremonie zur Einführung eines Außenstehenden in eine Gemeinschaft? Tipp: Sie findet meistens in der Pubertät statt.

Imitation	Initiation
Immigration	Inszenierung

Frage 399

Die „Säkularisierung" war eine dramatische Folge der Französischen Revolution. Der Reichsdeputationshauptschluss von 1803 ordnete die Säkularisierung von 22 Erzbistümern und Bistümern, 80 Abteien und über 200 Klöstern an. Was versteht man unter dem Begriff?

Neueste Berechnungen zeigen, dass Jesus Christus wahrscheinlich einige Jahre „vor Christus" geboren wurde.

Frage 400

Es gab im ersten Jahrtausend sieben große Konzile mit Vertretern der gesamten Kirche, wie etwa das erste Konzil von Nicäa 325. Die Lehren dieser Konzile werden heute noch von der orthodoxen, der katholischen und vielen protestantischen Kirchen anerkannt. Wie nennt man sie deshalb?

Ökumenische Konzile

Unitarische Konzile

Schöpfungskonzile

Synkretische Konzile

> *Zweites Vatikanisches Konzil in Konstantinopel*

Frage 401

Das arabische Wort „Sunna" bezeichnet die Lehre und Tradition, auf die sich die Mehrheit der Muslime beruft.
Wie heißen ihre innerislamischen Gegner, die Anhänger von Überlieferungen, die auf Ali – den Schwiegersohn des Propheten – oder auf ihn folgende Imame zurückgehen?

Frage 402

Welcher Oberbegriff eint die Weltreligionen Judentum, Christentum, Islam?

Religion

Frage 403

Als „Lehre vom Wissen" bezeichnete der Science-Fiction-Autor Lafayette Ron Hubbard eine von ihm 1950 gegründete und mit religiösem Anspruch auftretende Bewegung. Diese äußerst umstrittene Sekte, die seit 1970 auch in Deutschland operiert, arbeitet wie ein Wirtschaftsunternehmen, das immer neue, kostspieligere Kurse zur Erringung der „totalen Freiheit" anbietet.
Wie heißt die Vereinigung?

Frage 404

Sein „Sonnengesang" ist das erste Gedicht in italienischer Sprache. Der Schöpfer stammte aus begütertem Haus und lebte seinem Stand entsprechend verschwenderisch. Eine einjährige Gefangenschaft und eine Krankheit führten ihn auf den Weg der Bekehrung.
Wer war der Heilige?

Frage 405

Wie heißt die zusammenfassende Bezeichnung für die „fünf Bücher Mose" – also Genesis, Exodus, Leviticus, Numeri, Deuteronomium?

Pentagon	Pentateuch
Pentameter	Pentium

Frage 406

In der Nacht zum 24. August 1572 wurden in Paris auf Betreiben von Katharina de Medici die Anführer des hugenottischen Adels, die sich anlässlich der Hochzeit des Hugenotten Heinrich von Navarra mit der katholischen Margarete von Valois in Paris aufhielten, mit Tausenden ihrer Glaubensgenossen ermordet. Die durch die Hochzeit angestrebte Aussöhnung von Hugenotten und Katholiken war damit gescheitert.
Wie heißt diese schreckliche Nacht?

Frage 407

Die Hugenotten waren häufig Verfolgungen ausgesetzt. Durch welchen Beschluss wurde ihnen 1598 Gewissensfreiheit und politische Gleichstellung gewährt?

Edikt von Nantes	Goldene Bulle
Magna Charta	Westfälischer Friede

Frage 408

Wie nennt man die religiös motivierten kriegerischen Wanderungen ins Heilige Land im Mittelalter?

Religion

Frage 409

Zu vielen sogenannten Natur-religionen gehört der Glaube, dass die Sippe oder der Stamm in einem Tier oder einer Pflanze ihren letzten Urahnen hat, mit dem sich die Mitglieder des betreffenden Stammes identifizieren. Oft setzt man ihm auch in Form eines Pfahls ein Zeichen. Wie nennt man ein solches Zeichen?

Fetisch

Marterpfahl

Totem

Stigma

Frage 410

Ihr Name kommt von dem lateinischen Wort „penus" (= Vor-ratskammer). Sie gehörten zu den privaten Schutzgöttern eines Haushalts und waren für den Herd und die Vorrats-kammer zuständig.
Wie nannte man sie?

Frage 411

Die Bibel liefert manche Redensart.
Steht der Ausdruck „.... wie in Abrahams Schoß" im Alten oder im Neuen Testa-ment?

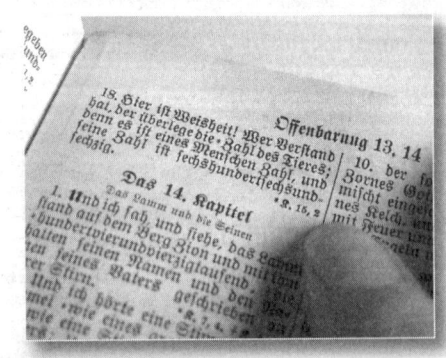

Frage 412

Im antiken Rom gab es priesterähnliche Beamte, die zu ergründen hatten, ob ein geplantes Unternehmen den Göttern genehm sei. Sie verkündeten den Götterwillen, den sie aus dem Flug und dem Geschrei der Vögel und anderer Tiere lasen. Wie nannte man sie?

Auspizien	Auguren
Autodidacten	Autonome

Frage 413

Wie nennt man die Interpretation der sogenannten „heiligen Schriften", also vor allem des Alten und Neuen Testaments der Bibel, des Talmuds, der Literatur zum Midrasch und des Korans?

Frage 414

Kalvinistisch, reformiert, lutherisch – da gibt es Unterschiede. Aber gibt es einen Unterschied zwischen Protestanten und Evangelischer Kirche?

Richtig oder falsch?

„Das Neue Testament wurde ursprünglich in Hebräisch geschrieben."

Die Sprache, in der das Neue Testament verfasst wurde, ist das sogenannte Koine-Griechisch.

Religion

Frage 415

„Lamm Gottes", „Wie ein Schaf, das zur Schlachtung geführt wird", „Bileams Esel", „Das Kamel durchs Nadelöhr", „Ihr Brüllen ist wie das der Löwen..." Die Bibel nutzt immer wieder Tiere als Gleichnis oder Bild.
Welches Tier kommt wohl am häufigsten vor?

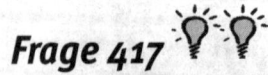

Frage 416

Neben dem Buddhismus gibt es in Japan eine weitere große Religion, die durch den Glauben an einheimische japanische Götter und Naturkräfte geprägt ist. Die Mehrzahl der Japaner gehört beiden Richtungen an. Wie heißt diese Religion?

Hinduismus

Konfuzianismus

Schintoismus

Taoismus

Frage 417

Eine der wichtigsten Auseinandersetzungen zwischen Papst und Kaiser war der sogenannte Investiturstreit.
Worum ging es?

Frage 418

Bei welchen Friedensverhandlungen hat man sich auf die Formel „cuius regio, eius religio" (= wessen Land, dessen Religion) geeinigt? Sie sprach den Landesherren und den geistlichen Fürsten das Recht zu, das Bekenntnis ihrer Untertanen zu bestimmen.

Beim Ewigen Landfrieden von 1495

Beim Westfälischen Frieden von 1648

Beim Augsburger Religionsfrieden von 1555

In den Nachkriegsverhandlungen der Vereinten Nationen von 1947

Frage 419

Die Rastafari-Bewegung ist vor allem unter von Afrikanern abstammenden Jamaikanern verbreitet. In den 1930er-Jahren entstanden, enthält sie christliche, mythische und alttestamentarische Bezüge. Im Gegensatz zu Christen, Juden und Muslimen warten die „Rastas" nicht mehr auf das Erscheinen des Messias, sondern sehen dies bereits durch die Krönung eines äthiopischen Kaisers, des „Siegreichen Löwen von Juda", erfüllt.
Wie hieß der Mann?

Frage 420

Nach Matthäus 16,19 sagte Jesus: „Ich will dir die Schlüssel des Himmelreichs geben: alles, was du auf Erden binden wirst, soll auch im Himmel gebunden sein, und alles, was du auf Erden lösen wirst, soll auch im Himmel gelöst sein."
Wen hat er da angesprochen?

Religion

Frage 421

Ursprünglich schlossen sich die Anhänger des englischen Laienpredigers George Fox, der um das Jahr 1647 den Gedanken vom „Inneren Christus" verbreitete, zusammen und nannten sich selbst „Society of Friends" (Gesellschaft der Freunde). Bei Versammlungen zeigten sich manchmal äußere Zeichen ihrer inneren Ergriffenheit.
Welchen Spitznamen erhielten sie daraufhin?

Frage 422

Nachdem sich Judas Iskariot als Verräter Christi erhängt hatte, wählten die Jünger einen neuen zwölften Apostel. Wen traf das Los?

Philippus

Matthias

Jakobus, den Sohn des Alphäus

Andreas

Frage 423

Wie nennt man in der katholischen Kirche einen verbindlich festgelegten, weil von Gott offenbarten Glaubenssatz?

Frage 424

Einer der Jünger gilt in der christlichen Kirche als die Personifizierung des Unglaubens, da er nach biblischer Überlieferung erst an die Berichte über die Auferstehung Jesus glaubte, als ihm Jesus begegnete. Wie hieß er?

Josef, genannt Barsabbas	Thomas, der Zwilling
Matthäus, der Zöllner	Simon, genannt der Zelot

Frage 425

Über den Beginn des Fastenmonats Ramadan streiten islamische Gelehrte jedes Jahr neu.
Wie kommt es, dass selbst die arabischen Länder nicht zu einem einheitlichen Termin kommen?

Frage 426

Für Irrlehrer, die willkürliche Abweichungen vom Glauben verbreiten, hat die katholische Kirche einen Ausdruck, den sie innerkirchlich und nicht bei Angehörigen einer anderen Religion verwendet. Wie heißt dieser Ausdruck?

Häretiker	Philister
Hedoniker	Presbyter

Frage 427

Wie nennt man das unerklärliche Auftreten von Wundmalen an Händen, Füßen und an der Seite bei lebenden Personen – ähnlich denen, die Christus am Kreuz zugefügt wurden?

Stimulation

Stigmatisation

Simulation

Stilisierung

Richtig oder falsch?

„Die Heiligen Drei Könige waren Könige."

Frage 428

Wie nennt man religiöse oder kultische Geheimlehren, die einem exklusiven Kreis Eingeweihter vorbehalten sind – im Gegensatz zu Exoterik, dem öffentlich zugänglichen (auch religiösen) Wissen?

Frage 429

In den polytheistischen Religionen wird eine Vielzahl von Gottheiten verehrt. Es gibt einen Begriff, mit dem man die Gesamtheit dieser Götter bezeichnet.
Tipp: Auch ein allen Göttern geweihtes Heiligtum wird so genannt.
Wie heißt er?

Das Matthäus-Evangelium spricht von „Weisen". Wahrscheinlich waren sie Sterndeuter.

Frage 430

Fast jede Religion kennt heilige Schriften.
Wie nennt man die heiligen Schriften der Hindus?

Frage 431

Nicht nur die evangelische und die katholische Religion beken-
nen sich zur Dreieinigkeit Gottes. Welche der hier aufgeführten
Kirchen lehnt den Glauben an die Trinität ab?

Altorientalische Kirche

Assyrische Kirche

Neuapostolische Kirche

Mormonische Kirche

Frage 432

Karol Józef Wojtyla war der erste polnische Papst und der erste
nicht-italienische Papst seit Hadrian VI. (1523).
Wie nannte er sich nach seinem Amtsantritt?

Religion

Frage 433

Der Titel „Pontifex Maximus"
heißt ursprünglich „größter
Brückenbauer". Er hatte
die Oberaufsicht über alle
sakralen Angelegenheiten in
Rom. Daneben war er für den
Kalender zuständig. Einer
der letzten Pontifices maximi
in der Römerzeit war Caesar.
Kaiser Gratian verzichtete
382 auf den Titel.
Wer trägt ihn jetzt?

Frage 434

Über die sogenannte Ökumene – das griechische Wort für „die
bewohnte Erde" – wird häufig diskutiert. Was versteht man
darunter ?

Die Gesamtheit evangelischer und katholischer Christen

Die Gesamtheit aller christlichen Kirchen

Die Zusammenarbeit monotheistischer Religionen

Die Frage nach Gott

Frage 435

Wir kennen orthodoxe Kirchen
im Gegensatz zu anderen Kirchen.
Aber was heißt „orthodox"?

Frage 436

Welches Kirchenoberhaupt bekräftigte die Unfehlbarkeit des Papstes auf dem 1. Vatikanischen Konzil?

Clemens XVI.	Johannes Paul II.
Innozenz III.	Pius IX.

Frage 437

Ist der „Baum der Erkenntnis" im Paradies ein Feigenbaum? Adam und Eva nutzen ja ein Feigenblatt zum Bedecken ihrer Blöße. Ist es ein Granatapfelbaum oder etwas ganz anderes?

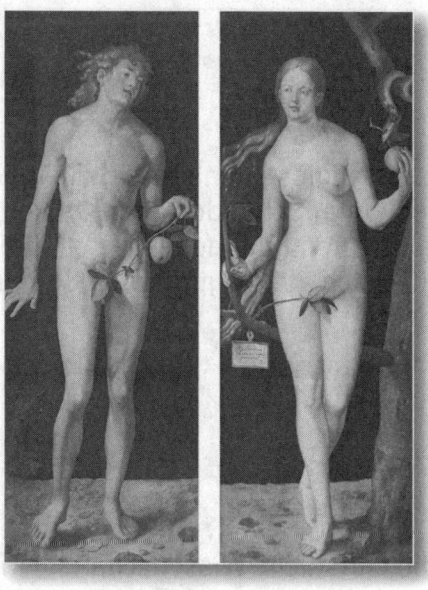

Richtig oder falsch?

„Saulus benannte sich in Paulus um."

Frage 438

Der Bibel zufolge verhandelte er mit dem Pharao und führte schließlich den Auszug der Israeliten aus Ägypten an. Wie hieß der Mann, den wir aus dem Alten Testament kennen?

Die Berichte über seinen Gesinnungswandel mögen stimmen, allerdings änderte er seinen Namen nicht. Paulus war immer schon ein Teil seines Namens gewesen.

Religion

Frage 439

Im Sommer 64 brach in
Rom ein Brand aus, der
einen großen Teil der
Stadt vernichtete. Der
Kaiser beschuldigte zu
Unrecht die Christen,
ließ viele verhaften und
grausam hinrichten.
Wie hieß dieser Kaiser,
der wohl die erste Chris-
tenverfolgung anord-
nete?

Frage 440

Wie nennt man eine religiöse Minderheit, die innerhalb eines
Gebietes mit einer vorherrschenden anderen Religion lebt?
Tipp: Der Begriff entstammt der hellenistisch-jüdischen Literatur und war ursprünglich auf die jüdischen Gemeinden außerhalb Israels bezogen.

Frage 441

Wie nennt man die christliche Wissenschaft im Mittelalter, die
auf der Bibel, den Kirchenvätern und der griechischen Philosophie aufbaute und versuchte, christliche Aussagen philosophisch zu erhärten und in ein geschlossenes logisches System
zu bringen?

Scholastik	Dialektik
Sophistik	Logistik

Frage 442

In den 6oer- und 7oer- Jahren des vorigen Jahrhunderts entstand innerhalb der katholischen Kirche eine Strömung, die besonders in Lateinamerika verbreitet ist. Ein peruanischer Theologe gab ihr im Jahr 1972 in seiner Schrift „Teología de la liberación" den Namen.
Wie nennt man diese Bewegung?

Frage 443

Wie nennt man den Glauben an die unausweichliche Vorherbestimmtheit des menschlichen Schicksals, wie sie beispielsweise der Islam vertritt?

Prädestination	Präparation
Präsumption	Präposition

Frage 444

Die Szene ist legendär. Aber hat Martin Luther jemals wirklich 95 Thesen an die Wittenberger Kirchentür genagelt?

Religion

Frage 445

Das Abendmahl wurde zum Streitpunkt zwischen den Reforma-
toren Luther, Zwingli und Calvin und der katholischen Kirche.
Auch zwischen Luther und Zwingli zeigten sich beim Marburger
Religionsgespräch unüberbrückbare Differenzen.
Worum ging es eigentlich?

Frage 446

Es existiert eine Reihe von frühchristlichen Texten, die nicht in
den Kanon der Bibel aufgenommen wurden und auch keine
Lehrschriften der apostolischen Väter sind.
Wie heißen sie?

Frage 447

Wer zum Papst gewählt wird, gibt sich einen Namen, der Programm sein soll. Josef Ratzinger heißt jetzt Benedikt XVI. Wann
hatte der letzte Benedikt vor ihm, also der 15., das Amt inne?

Im 17. Jahrhundert

Während der Naziherrschaft

In der Zeit um den Ersten Weltkrieg

Während des Kulturkampfs mit Bismarck

Frage 448

In einem Steinbruch aus weichem Tuffgestein an der Via Appia in Rom entstanden unterirdische Leichengewölbe. Besonders bekannt sind die angeblich von den ersten Christen in Rom für heimliche Gottesdienstfeiern benutzten unterirdischen Grabanlagen. Diese Legende ist widerlegt, die Anlagen gibt es aber noch. Wie heißen sie?

Artefakte	Katakomben
Mausoleen	Katarakte

Frage 449

Das Jahr 1054 bedeutet für die katholische Kirche einen tiefen Einschnitt – die endgültige Abtrennung der Ostkirche im Byzantinischen Reich.
Wie nennt man diese Trennung?

Frage 450

Er war der uneheliche Sohn eines Priesters, wurde selbst Priester, verließ das Kloster, studierte Theologie (in dieser Reihenfolge!) und gab 1516 die erste Druckausgabe des Neuen Testaments auf Griechisch heraus. Von wem ist die Rede?

Erasmus von Rotterdam

Johannes Reuchlin

Ulrich von Hutten

Sebastian Brant

Religion

Frage 451 💡

Dante benutzt in seiner „Göttlichen Komödie" diesen Begriff für das Fegefeuer – den Ort der Läuterung der Menschen nach dem Tod. Wie heißt er?

Purim	Purgatorium
Purgation	Purismus

Frage 452 💡

Die Wallfahrt nach Mekka gehört zu den fünf Pfeilern des Islam. Wie heißt diese Pilgerreise, die jeder Gläubige zur Erinnerung an Mohammeds Flucht wenigstens ein Mal in seinem Leben machen sollte? Tipp: Karl-May-Leser kennen sie aus Hadschi Halef Omars Erzählungen.

Frage 453 💡

Wer oder was ist die Vulgata?

Ein Fluss in der Toskana	Eine lateinische Bibel
Eine spätantike Chorempore	Ein italienisches Gericht

Frage 454

Nachdem Mohammed, der Begründer des Islam, in Mekka durch seine Predigten und Forderungen ein gefährliches Maß an Feindschaft erregt hatte, floh er nach Medina. Dieses Ereignis ist der Beginn der mohammedanischen Zeitrechnung. Wann war das?

622 n. Chr.	333 v. Chr.
753 v. Chr.	800 n. Chr.

Frage 455

Mit 20 Millionen Mitgliedern gehören sie heute zu den größten christlichen Freikirchen der USA. Gegründet wurden sie 1797 von den Brüdern John und Charles Wesley. Sie betonen Bibelfrömmigkeit, Erlösung von Schuld und Sünde und christliche Nächstenliebe.
Wie heißen die Anhänger dieser Kirche?

Frage 456

Bereits ein Pharao unternahm den Versuch, den Sonnengott Aton zum einzigen Gott der Ägypter zu machen, also eine monotheistische Religion einzuführen. Wer war der Herrscher? Tipp: Sein Name heißt wörtlich übersetzt „es gefällt dem Aton".

Echnaton	Ramses
Tutanchamun	Thutmosis

Richtig oder falsch?

„Mormonen haben mehrere Frauen."

Zwar gibt es einzelne Gruppen von Mormonen, die Polygamie praktizieren. Die Hauptkirche lehnt dies aber ab.

Politik und Wirtschaft

Frage 457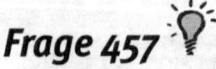

Für wen kämpfen „blue berets", also Soldaten mit blauer Kopfbedeckung?

Frage 458

Die Abgeordneten des deutschen Bundestags haben kein imperatives Mandat. Was heißt das eigentlich?

Sie haben keine Gewalt über das Militär.

Sie müssen sich nach der Fraktion richten.

Sie können völlig frei abstimmen.

Sie haben keinen rückwirkenden Einfluss.

Frage 459

Immer wieder streiten sie um ihre Bezüge, die Abgeordneten in den Parlamenten.
Wie nennt man die Entschädigung, die der Sicherung der Unabhängigkeit der Abgeordneten dient?

Frage 460

Haile Selassie war der letzte Kaiser von Äthiopien. 1974 wurde er vom Militär abgesetzt. Dem Land geht es seitdem nicht unbedingt besser. Wie heißt die Hauptstadt?

Frage 461

Es gibt unbekannte Orte, in denen Geschichte gemacht wird. Wie heißt das amerikanische Städtchen, in dem im Herbst 1995 die Jugoslawienkonferenz stattgefunden hat?

Rochester	Corpus Christi
Dayton	Little Rock

Frage 462

Aung San Suu Kyi erhielt 1991 den Friedensnobelpreis. Ihr Engagement gilt der Durchsetzung von Menschenrechten und Demokratie in ihrem Land. Wie heißt das Land?

Politik und Wirtschaft

Frage 463

Der Grundlagenvertrag war einmal ein wichtiges politisches Dokument der Bundesrepublik Deutschland. Was war sein Inhalt?

- Die Beziehungen zwischen EU und BRD
- Die Beziehungen zwischen USA und BRD
- Die Beziehungen zwischen Interpol und BRD
- Die Beziehungen zwischen DDR und BRD

Frage 464

In Europa gibt es einen Staat, der im offiziellen Verkehr mit anderen Staaten und bei den Vereinten Nationen manchmal lediglich mit der Abkürzung „F.Y.R.O.M." bezeichnet wird. Um welchen Staat handelt es sich?

Richtig oder falsch?

„Geldscheine sind aus Papier."

Frage 465

Grönland gilt als größte Insel der Erde. Zu welchem Staat gehört sie politisch?

Falsch. Die Euro-Scheine bestehen zum Beispiel aus reiner Baumwolle. In anderen Ländern, wie Rumänien oder Nord-irland, wird Kunststoff verwendet.

Frage 466

Wie nennt man ein Staatsgebiet, das von einem anderen Staat völlig umschlossen wird, wie zum Beispiel San Marino in Italien?

Frage 467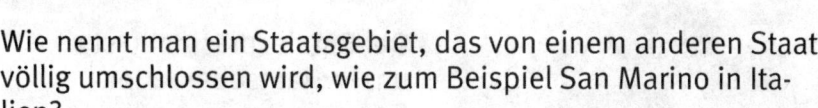

Man hört von ihm, man zitiert ihn, doch was verbirgt sich hinter dem „Dow-Jones-Index"?

Frage 468

Die PLO wurde von A. Schukeiri 1964 unter dem Patronat der arabischen Staaten gegründet; seit 1969 ist sie die Rahmenorganisation der meisten politischen und militärischen Organisationen der Palästinenser. Wofür stehen die drei Buchstaben?

Palestine Liberation Organisation	Political Liberation Organisation
Palestinian Liberty Organisation	Palestine Liberty Organisation

Politik und Wirtschaft

Frage 469

Der Bundespräsident ist unser Staatsoberhaupt. Er vertritt uns sozusagen „repräsentativ". Aber was ist, wenn er einmal krank oder anderweitig verhindert ist? Wer vertritt ihn?

Der Bundeskanzler

Der Bundesratspräsident

Der Bundestagspräsident

Der Präsident des Bundesverfassungsgerichts

Frage 470

Es gibt eine supranationale Organisation zur Friedenssicherung in Europa mit 56 Mitgliedsstaaten. Der Sitz des Generalsekretariats und der wichtigsten Gremien ist Wien. Sie soll zu einer optimalen Wirtschaftsentwicklung und einem steigenden Lebensstandard in ihren Mitgliedsstaaten beitragen, das Wirtschaftswachstum fördern und eine Ausweitung des Welthandels begünstigen. Wie sind ihre vier Anfangsbuchstaben?

NATO

OSZE

KSZE

OPEC

Frage 471

Sicher hat jeder schon einmal Post von der GEZ bekommen. Was bedeuten diese drei Buchstaben?

Frage 472

Sie soll die Struktur des Parteiensystems steuern. Ihre Existenz kann Einfluss auf das Wahlverhalten haben und ein taktisches Wahlverhalten verursachen.
Was ist eine „Sperrklausel"?

Frage 473

Die amtierende Bundeskanzlerin Angela Merkel ist die erste Frau in diesem Amt in der Bundesrepublik Deutschland. Wer war denn der erste (männliche) Bundeskanzler der Bundesrepublik?

Heinrich Lübke	Gustav Heinemann
Konrad Adenauer	Karl Carstens

Frage 474

Wie heißt die von Friedensaktivisten in Vancouver, Kanada, gegründete internationale Umweltschutzorganisation, die vor allem durch Kampagnen gegen Kernwaffentests und Aktionen gegen den Walfang bekannt wurde?

Frage 475

Das Grundgesetz sieht vor, dass ein Bundeskanzler nur dann vom Bundestag abgewählt werden kann, wenn dieser sich verpflichtet, einen Nachfolger mit absoluter Mehrheit zu wählen. Wie heißt dieses Verfahren?

Frage 476

George W. Bush ist der 43. Präsident der USA. Sein Vorgänger war Bill Clinton. Aber wer war der Vorgänger von Bill Clinton als Präsident?

Frage 477

Polen ist eine präsidiale Republik mit einem parlamentarisch-demokratischen System, das auf der Verfassung von 1997 basiert. Staatsoberhaupt Polens ist der für fünf Jahre direkt vom Volk gewählte Staatspräsident, der den Ministerpräsidenten als Regierungschef ernennt. Seit wann ist Polen Mitglied der EU?

Frage 478

1994 erhielten zwei israelische und ein palästinensischer Politiker gemeinsam den Friedensnobelpreis. Welcher der hier Aufgeführten gehört nicht zu dem Trio?

Izhak Rabin	Jasir Arafat
Menachem Begin	Shimon Peres

Frage 479 ⛚

Am 1. Mai 2004 traten weitere zehn Staaten der Europäischen Union bei. Darunter waren acht Staaten aus dem ehemaligen Ostblock.
Wie nennt man diesen historischen Zuwachs?

Frage 480 ⛚

Der Euro ist schon in vielen europäischen Ländern Zahlungs-mittel. In welchem europäischen Land gilt die Währungsein-heit „Kuna"?

Albanien	Kroatien
Ungarn	Slowakei

Richtig oder falsch?

„Mit dem Euro wird nur in der EU bezahlt."

Falsch. So sind z. B. Monaco, San Marino und Vatikan keine EU-Mitglieder, dürfen den Euro aber als ein-zige Währung nutzen und eigene Münzen prägen lassen.

Politik und Wirtschaft

Frage 481

In Deutschland wird der Bundespräsident nicht direkt gewählt, sondern von Mitgliedern des Bundestags und Abgesandten der Landesparlamente. Sie bilden zum Zweck der Wahl ein Bundesorgan, das vom Bundestagspräsidenten einberufen wird.
Wie heißt es

Frage 482

Der OPEC wird häufig die Schuld an hohen Heizölpreisen und steigenden Benzinkosten gegeben. Was bedeuten die vier Buchstaben OPEC?

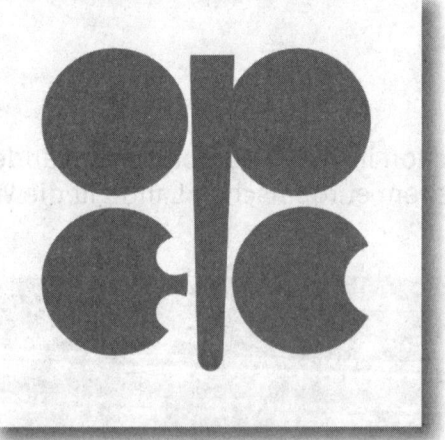

Frage 483

Das polnische Parlament besteht aus zwei Kammern. Eine Kammer mit 100 Mitgliedern ist der Senat.
Wie heißt die andere Kammer mit 460 Abgeordneten?

Duma	Sejm
Folketing	Storting

Frage 484

Nach dem Grundgesetz hat der Verteidigungsminister den Oberbefehl über die Bundeswehr. Ändert sich das im Verteidigungsfall, wenn es wirklich einen Krieg gibt?

Frage 485

In den USA wird der Präsident zwar vom Volk gewählt – aber nur mittelbar über das „Electoral College", das sich aus Vertretern jener Parteien zusammensetzt, die aus den Wahlen in den einzelnen Bundesstaaten als stärkste hervorgegangen sind. Wie heißen diese Vertreter?

Mittelsmänner	Deputierte
Wahlmänner	Volksmänner

Frage 486

Der Erfinder eines Nachrichtenmagazins, das ursprünglich „Diese Woche" hieß, saß 1962 für 113 Tage im Gefängnis. Das wiederum führte zum Sturz von Franz Josef Strauß. Anlass war der Artikel „Bedingt abwehrbereit" über die Bundeswehr. Adenauer sprach von einem „Abgrund von Landesverrat" – meinte aber keineswegs Strauß.
Wie hieß der Journalist?

Politik und Wirtschaft

Frage 487 💡💡💡

In welchem Jahr kam es durch den Nahostkonflikt und die Blockadepolitik der arabischen Staaten zur ersten weltweiten Ölkrise?

Richtig oder falsch?

„Das Grundgesetz wurde mit der Zustimmung aller Länder verabschiedet."

Frage 488 💡💡💡

Unser erster Bundespräsident war Theodor Heuss. Er gehörte der FDP an.
Wer war damals sein Gegenkandidat von der SPD, der mit 38,8 zu 51,7 Prozent der Stimmen gegen ihn verlor?

Frage 489 💡💡

Mit den Maastrichter Verträgen wurde die Europäische Union (EU) als übergeordneter Verbund für die europäischen Gemeinschaften, die gemeinsame Außen- und Sicherheitspolitik sowie die Zusammenarbeit in den Bereichen Justiz und Inneres gegründet. In welchem Jahr wurden die Verträge unterzeichnet?

1955	1962
1972	1992

Bayern stimmte dem Grundgesetz 1949 nicht zu, allerdings wurde die zur Verabschiedung nötige Zweidrittelmehrheit trotzdem erreicht. In einer zweiten Abstimmung stimmte Bayern dem Gesetz dann zu.

Frage 490

Wie heißt das norwegische Parlament?

Knesset	Storting
Staten-Generaal	Riksdag

Frage 491

Kriegsverbrecher wie Milosevic und Seselj standen hier vor Gericht. Wo hat der Internationale Gerichtshof, das Haupt-rechtsprechungsorgan der Vereinten Nationen, seinen Sitz?

Frage 492

Ausgerechnet in Südamerika, das den Begriff „Macho" – durchaus im positiven Sinne – hervorbrachte, besetzen immer wieder Frauen das höchste Amt der Präsidentin.
Wie viele Länder werden auf diesem Kontinent von Frauen regiert (Stand 2007)?

Politik und Wirtschaft

Frage 493

Die Einführung von Münzen verursachte eine erhebliche Veränderung in Wirtschaft und Handel. Angeblich wurden sie im 7. Jahrhundert als Zahlungsmittel verwendet.
Welches Volk soll sie als Erstes verwendet haben?

Frage 494

Viele schimpfen auf sie, viele umgehen sie. Doch wer muss sie zahlen, die sogenannte Quellensteuer?

Jeder, der einen Brunnen besitzt.

Jeder, der ein Bierzelt besucht.

Jeder, der bei Banken Dividenden gutschreiben lässt.

Jeder, der durch Handel eine Wertschöpfung erzielt.

Frage 495

Parlamente haben eine Gesetzgebungsfunktion sowie eine Wahl- und Kontrollfunktion. In einer Demokratie wird ein Parlament immer nur für einen gewissen Zeitraum gewählt.
Wie nennt man diesen Zeitabschnitt?

Frage 496

Wie heißt die Organisation, die nach ihrer Satzung zu einer optimalen Wirtschaftsentwicklung und einem steigenden Lebensstandard in ihren Mitgliedstaaten beitragen, das Wirtschaftswachstum fördern und eine Ausweitung des Welthandels begünstigen soll?

Frage 497

Die feierliche Amtseinführung oder die Zeremonie der Übertragung eines Amtes auf einen Nachfolger nennen wir „Inauguration".
Woher kommt dieser Ausdruck?

Frage 498

In der Demokratie muss man um Mehrheiten kämpfen. Wie nennt man die Mindestzahl von Abgeordneten, die sich an einer Abstimmung beteiligen müssen, um eine gültige Entscheidung herbeizuführen?

Fünfprozentklausel	Mindestquote
Quorum	Quantum

Politik und Wirtschaft

Frage 499

Nach dem Ranking des amerikanischen Wirtschaftsmagazins „Fortune" gehörte 2007 eine einzige Deutsche zu den 50 mächtigsten Frauen der Wirtschaftswelt. Wer war's?

- Ingrid Matthäus-Maier
- Madeleine Schickedanz
- Angela Merkel
- Friede Springer

Frage 500

Gerhard Schröder wurde am 27. Oktober 1998 mit den Stimmen der SPD und von Bündnis 90/ Die Grünen zum siebten Bundeskanzler der Bundesrepublik Deutschland gewählt. Die Wahlen 2002 gewann die regierende rot-grüne Koalition knapp, sodass Schröder bis zu den vorgezogenen Wahlen 2005 im Amt blieb. Er wurde durch Angela Merkel abgelöst. Wenige Wochen nach Ende seiner Amtszeit unterzeichnete er für den Posten als Aufsichtsrat-schef der „North European Gas Pipeline Company" (NEGP). Welcher russische Staatskonzern ist an der NEGP beteiligt?

Frage 501

Volkswirtschaftler fürchten mehr das Gegenteil einer Deflation – wie nennt man diese Entwicklung?

Frage 502

Willy Brandt begann mit dem „Wandel durch Annäherung"
eine neue Ostpolitik.
Unter welcher Sammelbezeichnung sind die zwischen 1970
und 1973 abgeschlossenen Verträge der Bundesrepublik mit
Polen, der UdSSR, der CSSR und der DDR bekannt?

Frage 503

Das Grundgesetz der
Bundesrepublik Deutsch-
land stellt praktisch die
Verfassung des Staats dar
und trat am 24. Mai 1949
in Kraft. Manchmal wollen
Politiker daran rütteln.
Was ist nötig, um eine Än-
derung des Grundgesetzes
durchführen zu können?

Präambel

„Im Bewußtsein seiner Verantwortung vor Gott
und den Menschen, von dem Willen beseelt,
als gleichberechtigtes Glied in einem vereinten
Europa dem Frieden der Welt zu dienen, hat
sich das Deutsche Volk kraft seiner verfas-
sungsgebenden Gewalt dieses Grundgesetz
gegeben. Die Deutschen in den Ländern
Baden-Württemberg, Bayern, Berlin, Brandenburg, Bremen, Hamburg, Hessen, Mecklenburg-Vorpommern, Niedersachsen, Nord-
rhein-Westfalen, Rheinland-Pfalz, Saarland,
Sachsen, Sachsen-Anhalt, Schleswig-Holstein
und Thüringen haben in freier Selbstbestim-
mung die Einheit und Freiheit Deutschlands
vollendet. Damit gilt dieses Grundgesetz für
das gesamte Deutsche Volk."

Frage 504

Die Europäische Union begann 1951 mit dem Zusammenschluss der Montanunion, auch bekannt als Europäische
Gemeinschaft für Kohle und Stahl (EGKS). Welches der hier
aufgeführten Länder gehörte damals noch nicht dazu?

Italien	Luxemburg
Österreich	Deutschland

Politik und Wirtschaft

Frage 505

Mitglieder des Bundestags haben jede Woche die Möglichkeit, den Ministern eine Stunde lang außerhalb von politischen Debatten Fragen zu stellen. Dabei darf die gesamte Redezeit je Frage und Antwort fünf Minuten nicht überschreiten und die Redner müssen ihre Fragen und Antworten „aus dem Stegreif" formulieren.
Wie heißt dieser Vorgang im Gegensatz zur „aktuellen Stunde" offiziell?

Frage 506

Wie heißt die 1949 gegründete Organisation, in der die Spitzenverbände aller deutschen Industriezweige vereinigt sind, um die Zusammenarbeit der Unternehmer auf wirtschaftspolitischem Gebiet zu bündeln?

OECD	BDI
VDMA	ZVE

Frage 507

Im Parlament sitzen die gewählten Abgeordneten der verschiedenen Parteien zusammen.
Wie nennt sich die Gruppe von Abgeordneten der gleichen Partei?

Frage 508

Welche zentrale Institution wacht in Deutschland über die Stabilität der Währung?

> Die Bundesanstalt für Finanzdienstleistungsaufsicht

> Die Deutsche Bank

> Die Deutsche Bundesbank

> Der deutsche Währungsrat

Frage 509

Anglizismen begegnen einem im Alltag immer häufiger. Ein Konzern wie Siemens hat beispielsweise einen CEO. Was bedeutet diese Abkürzung?

Frage 510

Wie viele Bundestagsabgeordnete müssen sich zusammentun, um in einer sogenannten „aktuellen Stunde" die Debatte über ein wichtiges Thema führen zu können?

Richtig oder falsch?

„Die zwölf Sterne der EU-Flagge stehen für die zwölf Gründerstaaten."

Die Sterne stehen als Symbol für alle Völker Europas „wie die zwölf Tierkreiszeichen das gesamte Universum verkörpern", wie es in einem Beschluss des Ministerkomitees des Europarats von 1955 heißt.

Politik und Wirtschaft

Frage 511

Steuern sind zwangsweise erhobene Abgaben an das Gemein-
wesen zur Deckung des Finanzbedarfs der öffentlichen Hand.
Die Einnahmen kommen direkt oder indirekt zwischen Staat,
Land und Gemeinden zur Aufteilung.
Welche deutsche Steuer ist die ertragreichste?

Frage 512

Große Unternehmen fürchten ein Gesetz in Deutschland, das
ihnen Zusammenschlüsse innerhalb der gleichen Branche
untersagt.
Wie heißt es?

Frage 513

Die Europäische Union hat bald 30 Mitglieder. Wie heißt das
kleinste Mitgliedsland?

Luxemburg	Malta
Zypern	Belgien

Frage 514

Neben Henry Kissinger, dem amerikanischen Politiker deutscher Herkunft, hat nur ein Deutscher seit dem Zweiten Weltkrieg den Friedensnobelpreis erhalten.
Wer war der Preisträger?

Frage 515

In einem kleinen luxemburgischen Moselstädtchen vereinbarten 1985 mehrere europäische Staaten, auf Kontrollen des Personenverkehrs an ihren gemeinsamen Grenzen zu verzichten. Das Abkommen wird seit dem 21. Dezember 2007 in allen EU-Ländern mit Ausnahme Bulgariens, Irlands, Rumäniens, des Vereinigten Königreichs und Zyperns angewandt. Als Nicht-EU-Staaten nehmen zusätzlich Island und Norwegen teil.
Wie heißt das Moselstädtchen?

Frage 516

Unter der deutschen Wiedervereinigung versteht man den Beitritt der Deutschen Demokratischen Republik zur Bundesrepublik Deutschland am 3. Oktober 1990. Emotional wichtiger war aber der sogenannte Fall der Mauer.
Wann war der?

Frage 517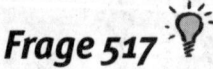

Unser demokratischer Staat basiert auf der Gewaltenteilung: Gesetzgeber, Gericht und Polizei sind getrennt und die drei tragenden Säulen des Gemeinwesens. In Deutschland nehmen der Bundestag und der Bundesrat die Funktion des Gesetzgebers auf Bundesebene wahr.
Wie nennt man diese gesetzgebende Gewalt?

Frage 518

Die NATO ist das sogenannte Nordatlantische Verteidigungsbündnis, zu dem sich europäische und nordamerikanische Staaten zusammengeschlossen haben.
Wo ist der Sitz des Hauptquartiers?

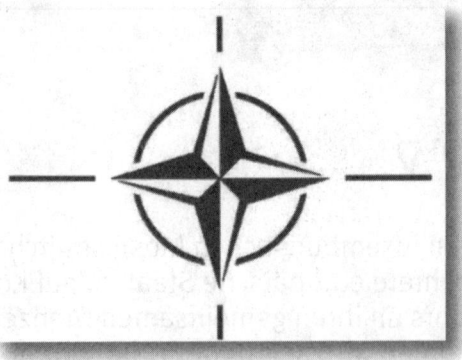

Richtig oder falsch?

„Alle Engländer ab 18 Jahren dürfen wählen."

Frage 519

In Frankreich kann es bei der Bildung einer Regierung zu der Situation kommen, dass der Staatspräsident und der Premierminister entgegengesetzten politischen Richtungen angehören. Bei dieser Konstellation büßt der Staatspräsident im Vergleich zu seiner sonstigen Stellung Macht ein. Wie heißt diese Besonderheit französischer Politik?

Die Queen darf zum Beispiel an den Wahlen zum Unterhaus nicht teilnehmen. Ebenso wenig wie die Mitglieder des englischen Oberhauses.

Coalition	Liaison
Cohabitation	Affaire

Frage 520

Wie nennt man den allgemeinen und permanenten Rückgang des Preisniveaus für Waren und Dienstleistungen innerhalb einer Volkswirtschaft?

- Inflation
- Defloration
- Deflation
- Debilität

Frage 521

Wir leben damit und halten sie mittlerweile für die beste Staatsform.
Doch was bedeutet der Begriff „Demokratie" eigentlich?

Frage 522

Der Wert aller Güter, die innerhalb eines Jahres in Deutschland erzeugt werden, spiegelt die gesamte wirtschaftliche Leistung unseres Landes wider. Bei internationalen Vergleichen dient dieser Index als Gradmesser für die wirtschaftliche Leistungskraft. Wie nennt man diesen Gradmesser?

- Bruttoinlandsprodukt
- Bruttosozialprodukt
- Mengenlehre
- Realeinkommen

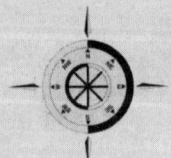

Geografie und Entdecker

Frage 523

Riesige, aus Firnschnee entstandene grünlich-blaue Eismassen heißen Gletscher. Wie heißt das unterste Ende eines Gletschers, aus dem der sich aus Tauwasser bildende Gletscherbach hervortritt?

Frage 524

Die Heide ist eine Landschaftsform auf trockenem, saurem Boden. In ihr findet man Pflanzenformationen mit Zwergsträuchern, Moos, Kiefern, Birken und Wacholder. Wie heißt das größte Heidegebiet in Deutschland, das teilweise unter Naturschutz steht?

Frage 525

Die Hobbits leben im Fantasyroman „Herr der Ringe" von J. R. R. Tolkien im Auenland. Was ist denn eine Aue in der Realität?

Eine feuchte Flusslandschaft	Eine Schotterebene
Eine Moränenlandschaft	Eine baumlose Kältesteppe

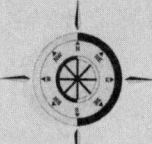

Frage 526

Stehen Sonne, Mond
und Erde bei Vollmond
oder Neumond in einer
Linie, „zieht" die Anzie-
hungskraft von Sonne
und Mond gemeinsam
an dem ihnen zuge-
wandten Flutberg. Das
Resultat ist eine höhere
Flut. Wie heißt sie?

Frage 527

Mittelamerika liegt zwischen dem Pazifik und den karibischen
Inseln im Atlantik. Welches der aufgeführten Länder hat keine
karibische Küste?

Guatemala	Honduras
Panama	El Salvador

Frage 528

Der flämische Geograf und Kupferstecher stand im Dienst
Karls V. und gilt als Begründer der Kartografie. 1569 fertigte
er eine Weltkarte (bestehend aus 18 Blättern) in winkeltreuer
Projektion an. Wie heißt er?

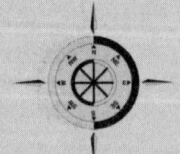

Geografie und Entdecker

Frage 529

Wie heißt das Wetterphänomen, das das Wegfallen oder die Richtungsänderung der Passatwinde im Pazifischen Ozean bezeichnet? Dadurch kommt es zu einer Umkehrung der Klimaverhältnisse: In Peru und Ecuador treten starke Regenfälle auf, und in Australien und den Gebieten des Westpazifiks herrscht extreme Trockenheit.

Treibhauseffekt	Tsunami
Regenzeit	El Niño

Frage 530

Wie heißt die Meerenge, deren nördliches Ufer zu Großbritannien gehört und die Europa von Afrika trennt?

Frage 531

Der größte Inselstaat der Welt verteilt sich auf 17.508 Inseln, von denen 6.044 bewohnt sind. Die Hauptinsel heißt Java. Wie heißt der Staat?

Frage 532

Bei einer Inversionswetterlage entsteht eine deutliche Grenze zwischen heißer und kalter Luft. Da die optische Dichte heißer Luft geringer ist als die der kalten Luft, werden Lichtstrahlen an dieser Grenze wie von einem Spiegel reflektiert. Besonders in Wüstenregionen treten solche Spiegelungen am Himmel auf. Wie nennt man sie?

Frage 533

Die kleinste Republik der Welt heißt Nauru und besteht aus der gleichnamigen Koralleninsel. Wo liegt diese Insel?

Im Pazifik	In der Karibik
In der Japanischen See	Im Gelben Meer

Frage 534

Dieser Fluss ist 866 Kilometer lang und fließt durch Tschechien, Polen und Deutschland.
Wie heißt er?

Richtig oder falsch?

„‚Holland' und ‚Niederlande' sind gleichbedeutend."

Niederlande bezeichnet den gesamten Staat, ein Teil davon ist die Provinz Holland. Es gibt jedoch noch elf weitere Provinzen in den Niederlanden.

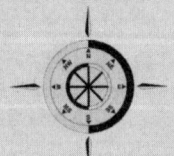

Geografie und Entdecker

Frage 535

Deutschlands höchste Wetterwarte befindet sich auf der Zugspitze in 2.962 Metern Höhe. Wo liegt die höchstgelegene Wetterwarte Europas?

Am Jungfraujoch im Berner Oberland

Am St. Gotthard

Am Großen St. Bernhard

Am Matterhorn

Frage 536

Welcher ist der längste Fluss in Deutschland?

Elbe

Oder

Rhein

Donau

Frage 537

Er war an den Vorbereitungsarbeiten zu den Fahrten des Kolumbus beteiligt, ging aber 1499 selbst auf Expedition. Dadurch, dass er über seine Reisen an namhafte Persönlichkeiten – wie an Lorenzo di Medici und an den Florentiner Soderini – Berichte schrieb, die später veröffentlicht wurden, hielt man ihn für den eigentlichen Entdecker Amerikas. Ungeachtet dessen, dass der Irrtum bald berichtigt wurde, setzte sich die Bezeichnung Amerika allmählich für das „Neue Land" durch.
Wer war der Seefahrer?

Frage 538

Er wurde berühmt durch eine aufsehenerregende Weltreise, auf der er den Beweis geliefert hatte, dass Neuseeland eine Doppelinsel ist und Australien keinen Landzusammenhang mit Neuguinea hat. Während einer weiteren Expedition zur Auffindung der nördlichen Durchfahrt vom Atlantik in den Stillen Ozean wurde er 1779 von Eingeborenen auf Hawaii erschlagen. Wer war's?

Marco Polo	David Livingstone
James Cook	Horatio Nelson

Frage 539

Wie wird das australische Festland zusammen mit Tasmanien, Neuseeland, Neuguinea und den pazifischen Inseln auch genannt?

Frage 540

„Seinen hervorragenden Ruf verdankt die Insel nicht zuletzt dem gemäßigten, vom Golfstrom verwöhnten Klima. Wer mit offenen Augen durch die zeitlos malerischen Landschaften wandert, dem erschließt sich eine ungeahnte Vielfalt von Grüntönen, denen die Insel ihren Ruf verdankt."
An welche Insel denken Sie, wenn Sie das in einem Reiseprospekt lesen?

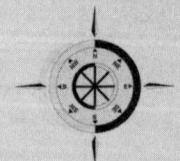

Geografie und Entdecker

Frage 541

In einigen Gebieten des Schweizer Kantons Graubünden wird eine Sprache gesprochen, die immer noch ca. 60.000 Schweizer sprechen können.
Wie heißt sie?

Frage 542

Eine Insel ist eine von Meer oder einem Binnengewässer umgebene Landmasse. Wenn man Australien nicht als Insel, sondern als kontinentale Landmasse betrachtet, welche ist dann die größte Insel auf unserem Planeten?

Borneo	Grönland
Madagaskar	Sumatra

Frage 543

Die drittgrößte Insel der Welt ist politisch auf drei Staaten aufgeteilt: Im Norden liegen die beiden Provinzen Sabah und Sarawak und das souveräne Sultanat Brunei. Der Südteil heißt Kalimantan und gehört zu Indonesien. Wie heißt die Insel?

Borneo	Neuguinea
Java	Sumatra

Frage 544

Es gibt einige schiefe Türme auf der Welt, meist senken sie sich durch Veränderungen im Baugrund. Welcher ist der schiefste Turm von allen?

- Der Albert Memorial Clock Tower in Belfast
- Die Oberkirche in Bad Frankenhausen/Kyffhäuserkreis
- Der Campanile von Pisa
- Der Kirchturm von Suurhusen/Ostfriesland

Frage 545

Aufgrund von Theodolit-messungen aus den Jahren 1849 und 1850 stellte die Landver-messungsbehörde der indischen Regierung 1852 fest, dass ein 8.848 Meter hoher Gipfel namens „Sagarmatha" oder auch „Mi-ti Gu-ti Cha-pu Long-na" im östlichen Himalajagebirge der höchste Berg der Welt sei. 1860 wurde seine Höhe mit 8.840 Metern berechnet. Am 25. Juli 1973 meldeten die Chinesen, dass der „Qomolongma" 8.848 Meter hoch sei. Heute wird seine Höhe mit 8.850 Metern angegeben.
Wie nennen wir ihn?

Frage 546

Man kennt sie als mäßig starke bis sehr starke Winde, die rund um den Erdball zwischen den Wendekreisen wehen. Über Wasserflächen können sie viel Feuchtigkeit aufnehmen und beim Auftreffen auf Küstengebiete hohe Niederschläge brin-gen. Überqueren sie große Landmassen, ist ihr Feuchtigkeits-gehalt sehr gering und und sie bringen trockenes Klima.
Wie heißen diese Winde?

Geografie und Entdecker

Frage 547

Wie bezeichnet man in Kanada und Nordamerika einen heftigen Schneesturm, der mit sehr tiefen Temperaturen, sehr hoher Windgeschwindigkeit und großen Mengen Schnee plötzlich auftritt und in größeren Städten oft zu einem Verkehrschaos führt?

Buran	Hurrican
Blizzard	Mistral

Frage 548

Wie werden die schmalen Wasserwege bezeichnet, die die gesamte Innenstadt Amsterdams in mehreren Ringen durchziehen und von zahlreichen Brücken überspannt werden?

Tide	Grachten
Siele	Kiele

Frage 549

Durch die Temperaturunterschiede zwischen kühlen Tiefdruckgebieten in Nordafrika und der heißen Luft über der Sahara entsteht ein typischer Wind, der im gesamten Mittelmeerraum spürbar wird. Meistens führt er große Mengen Sandstaub mit sich, wodurch die Luft eine gelblich-graue Färbung bekommt. Er hat in den Ländern verschiedene Namen. Wir nennen ihn meistens so wie die Italiener.
Wie heißt er dort?

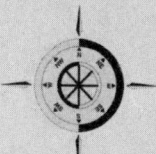

Frage 550

Mit fünf Schiffen war er 1519 auf
die große Reise gegangen. Im
Januar 1520 erreichte er die Mün-
dung des Rio de la Plata. Nach
der Entdeckung der nach ihm
benannten Durchfahrt erreichte er
das große Meer, das er den „Stillen Ozean" nannte, weil sich die
Stürme legten. Er selbst fiel bei
einem Gefecht mit Eingeborenen.
Das Geschwader kehrte um das
Kap der Guten Hoffnung in den Atlantik zurück. Wem glückte
die erste Umrundung der Erde?

Frage 551

In Südamerika gibt es einen Staat, der mit Ausnahme von
Chile und Ecuador an alle Staaten Südamerikas grenzt.
Welches Land ist gemeint?

Frage 552

In den großen Wüsten der
Erde gibt es Trockentäler,
die sich nur nach starken
Regenfällen vorübergehend
mit Wasser füllen. Sie haben steile Seitenwände und
schneiden sich bis zu 100
Meter tief in den Boden ein.
Wie nennt man diese Täler?

Wapiti	Wadi
Waran	Wampum

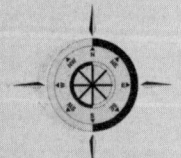

Geografie und Entdecker

Frage 553

Der deutsche Grönlandforscher und Meteorologe liegt im grönländischen Gletschereis begraben. Er wurde ein Opfer seiner Grönlandexpedition, zu der er 1929 aufgebrochen war, um Messungen anzustellen. Für die Teilnehmer an seinen letzten Grönlandexpeditionen entwarf er Spezialkleidung nach dem Vorbild des grönländischen Anoraks. Seine Theorie der Kontinentalverschiebung, nach der sich die Erdteile in den Tiefseeböden aus- und gegeneinander verschieben, ist heute allgemein akzeptiert. Wer war der Geophysiker?

Alfred Wegener	Otto Ampferer
Hugo Benioff	Heinrich Harrer

Frage 554

Der flächenmäßig größte Süßwassersee der Erde ist der „Obere See". Wo findet man ihn?

Frage 555 ᑭᑭᑭ

Den Namen bekam sie von Kapitän William Mynors, der sie mit der „Royal Mary" am 25. Dezember 1643 erreichte. Christmas Island, die Weihnachtsinsel.
In welchem Meer liegt sie?

Geografie und Entdecker

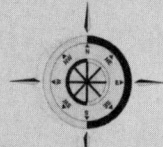

Frage 556

Seinen Namen findet man von den Falkland- bis zu den Salomoneninseln, von einem Seegebiet vor Neuguinea bis zu einem Tiefseegraben, von einem Korallenriff vor Nordostaustralien bis zu einer buschförmigen, leuchtend rot-lila blühenden Pflanze.
Wer war der erste französische Weltumsegler?

Frage 557

In der Republik Südafrika wird 2010 die Fußballweltmeisterschaft ausgetragen. Wie heißt die Hauptstadt des Landes?

Johannesburg

Kapstadt

Pretoria

Durban

Frage 558

Sie lebten gegen Ende des 14. Jahrhunderts und nannten sich Vitalienbrüder. Zunächst stellten sie als Blockadebrecher die Lebensmittelversorgung Stockholms bei der Belagerung durch dänische Truppen sicher, anschließend gefährdeten sie als Kaperfahrer den Handelsverkehr der gesamten Nord- und Ostseeschifffahrt. Wie hieß ihr legendärer Anführer, der zu Beginn des 15. Jahrhunderts hingerichtet wurde?

Kapitän Kaiman

Klaus Störtebeker

Sir Francis Drake

Peter Stuyvesant

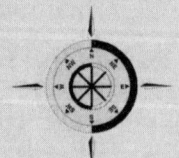

Frage 559

Wie nennt man heiße Quellen, die durch vulkanische Wärme
erhitzt werden und durch Überdruck periodisch wie ein Spring-
brunnen aus der Erde schießen?

Geseire	Geysire
Geuse	Zyklon

Frage 560

William Penn war ein englischer Politiker und Quäker, der als
Prediger durch England, Deutschland und die Niederlande zog.
Schließlich wanderte er nach Amerika aus und erwarb 1681
für die in Europa verfolgten Quäker ein Gebiet, das heute ein
amerikanischer Bundesstaat ist.
Wie heißt er?

Frage 561

Das Wort „Mesopotamien" kommt aus dem Griechischen und
heißt etwa „zwischen den Flüssen" oder „Zweistromland".
Welche beiden Ströme sind gemeint?

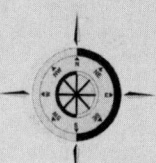

Frage 562

Wie heißt der längste Fluss in der Schweiz?

Aare	Thur
Rhône	Rhein

Frage 563

In der EU gibt es zwei ganz unterschiedliche Regionen, die den gleichen Namen tragen. Nur ein einziger Buchstabe ist anders. Wie heißen die beiden Regionen?

Frage 564

Der Name dieser Stadt markierte einen Wendepunkt im internationalen Klimaprozess. Erstmals gelang es hier, den Staaten konkrete Minimierungsziele aufzuerlegen. Das Protokoll trat 2005 in Kraft.
Wie heißt die Stadt?

Richtig oder falsch?

„Das Nordkap – nördlicher geht's in Europa nicht."

Eine norwegische Inselgruppe namens Svalbard-Inseln liegt nördlicher als das Nordkap. Und selbst auf der vorgelagerten Insel, auf der sich das Nordkap befindet, ist die Landzunge Knivskjelodden nördlicher.

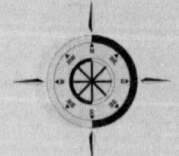

Geografie und Entdecker

Frage 565

Der Sohn eines Pfarrers aus Mecklenburg begann als kaufmännischer Lehrling in Amsterdam. Hier erwarb er sich in sehr kurzer Zeit als Großhändler ein stattliches Vermögen, das ihm gestattete, seinen Wunschtraum zu erfüllen und das Rätsel um Homer zu lösen, dessen reale Existenz man anzweifelte. Er entschloss sich, Troja zu suchen. Nach drei Jahren, als er schon aufgeben wollte, stieß er auf einen unermesslich wertvollen Goldschatz. Troja selbst war es zwar nicht – aber schön.
Wie hieß der Mann?

Frage 566

Er war Entdeckungsreisender, Fotograf, Schriftsteller und vieles mehr. In den letzten Jahren vor der Wende zum 20. Jahrhundert unternahm er mehrere Expeditionen nach Zentralasien. Er entdeckte den Transhimalaja, der auch seinen Namen trägt. Besonders bekannt ist sein postum veröffentlichter Central Asia atlas. Wer war der Schwede?

Roald Amundsen	Sven Hedin
Carl Anton Larsen	Fridtjof Nansen

Frage 567

Weihnachten 2004 löste ein Seebeben im Indischen Ozean eine riesige Welle aus, die über 200.000 Menschen das Leben kostete.
Wie nennt man so eine Welle?

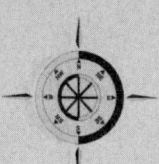

Frage 568

Wie heißt die Hauptstadt – nicht der Regierungssitz – von Bolivien?

Sucre	Cochabamba
Trinidad	La Paz

Frage 569

Jeder hat sie in Atlanten schon gesehen: die Isohypsen. Sie werden in Karten benutzt, um bestimmte Geländeformen abzubilden.
Wie lautet die deutsche Bezeichnung für Isohypsen?

Frage 570

Slowenien war bis zum Ende des Ersten Weltkriegs Teil der habsburgischen k. u. k. Monarchie. Zur damaligen Zeit hieß die heutige Hauptstadt des Landes Laibach.
Wie lautet jetzt ihr Name?

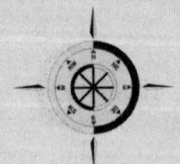

Geografie und Entdecker

Frage 571

„Vom frühesten Alter an ging ich aufs Meer und fuhr bis auf den heutigen Tag fort, auf See zu fahren." Als er am 3. August 1492 mit drei Schiffen aufbrach, erweiterte er den Horizont der Alten Welt. „Die Erde ist eine Kugel", davon war er überzeugt. Im Bestreben, auf dem westlichen Seeweg von Europa nach Ostasien zu gelangen, erreichte er am 12. Oktober 1492 die Karibischen Inseln. Er selbst war bis zu seinem Lebensende der Ansicht, eine Route auf dem Seeweg nach „Hinterindien" entdeckt zu haben.
Wer war's?

Frage 572

Mit Ausnahme der Chinesischen Mauer war es das größte menschliche Einzelbauwerk des Altertums. Es bestand aus schätzungsweise 2,3 Millionen Steinblöcken, jeder zwischen zwei und zweieinhalb Tonnen schwer. Große Mengen der äußeren Steine wurden im Lauf der Geschichte gestohlen. Die Dome von Florenz und Mailand, der Petersdom in Rom, die St.-Pauls-Kathedrale und die Westminsterabtei in London fänden alle gleichzeitig auf der Grundfläche Platz. Wie heißt das Gebäude?

Cheopspyramide	Turm zu Babel
Koloss von Rhodos	Palast von Mykene

Richtig oder falsch?

„Venedig ist Rekordhalter im Brückenbauen."

Frage 573

Wie nennt man eine schmale Meeresbucht mit steilen Ufern, die weit ins Land hinein-reicht?

Zwar hat Venedig einige Brücken, aber es gibt eine ganze Reihe von Städten, die vier- oder fünfmal so viele Brücken haben wie Venedig, z. B. Hamburg und New York.

Frage 574

Die Westindischen Inseln, auch „Antillen" genannt, sind ein weitgreifender Inselbogen im Atlantik, dessen einzelne Inseln teils eigene Staaten bilden, teils zu anderen Nationen gehören. Welches Land ist nicht an den Westindischen Inseln „beteiligt"?

Die USA	Großbritannien
Niederlande	Belgien

Frage 575

Cecil Rhodes, der 1890 Premierminister der Kapkolonie wurde, ist einer der Männer gewesen, die im 18. und 19. Jahrhundert ihren Nationen eroberte Länder als Beuteobjekte zu Füßen gelegt haben. Ein Teil des inneren südafrikanischen Hochlands wurde nach ihm benannt. Heute heißen die Gebiete Simbabwe und Sambia. Wie war der frühere Name?

Frage 576

Wie heißt der berühmte Felsen aus rotem Sandstein, der sich ca. 350 Kilometer südwestlich von Alice Springs in Zentralaustralien 335 Meter über die Dünenlandschaft in die Höhe erhebt?

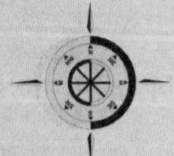

Geografie und Entdecker

Frage 577

Der Legende nach nannten die Eroberer das Land im nördlichen Südamerika „Klein-Venedig", weil die indianischen Bauten sie an die Lagunenstadt Venezia erinnerten. Kaiser Karl V. übertrug im Jahr 1528 einen Teil dieses Landes als Lehen dem Augsburger Handels- und Bankhaus der Welser, bei dem er tief verschuldet war. Die Welser suchten dort „Eldorado", das sagenhafte Goldland. Sie entdeckten zwar reiche indianische Siedlungsgebiete, stießen aber auf den Spanier Quesada, der das Land bereits erobert hatte. 1546 wurde es endgültig der spanischen Krone zugesprochen.
Wie heißt der Staat heute?

Frage 578

In den meisten Lexika ist der Montblanc noch mit 4.807 Metern Höhe verzeichnet, aber nach neuen GPS-Messungen ist er in den letzten beiden Jahren um 2,15 Meter größer geworden. Wie kann ein Berg wachsen?

Frage 579

In Brandenburg und Sachsen leben etwa 100.000 Nachfahren eines westslawischen Volksstamms, der sich im Mittelalter zwischen Saale und Lausitzer Neiße angesiedelt hatte. Sie haben seit ihrer Christianisierung im 10. Jahrhundert ihre sprachliche Eigenart bewahrt. Wie nennen sie sich?

Wuhladko	Sorben
Calauer	Ostsachsen

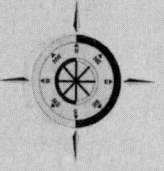

Frage 580

Welcher ist der höchste Berg der Alpen?

Matterhorn	Montblanc
Großglockner	Großvenediger

Frage 581

Am 8. Juli 1497 verließ er den Hafen Restelo in Lissabon. Er umfuhr das Kap der Guten Hoffnung und erreichte fast elf Monate später als erster Europäer Indien auf dem Seeweg. Wie hieß dieser Entdecker?

Frage 582

Die engste schiffbare Meerenge befindet sich zwischen der ägäischen Insel Euböa und dem griechischen Festland. Wie breit ist der Euripos-Kanal an seiner schmalsten Stelle?

10 Meter	40 Meter
100 Meter	150 Meter

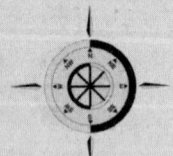

Geografie und Entdecker

Frage 583

Er ließ seine Schiffe verbrennen, um sich und seinen Leuten die Möglichkeit zur Rückfahrt zu nehmen. Er eroberte mit wenigen hundert Mann Mexiko und zerstörte das Aztekenreich und dessen Hauptstadt Tenochtitlán. Er besiegte die letzten Aztekenherrscher und begründete damit das spanische Kolonialreich auf dem amerikanischen Festland. Gestorben ist er aber in der Einsamkeit eines Landguts bei Sevilla. Seine Gebeine wurden in Mexiko beigesetzt.
Wie hieß der Eroberer?

Frage 584

Der Journalist hatte im Auftrag des belgischen Königs Leopold II. eine lange Zeit seines Lebens der Erforschung des Kongo gewidmet. Das Ergebnis dieser Reisen war die Gründung der Kolonie Belgisch-Kongo.
Wer war der Amerikaner?

Frage 585

Die größte und bekannteste Stadt des Bundesstaats Illinois ist Chicago. Welche ist die Hauptstadt?

Baton Rouge

Anchorage

Tallahassee

Springfield

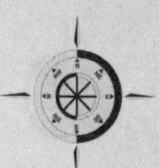

Frage 586

Das Mittelmeer hat zwischen Spanien, Italien, Kroatien, Griechenland und der Türkei viele Ein- und Ausbuchtungen mit unterschiedlichen Namen. Wie nennt man den Meeresabschnitt, an dem Venedig liegt?

- Adriatisches Meer
- Ägäisches Meer
- Ionisches Meer
- Ligurisches Meer

Frage 587

Die Engländer sagen einfach „channel", die Franzosen „la manche".
Wie kommt der Ärmelkanal zu seinem deutschen Namen?

Frage 588

Wie nennt man eine dreieckig auseinanderlaufende Flussmündung, wie sie an Seen und an gezeitenarmen, flachen Küsten entsteht?

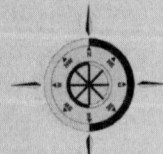

Geografie und Entdecker

Frage 589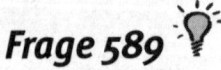

Der Begriff „Mitteleuropa" wird häufig verwendet, aber es gibt wenig klare geografische Kriterien, die zur Abgrenzung dieses Gebiets angewendet werden können.
Welches der hier aufgeführten Länder gehört aber keinesfalls dazu?

Frankreich	Deutschland
Slowakei	Schweiz

Frage 590

Ein Fluss in Thailand wurde weltberühmt, weil er im Titel eines Romans vorkommt, der später auch noch verfilmt wurde.
Wie heißt der Fluss?
Tipp: Auch die Filmmusik ging wie ein Gassenhauer um die Welt.

Frage 591

„Ceylon" war ab 1518 portugiesische, dann holländische, dann britische Kolonie. Seit 1972 ist das Land eine Demokratische Republik.
Wie heißt es seitdem?

Frage 592

Wann haben Wissenschaftler erstmals den Erdumfang berechnet?

Um 1400 v. Chr. durch Amenophis III. in Theben

Um 830 durch Abdallah al-Ma'mun in Bagdad

Um 230 v. Chr. durch Eratosthenes in Alexandria

Um 1600 durch Snell van Royen in Leiden

Frage 593

Die Kanarischen Inseln, spanisch Islas Canarias, die antiken „Inseln der Glückseligen", sind eine spanische Inselgruppe vor der afrikanischen Nordwestküste. Welche dieser Inseln gehört nicht dazu?

Gomera   Hierro

Lanzarote   Lampedusa

Frage 594

Nach einem Erdbeben spricht man von einem „Epizentrum". Aber was ist das genau?

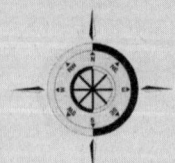

Geografie und Entdecker

Frage 595

Die deutsche Flagge trägt die Farben Schwarz, Rot und Gold, die österreichische die Farben Rot und Weiß. Für welches Land weht eine Flagge, deren Querstreifen die Farben Rot, Weiß und Grün tragen?

Frage 596

Wie nennt man die Flussschlingen, die sich bei geringem Gefälle meist im Unterlauf eines Flusses bilden können?

Frage 597

Durch die starke Nutzung der Wüstenrandgebiete durch den Menschen und die zunehmende Erderwärmung dringt die Wüste immer weiter vor. Wie nennt man dieses Phänomen?

Richtig oder falsch?

„Es gibt sieben Weltmeere."

Heute spricht man nach der Degradierung einiger Meere zu Nebenmeeren nur noch von fünf Weltmeeren. Dies sind das Nord- und das Südpolarmeer, der Indische Ozean sowie Atlantik und Pazifik.

Desertifikation

Dekonzentration

Degeneration

Depression

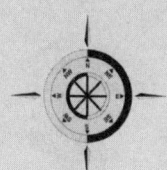

Frage 598

Bevor die Landmassen vor Jahrmillionen auseinanderdrifteten, gab es nur einen einzigen Urkontinent. Wie wird er genannt?

Laurasia	Tethys
Gondwana	Pangäa

Frage 599

Eine Halbinsel ist überwiegend, aber nicht vollständig von Wasser umgeben und verfügt über eine natürliche Verbindung zum Festland.
Welche europäische Halbinsel ist eigentlich nur durch eine Brücke mit der restlichen Landmasse verbunden?

Frage 600

Wie heißt die Meerenge, durch die die globale Datumsgrenze verläuft und die Asien von Nordamerika trennt?

Vermischtes

Frage 601

„Theatermacher" könnte man ihn nennen. 1977 gab es Theaterdonner, weil er Ulrike Meinhofs „Bambule" auf den Spielplan setzte. Wenige Monate später sorgte er erneut für einen Skandal, weil er einen Spendenaufruf für die zahnärztliche Behandlung von RAF-Häftlingen im Theater plakatieren ließ. 2000 feierte er seinen Einstand beim „Berliner Ensemble". Wer ist der Intendant?

Frage 602

Nach dem Entzug der deutschen Fahrerlaubnis erwerben manche in einem anderen europäischen Land den Führerschein, um die medizinisch-psychologische Untersuchung zu umgehen. Muss diese Fahrerlaubnis von den deutschen Behörden akzeptiert werden?

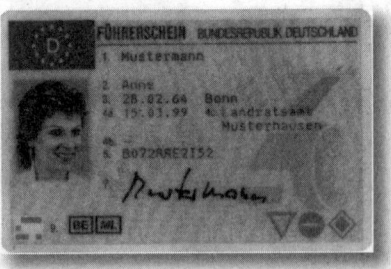

Ja, ohne Einschränkung

Ja, jedoch nicht für die Zeit eines ausgesprochenen Fahrverbots

Nein, ohne Einschränkung

Nur nach Einholung eines medizinisch-psychologischen Gutachtens

Frage 603

Eigentlich sollte ja der gemeinsame Verzehr von Speisen nicht durch störende Geräusche oder unschöne Anblicke beeinträchtigt werden. In welchem Land aber ist Schmatzen, Rülpsen und Schlürfen beim Essen auch heute noch erlaubt?

Frage 604

Wie heißt die britische Modeschöpferin, die zusammen mit Malcolm McLaren, dem damaligen Manager der britischen Punkband „The Sex Pistols", Anfang der 1970er-Jahre in London ein Modegeschäft eröffnete und lange Jahre mit ihrer Mode als Bürgerschreck galt?

Vivienne Westwood	Jil Sander
Mary Quant	Stella McCartney

Frage 605

Die Psychologie kennt den Ausdruck „Deprivationssyndrom". Was ist damit gemeint? „Deprivation" ist übrigens die lateinische Bezeichnung für Mangel, Verlust.

Frage 606

An welcher Stelle fasst man ein Weinglas an? Am Glas selbst oder am Stiel?

Vermischtes

Frage 607

Der „Christliche Verein Junger Menschen" (CVJM) ist der deutsche Ableger einer überkonfessionell christlich geprägten Bewegung, gegründet 1844 in London durch George Williams. International ist die Bewegung unter ihrem englischen Namen bekannt. Dessen Abkürzung besteht wiederum aus vier Buchstaben.
Welche vier Buchstaben sind das?

Frage 608

Wie heißt der exklusivste britische Orden?
Ein kleiner Tipp: Er wird nicht nur an der Brust getragen.

Frage 609

Wer eine Fahrerlaubnis und einen Führerschein besitzt, seinen Führerschein aber während der Fahrt nicht mit sich führt, begeht nach Recht und Gesetz – was?

- Eine Ordnungswidrigkeit
- Eine Straftat
- Ein Kavaliersdelikt
- Ein Vergehen

Frage 610

Die Umstellung auf den EU-Führerschein im Zuge der europäischen Vereinheitlichung greift naturgemäß auch in Rechtsbestände ein. Wer früher den deutschen Führerschein 3 erworben hatte, durfte „Kraftwagen mit bis zu 7,5 Tonnen zulässigem Gesamtgewicht und maximal acht Sitzplätzen" fahren. Mit der neuen Klasse B ist es nur noch erlaubt, Fahrzeuge bis zu 3,5 Tonnen zu führen. Welchen Führerschein müsste man heute erwerben, um die größeren Fahrzeuge zu fahren?

Frage 611

Mofas und Fahrräder mit Hilfsmotor, die auf eine gewisse Höchstgeschwindigkeit beschränkt sind, sind fahrerlaubnisfrei. Sie werden aber von Jugendlichen häufig zur Leistungssteigerung „frisiert". Ein Kraftrad, das die (Geschwindigkeits-)Einschränkungen eines Mofas nicht erfüllt, gilt jedoch nicht als Mofa. Wer lediglich eine Prüfbescheinigung besitzt und ein frisiertes Mofa führt, kann richterlich belangt werden.
Was ist die Höchstgeschwindigkeit, die ein Mofa maximal erreichen darf?

25 km/h	5 km/h
50 km/h	80 km/h

Frage 612

Was genau ist eine juristische Person des privaten Rechts?

Vermischtes

Frage 613

Das Bürgerliche Gesetzbuch, das wichtigste Gesetzeswerk des allgemeinen Privatrechts, trat am 1. Januar 1900 in Deutschland in Kraft.
Wie lautet seine Abkürzung?

Frage 614

Immer mehr Menschen leiden unter dem sogenannten Burn-out-Syndrom. Was bezeichnet man damit?

Frage 615

Einen Überblick über die Namen, die am häufigsten in Geburtsurkunden eingetragen wurden, ermöglicht die jährlich erscheinende Liste der beliebtesten Vornamen der Gesellschaft für deutsche Sprache e. V. in Wiesbaden. Wie lautete im Jahr 2006 der Vorname, der in Deutschland am häufigsten für Jungen gewählt wurde?

Leon	Elias
David	Otto

Frage 616

Dem Journalisten Eduard Zimmermann trug das von ihm erfundene Fernsehformat, in dem den Zuschauern ungelöste Kriminalfälle in rekonstruierter Form zur Verbrecherfahndung vorgestellt werden, einen hohen Bekanntheitsgrad ein. Wie heißt die Sendung, die in Deutschland seit 1967 ausgestrahlt wird?

Faktor X	Akte Y ... die ungelösten Fälle
Akte X	Aktenzeichen XY ... ungelöst

Frage 617

Vor allem bekannten Persönlichkeiten des öffentlichen Lebens, aber auch Privatpersonen, kann es passieren, dass sie von einem anderen Menschen über einen längeren Zeitraum hinweg belästigt, verfolgt und terrorisiert werden.
Wie nennt man dieses Phänomen des Nachstellens?

Frage 618

Manche behaupten, der Valentinstag sei eine Erfindung der Blumenhändler und der Pralinenindustrie. Christlichere Gemüter führen den Valentinstag auf den heiligen Valentin zurück. Schon im antiken Rom wurde an diesem Tag zum Gedenken an die Göttin

Juno, Schützerin von Ehe und Familie, den Frauen Blumen geschenkt. An welchem Datum wird der Valentinstag gefeiert?

Vermischtes

Frage 619

Wo findet alljährlich die Cannstatter Wasen statt und was ist das eigentlich?

Frage 620

Zu welchem Verlagshaus gehört die „Bild"-Zeitung? Sie ist mit über 3,5 Millionen täglich verkaufter Exemplare die auflagenstärkste Tageszeitung Deutschlands.

Hubert Burda Media	Bertelsmann AG
Gruner + Jahr AG	Axel Springer AG

Frage 621

Welches Luftzeichen unter den Sternzeichen, das vom Planeten Uranus beherrscht wird, hat zwischen dem 21. Januar und dem 19. Februar Geburtstag?

Frage 622

Eine Blume ist nicht einfach nur eine Blume! In der Blumensprache haben Farbe und Art der gewählten Blume eine besondere Bedeutung. Was bedeutet es z. B., wenn man eine einzelne gelbe Rose geschenkt bekommt?

Leidenschaftliche Liebe

Schüchternheit

Eifersucht, Mangelndes Vertrauen

Unschuld, Reinheit

Frage 623

Wofür steht die Abkürzung ai?

Frage 624

Was ist ein Déjà-vu-Erlebnis? Etwa 90 Prozent aller Menschen haben so etwas schon einmal gehabt. Derzeit existieren etwa 30 verschiedene Theorien zur Ursache dieses Phänomens.

Richtig oder falsch?

„Der geistige Vater des reichsten Enterichs der Welt, Dagobert Duck, heißt Walt Disney."

Es war der Zeichner Carl Barks. Er schuf nicht nur die Figur des Dagobert Duck, sondern auch Daniel Düsentrieb und die Panzerknacker. Außerdem gab er der Stadt Entenhausen ihren Namen.

Vermischtes

Frage 625

Wenn jemand zwischen dem 23. November und dem 21. Dezember geboren ist, welchem Sternzeichen gehört er/sie dann an? Tina Turner, Walt Disney und Willy Brandt gehören auch dazu.

Frage 626

Wie heißt das inzwischen zum Klassiker avancierte Parfüm der französischen Modedesignerin Coco Chanel?

Chanel No. 5	4711
Coco Mademoiselle	Paris Arrondissement 1

Frage 627

Welcher italienische Modedesigner wurde 1997 im Alter von 50 Jahren auf dem Höhepunkt seines kreativen Schaffens in Miami, Florida, ermordet? Seine Mode war Markenzeichen für Pomp und Glamour.

Frage 628

„Unter Androhung von Strafen untersagen wir den Fuhrknechten und Fahrern – ob von Karren, Rollwagen oder sonstigen Fahrzeugen – in den Straßen zu wenden. Sie sind gehalten, auf den Straßenkreuzungen und an den Ecken besagter Straßen zu wenden, um mögliche Benachteili-

gungen zu vermeiden, wie z. B. die Verletzung von Kindern oder anderen Personen und die Belästigung sonstiger Verkehrsteilnehmer auf der Straße."

Das ist eine Straßenverkehrsordnung aus Paris. Wann wurde sie erlassen?

- 1803 durch Napoleon

- 1540 durch Franz I. von Frankreich

- 1789 durch die Nationalversammlung

- 1815 durch Metternich

Frage 629

Früher gab es in Deutschland die „Ehe zur linken Hand" oder auch „morganatische Ehe". Sie wurde 1919 abgeschafft. Was versteht man darunter?

Frage 630

Wie heißt nach den Thesen des Marxismus die Gesellschafts-klasse der kapitalistischen Gesellschaft, die den Gegensatz zur Klasse der Bourgeoisie bildet?

Vermischtes

Frage 631

Es gibt eine „rote Karte", eine „grüne Ampel", eine „braune Gesinnung". Was ist die „Blaue Mauritius"?

- Eine Brieftaube
- Eine Briefmarke
- Eine Insel
- Eine Geldnote

Frage 632

Die Fliege ist im Gegensatz zur Krawatte weniger für den Büroalltag gedacht als vielmehr für festliche Abendanlässe. Bleibt die Frage: Muss das Hemd eine verdeckte Knopfleiste aufweisen, wenn es zur Fliege getragen wird?

Richtig oder falsch?

„Die Seufzerbrücke in Venedig trägt ihren Namen wegen der Seufzer der Verliebten, die darüberflanieren."

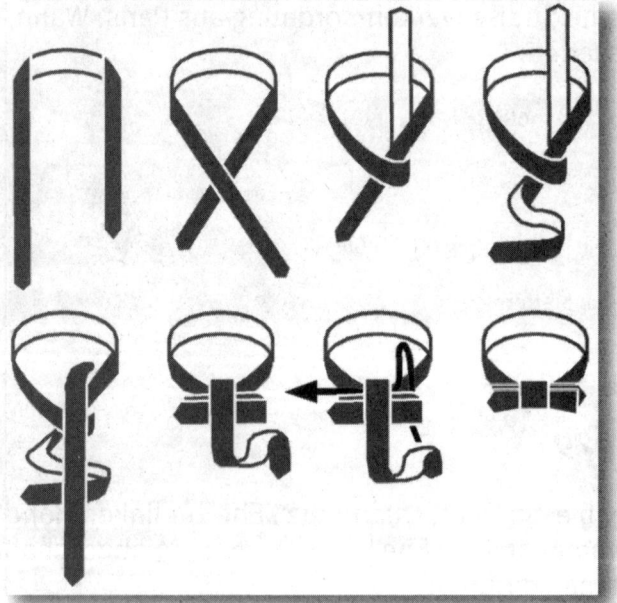

Frage 633

Was bedeutet „Mobbing"?
Tipp: Eine besondere Form davon heißt „Bossing".

Falsch. Auf diesem Weg erreichten die Verurteilten das Gefängnis und die Folterkammern Venedigs.

Frage 634

Wie lautet die Abkürzung für „Arbeitsgemeinschaft der öffentlich-rechtlichen Rundfunkanstalten der Bundesrepublik
Deutschland" und was ist das genau?

Frage 635

Dem Konzern „News Corporation" des 1931 in Australien
geborenen US-amerikanischen Medienunternehmers gehören
anteilsmäßig renommierte Presseerzeugnisse wie etwa „The
Times", „Sunday Times" oder die „New York Post" genauso
wie Boulevardblätter („The Sun", „News of the World" u. a.).
Wie heißt der bekannte Unternehmer?

William Murry	Rupert Keith Murdoch
David Murphy	Seamus Murdock

Frage 636

Welches Naturphäno-
men ist im Juni und Juli
in Sankt Petersburg zu
beobachten? Der rus-
sische Schriftsteller
Fjodor Dostojewski ließ
sich davon zu einer
gleichnamigen Erzählung
inspirieren.

Vermischtes

Frage 637

Wie heißt die unabhängige Stiftung bürgerlichen Rechts, die seit 1964 für die deutschen Verbraucher Güter und Dienstleistungen prüft?

Frage 638

Wie heißt die wöchentlich erscheinende Zeitschrift des Hubert Burda Media-Konzerns, die 1990 in Ostberlin gegründet wurde und auch heute noch vor allem in Ostdeutschland ein großes Publikum hat?

Bild der Frau	Das Goldene Blatt
Bunte	Superillu

Frage 639

Wie heißt die 1917 in den USA gegründete, karitativ tätige und um Völkerverständigung und bürgerliches Engagement bemühte gesellschaftliche Organisation mit Sitz in Oak Brook? Achtung, es ist nicht der Rotary Club gemeint.

Frage 640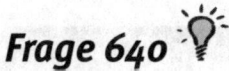

Wie heißt die feministische Frauenzeitschrift, die 1977 von Alice Schwarzer gegründet wurde? Nachdrücklich fordert die Herausgeberin den „Einzug der Frau in die von Männern okkupierte Hälfte der Welt".

Lisa

Emma

Brigitte

Alice

Frage 641

Ein halber Liter Bier oder ein Glas Wein ergibt nach einer Stunde bei einem Mann von durchschnittlichem Körpergewicht einen Blutalkoholwert von ca. 0,4 Promille. Darf er damit in Deutschland noch Auto fahren?

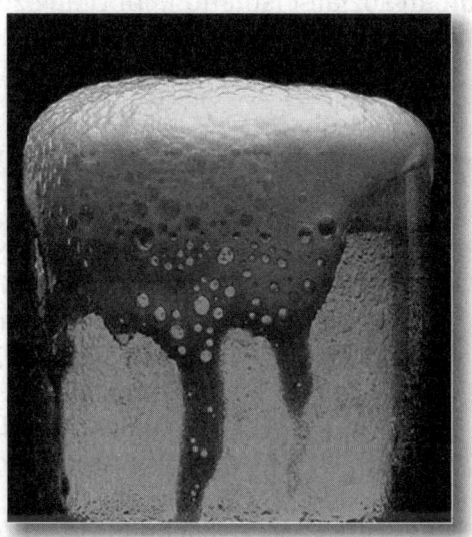

Frage 642

„Nessie", das Ungeheuer vom Loch Ness, taucht immer wieder in den nachrichtenarmen Zeiten in den Klatschspalten auf. Wie nennt man eine solche Meldung?

Vermischtes

Frage 643

Der Kenner benutzt beim Verzehr von Kaviar ein spezielles Messer und eine Kaviarschaufel. Beides ist im Idealfall aus Perlmutt oder Horn gefertigt.
Warum eigentlich?

Frage 644

Wie nennt man die zwanghafte Neigung zur Brandstiftung und zum meist lustvollen Betrachten von Bränden? Die Betroffenen selbst leiden oft an sozialer Isolation. Ihr Drang zur Brandstiftung steigert sich zu einem unkontrollierten und süchtigen Verhalten.

Frage 645

Der französische Texter René Goscinny (verstorben 1977) und der Zeichner Albert Uderzo sind die „Väter" der beliebten Comic-Hefte um den gallischen Helden Asterix und seine Freunde. Wie heißt denn der Druide des gallischen Dorfs, in dem Asterix lebt?

Troubadix	Obelix
Idefix	Miraculix

Frage 646

Nach der Psychoanalyse Sigmund Freuds existiert eine Phase der frühkindlichen Liebe zum Elternteil des anderen Geschlechts. Der gleichgeschlechtliche Elternteil erscheint als Rivale. Wird diese Phase unzureichend verarbeitet, können neurotische Symptome daraus erwachsen. Die Bindung des Mädchens an den Vater wird nach C. G. Jung „Elektrakomplex" genannt. Wie heißt der entsprechende Komplex beim Jungen?

Frage 647

Welchem avantgardistischen britischen Modedesigner, der 1960 als Arbeiterkind auf Gibraltar geboren wurde, gelang es, das Modehaus Christian Dior als Creative Director seit 1997 in finanzieller wie auch in kreativer Hinsicht wiederzubeleben? Er gilt als der „Kostümbildner unter den Modemachern".

Pierre Cardin	Valentino
John Galliano	Giorgio Armani

Frage 648

Auf wessen Anregung wurde das Internationale Komitee vom Roten Kreuz (IKRK) 1864 zum Wohle der Verwundeten und Kranken Krieg führender Heere gegründet? Der Schweizer erhielt 1901 den Friedensnobelpreis.

Richtig oder falsch?

„El Dorado' ist der Name einer Stadt in Südamerika, in der unermessliche Goldschätze angehäuft waren."

‚El Dorado' ist der Name eines Herrschers eines Indianerstamms in Südamerika, der sich mit einer Goldpaste einrieb.

Vermischtes

Frage 649

Krawatten kann man auf vielerlei Arten binden, da gibt es z. B. den Windsorknoten, den Sankt-Andreas-Knoten, den Victoria-Knoten ... Wie viele Krawattenknoten gibt es denn ungefähr?

15	30
80	200

Frage 650

Was ist ein „Corpus Delicti"?

Frage 651

Wer steht in der britischen Thronfolge auf Platz zwei hinter Prinz Charles und würde bei dessen Thronverzicht auf Platz eins nachrücken? Prinz Charles ist gegenwärtig übrigens der am zweitlängsten amtierende direkte Thronerbe.

Frage 652

In welcher Nacht findet die Walpurgisnacht statt, in der nach dem Volksglauben die Hexen auf dem Blocksberg (dem Brocken im Harz) wilde Tänze aufführen?

Frage 653

„FKK" nennt man die gesellschaftliche Bewegung, die die Nacktheit bei jeglicher Freizeitbeschäftigung propagiert. Durch gemeinsames Freiluftleben beider Geschlechter ohne Bekleidung soll der Mensch zu einem natürlichen Leben und Verhalten zurückzufinden; außerdem soll die Gesundheit gestärkt werden. Wofür steht denn die Abkürzung eigentlich?

Freikörperkultur

Freier Körperkult

Freikultur Klub

Frischkörperklub

Frage 654

Sie wollen einen Brief an Dorothea Kornelia Hedwig Gräfin von Hochstein verfassen.
Wie lautet die korrekte Anrede? Und welche Wendung dürfen Sie auf keinen Fall benutzen?

Vermischtes

Frage 655

Die älteste ununterbrochene Erbmonarchie der Welt ist die japanische.
Wie lautet der japanische Kaisertitel?

Richtig oder falsch?

„Das legendäre Woodstock-Festival von 1969 fand in Woodstock statt."

Frage 656

Wie heißt der Preis für Journalistik und Literatur, der seit 1917 jährlich vergeben wird? Er wurde vom gleichnamigen US-amerikanischen Verleger und Journalisten gestiftet.

Frage 657

Wie heißt die Richtung der Psychologie, die sich mit okkulten Erscheinungen und übersinnlichen Wahrnehmungen (z. B. Hellsehen, Telepathie, Prophetie) befasst, wobei materielle Vorgänge und Ereignisse durch physikalisch unerklärbare seelische Wirkungen beeinflusst werden?

Eidetik	Parapsychologie
Psychagogik	Psychophysik

Das Festival fand nicht wie ursprünglich geplant im Ort Wood-stock, sondern auf einem Farmergelände in Bethel (ebenfalls im Staat New York) statt. Der Name „Wood-stock" blieb jedoch haften.

Frage 658

Welche Gefühlsregung bezeichnet der englische Ausdruck „green-eyed monster"? Die Wendung wurde unter anderem von William Shakespeare im „Kaufmann von Venedig" und im „Othello" benutzt.

Frage 659

Im November 2007 feierte das britische Königspaar, Queen Elizabeth II. und Prinz Philip, die diamantene Hochzeit. Wie viele Jahre waren sie da verheiratet?

Frage 660

Sie sind auf einer akademischen Veranstaltung und werden Herrn Professor Dr. Dr. h. c. mult. Wilhelm Carstens vorgestellt. Wie lautet die korrekte Anrede?

Vermischtes

Frage 661

In Deutschland stieg die Prozentzahl der Neugeborenen, deren Eltern nicht verheiratet sind, in den letzten Jahren rapide an. Wie hoch ist der Prozentsatz dieser nicht ehelich geborenen Kinder in etwa?

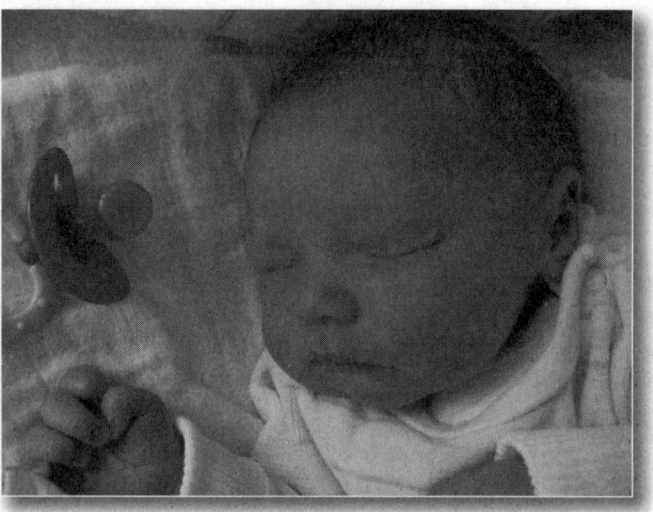

2 Prozent	10 Prozent
30 Prozent	50 Prozent

Frage 662

Was ist ein Pogrom?

Frage 663

Mariä Lichtmess ist ein katholischer Festtag, der am 2. Februar begangen wird. Früher mussten am Lichtmesstag auch die Schulden des vergangenen Jahres bezahlt werden. Wofür war der Lichtmesstag noch ein Stichtag?
Ein Tipp: Es hatte mit den Bediensteten zu tun.

Frage 664

Die „Daktyloskopie" spielt bei der Verbrechensbekämpfung
eine Rolle.
Was kann man mit ihr erkennen?

Frage 665

In München findet all-
jährlich das Oktober-
fest, das bekannteste
und größte Volksfest
der Welt, statt. Im Jahr
2006 beispielsweise
wurde die Besucher-
zahl auf 6,2 Millionen
geschätzt, die 6,7
Millionen Mass Bier
tranken und 104 Och-
sen verzehrten.
Was ist der Ursprung
des Volksfestes?

Richtig oder falsch?

„Bauchredner
sprechen mit dem
Bauch. "

Frage 666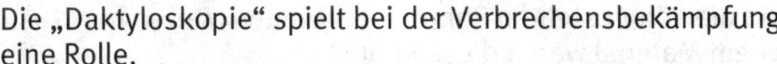

„Inches" und „Foot" sind Längenmaße, die in Großbritannien
und den USA gebräuchlich sind.
Wie viele Inches sind denn in einem Foot enthalten?

*Bauchredner reden
mit den Gaumen-
bogen und durch
Zurückziehen der
Zunge.*

251

Technik

Frage 667

Schon die Römer stellten Rohre in genormten Maßen her. Aus welchem Material waren diese Rohre?

Blei	Messing
Bronze	Kupfer

Frage 668

In welcher Maßeinheit wird die Geschwindigkeit eines Schiffs gemessen?

Frage 669

In welchem Land steht die Abkürzung „SNCF" für die staatliche Eisenbahngesellschaft?

Frage 670

In einer Raffinerie werden die verschiedenen Kohlenwasser-stoff-Bestandteile des Erdöls voneinander getrennt. Wie nennt man diesen Vorgang?

Frage 671

Samuel Finley Morse erfand neben dem Morsealphabet auch den Morsetelegrafen, den er sich 1837 patentieren ließ. Auf welchem Gerüst baute er seinen ersten Telegrafieempfänger auf?

Auf einer Vogelscheuche	Auf einer Malerstaffelei
Auf einem Baugerüst	Auf einem Stuhl

Frage 672

In Garching bei München befindet sich eine Institution, deren Arbeitsgerät in Chile steht. Was kann das sein?

253

Technik

Frage 673

Oskar von Miller, Elektro-pionier, ließ 1891 erstmals eine große Stromleistung über eine weite Strecke – von Lauffen am Neckar nach Frankfurt – übertragen. Er gründete in München das weltweit größte Museum für Technik. Wie heißt es?

Richtig oder falsch?

„Fliegen ist die sicherste Art, sich fortzubewegen."

Frage 674

Jeder kennt sie, aber was bedeutet die Abkürzung „ASU"?

Abgasspezialuntersuchung

Abgassicherheitsuntersuchung

Abgassonderuntersuchung

Autosauberkeitsuntersuchung

Was die Zahl der unfallfreien Reisekilo-meter angeht, ist Flie-gen die sicherste Art, sich fortzubewegen. Geht es aber um die Anzahl der unfallfreien Transportstunden, ist Bahnfahren um ein Vielfaches sicherer.

Frage 675

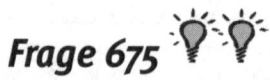

Wie nennt man einen speziellen Computer in einem Netzwerk, der anderen Teilnehmern Dienste zur Verfügung stellt?

Frage 676

Wie nennt man ein Teil, das der Verbindung mehrerer technischer oder elektrischer Geräte dient?
Tipp: Auf Reisen wird es häufig benötigt, um unterschiedliche Arten von Stromsteckern zu überbrücken.

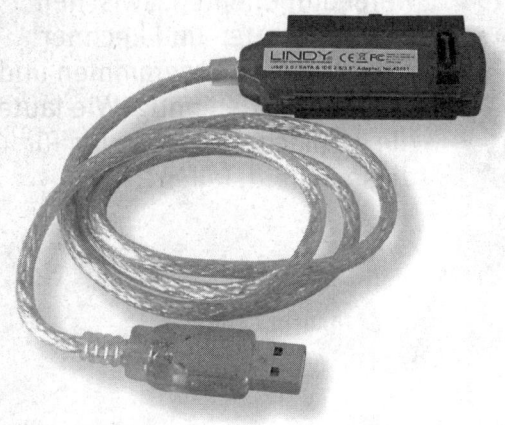

Frage 677

Wie nennt man das kleinstmögliche Bildelement in einer digitalen Grafik?

Frage 678

Die „AVUS" ist die erste Autobahn, die in Berlin ausschließlich für den motorisierten Verkehr bestimmt war. Was verbirgt sich hinter der Abkürzung?

Automobil-, Verkehrs- und Übungsstraße

Allgemeine Verkehrs- und Schnellstraße

Autonomes Verkehrsübungssystem

Automobilverkehrs-Unterrichtsstrecke

Technik

Frage 679

Damit verschiedene Hard- oder Softwarekomponenten miteinander kommunizieren können, sind Verbindungsglieder zwischen verschiedenartigen Hardwarekomponenten, zwischen Eingabegeräten und Rechner oder zwischen Programmen und Programmteilen nötig. Wie lautet die englische Bezeichnung für diese Schnittstellen?

Interface

Network

Free Access

Numeric Control

Frage 680

Teilchenbeschleuniger sind Anlagen zur Beschleunigung elektrisch geladener Elementarteilchen (Elektronen, Protonen) und Ionen auf hohe Bewegungsenergie. Sie kommen bei Kernumwandlungen in der Kernphysik sowie zu Bestrahlungen in Medizin und Technik zum Einsatz.
Wie heißt das europäische Kernforschungszentrum in Genf, in dem seit 1989 der größte Kreisbeschleuniger der Welt in Betrieb ist?

Frage 681

Einem Metall können absichtlich ein oder mehrere Elemente zugesetzt werden, um dadurch bestimmte Werkstoffeigenschaften zu erzeugen. Für technische Produkte kommt diesen Mischungen eine weitaus größere Bedeutung zu als reinen Metallen.
Wie nennt man solche Mischungen ganz allgemein?

Frage 682

Wie nennt man Nachrichten, die auf elektronischem Weg über lokale oder auch globale Netze wie das Internet verschickt werden?

Frage 683

Immer häufiger wird ein Telefongespräch über das Internet geführt. Um diese Sprachverbindung aufbauen zu können, braucht der Surfer zwei analoge Leitungen oder einen ISDN-Anschluss. Die Signalisierung erfolgt über das IP-Netz, der Aufbau der Sprachverbindung über das Telefonnetz.
Wie nennt man diese Technik?

Voice over IP	Scheduling
Surfen	Terminator

Frage 684

In der Computertechnik gibt es eine Vielzahl von Geräten, die an die Zentraleinheit angeschlossen werden müssen und von dort gesteuert werden. Dazu gehören zum Beispiel Drucker, Scanner, Tastatur und Maus. Unter welchem Sammelbegriff fallen diese Geräte?

Technik

Frage 685

Wie nennt man einen Kunststoff, der nach seiner Aushärtung nicht mehr verformt, auch nicht geschmolzen werden kann? Tipp: Es handelt sich um sehr harte Polymerwerkstoffe, die fest vernetzt sind.

Frage 686

Wie nennt man den Vorgang, den wir beispielsweise bei einer Satellitenschüssel beobachten, wenn Schall- oder Lichtwellen von der Oberfläche eines Körpers zurückgeworfen werden?

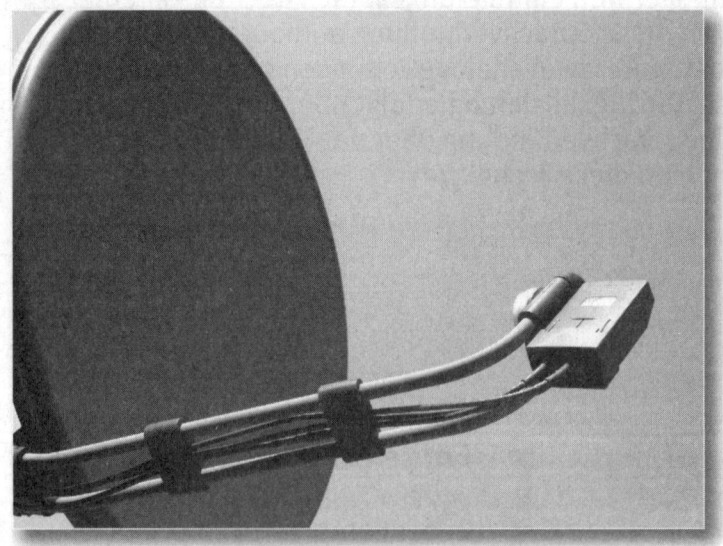

Frage 687

Ein Lügendetektor kommt zum Einsatz, wenn es um die Aufklärung eines unklaren Sachverhalts oder eines Verbrechens geht. Wie wird dieses Gerät fachsprachlich bezeichnet?

Autograph	Hektograph
Paragraph	Polygraph

Frage 688

Das Radar ist allgemein bekannt, aber wofür stehen die Buchstaben?

Radio Detecting and Ranging

Risky Air Detection Areal Ranging

Radio Air Round Action Rangers

Radio Directing and Racing

Frage 689

Was ist ein „Kompressor"?

Frage 690

Wie heißt der deutsche Ingenieur, der mit seinen Geräten „Z1" und „Z3" eigentlich den heutigen Computer erfunden hatte?

Konrad Zuse

Otto Hahn

Carl Oberth

Carl Zeiss

Richtig oder falsch?

„MS-DOS ist von Bill Gates."

Bill Gates kaufte ein QDOS genanntes Betriebssystem seinerzeit von dem Programmierer Tim Paterson. Als MS-DOS wurde es zu Beginn der Boer-Jahre in IBM-PCs ausgeliefert.

Technik

Frage 691

Wie bezeichnet man den Verweis in einem Internetdokument auf eine andere Stelle oder auf ein anderes Internetdokument?

Frage 692

Wie nennt man die umweltfreundliche Technologie, die sich mit der Umsetzung von Sonnenlicht in elektrische Energie befasst?

Frage 693

Da der Hauptprozessor eines Computers bei der Ausführung von Befehlen immer wieder auf Antwort von Programmen oder Peripheriegeräten warten muss, kann er wertvolle Rechenzeit an andere Prozesse vergeben. Die Abarbeitung einzelner Befehle der verschiedenen Programme erfolgt dabei aber nicht parallel, sondern in Zeitfenstern. Wie nennt man diese Arbeitsmethode des Betriebssystems?

Multitasking	Memory Management
Chipsatz	Interface

Frage 694

Alle Fahrzeuge, die mehr als ein angetriebenes Rad haben, brauchen eine Konstruktion, die verschiedene Raddrehgeschwindigkeiten in der Kurvenfahrt und unterschiedliche Radaußendurchmesser ausgleichen muss.
Wie heißt diese technische Einrichtung?

Frage 695

Woher kommt der Begriff Barrel als Einheit für Rohölmengen?

„Barrel" bedeutet im Englischen „Fass".

„Barrel" bedeutet im Englischen „Förderturm".

Der Erfinder der Raffinerie heißt James Barrel.

Der Erfinder der Petroleumlampe heißt Walter Barrel.

Frage 696

Einfache Maschinen sind physikalisch gesehen Kraftwandler. Sie verändern Richtung, Betrag oder Angriffspunkt einer Kraft. Kann man einen Hebel als einfache Maschine bezeichnen?

Technik

Frage 697

Wie nennt man bei Schall- oder Lichtwellen die Anzahl der Wellen pro Sekunde, die dann in der Maßeinheit „Hertz" ausgedrückt wird?

Frage 698

Elektrische Energie ist schwer speicherbar. Als wirkungsvoll haben sich Einrichtungen erwiesen, die das Gefälle von Wasser zum Turbinenantrieb ausnutzen, es aber bei geringer Netzbelastung in ein hoch gelegenes Becken oder einen See zurückpumpen, von wo es zu Zeiten erhöhter Netzbelastung wieder zurückfließt. Wie heißt so ein Werk?

Frage 699

Otto von Guericke hat 1660 die Magdeburger Halbkugeln entwickelt, die von jeweils acht Pferden nicht auseinandergerissen werden konnten. Welche seiner Erfindungen und Erkenntnisse wollte er demonstrieren?

Wirksamkeit von Luftpumpe und Vakuum

Haltbarkeit von rundem Kupferblech

Untauglichkeit von Pferden im Transport

Wirksamkeit kupferner Kanonenkugeln

Frage 700

Die Bereitschaftsfunktion vieler Haushaltsgeräte verbraucht nach Auffassung der EU-Kommission zu viel Strom. Die Brüsseler Behörde will deshalb bis 2008 neue Vorschriften schaffen, mit denen EU-weit jährlich 30 Terawattstunden eingespart werden könnten. Wie nennt man diese Bereitschaftsfunktion?

Step-by-Step	Stand-by
Ready-to-go	Stop-and-go

Frage 701

1835 fuhr die erste deutsche Eisenbahn von Nürnberg nach Fürth. Der Engländer George Stephenson lieferte eine Dampflokomotive, die mit 3 atü Dampfdruck etwa 40 PS leistete.
Wie hieß diese erste deutsche Dampflokomotive?

Frage 702

Kupfer ist ein sehr unkompliziertes Material. Es bietet gute Leitfähigkeit für Elektrizität und Wärme, gute Verformbarkeit, gute Lötbarkeit und gute Korrosionsbeständigkeit. Aus diesen Eigenschaften ergeben sich viele Anwendungsgebiete. Weitere Möglichkeiten eröffnet eine bekannte Mischung des Kupfers mit Zink.
Wie heißt die Legierung?

Technik

Frage 703

Im Computer gibt es den sogenannten Arbeitsspeicher, in dem Programme und Daten vorübergehend abgelegt werden. Wie ist die Abkürzung für diese Art von Speicher, die am häufigsten als Arbeitsspeicher eingesetzt wird?

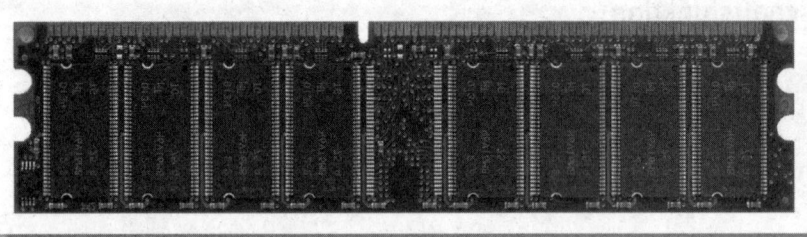

Frage 704

Mit der Maßeinheit Fuß wird in der Luftfahrt die Höhe angegeben. Welche Maßeinheit bezeichnet die Wassertiefe in der Seefahrt?

Meter	Knoten
Beaufort	Seemeilen

Frage 705

Wie nennt man ein Computerprogramm, das sich selbst verbreitet und oft auch ein bestimmtes Ziel, meist bösartige Sabotage und Datenverlust, verfolgt?

Frage 706

Eine Batterie hat bekannt-
lich zwei Pole – auch
positive und negative
Elektroden genannt.
Wie nennt man den posi-
tiven, also den Pluspol?

Frage 707

Was ist ein Pendolino?

- Eine Tischpendeluhr

- Ein Pendel, das ungleichmäßig ausschlägt

- Ein gekoppeltes Pendel

- Ein kurvenstabiler Eisenbahnzug

Frage 708

Bei einer Temperatur von etwa 100 °C beginnt Wasser zu ko-
chen. Es bilden sich winzige Tröpfchen, die wir Dampf nennen.
Dampf besitzt ein etwa 1.650-mal größeres Volumen als die
gleiche Menge Wasser. Wo wird die Energie dieser gewaltigen
Ausdehnung genutzt?

Technik

Frage 709

„Barometer" heißt ein Messgerät, aber was misst man damit?

Den Luftdruck	Die Luftfeuchtigkeit
Die Wassertemperatur	Die Windstärke

Frage 710

Der gesuchte Begriff bezeichnet die Schwingungsweite einer mechanischen oder elektrischen Schwingung. Gemeint ist damit der größte Wert, den die periodisch veränderliche Größe einer Schwingung annehmen kann. Beim Pendel ist das der größte Abstand (Ausschlag) von der Ruhelage des schwingenden Körpers.
Wie heißt der Begriff?

Frage 711

Bevor ein Programm ausgeführt oder mit bestimmten Daten gearbeitet werden kann, müssen die Daten in den Arbeitsspeicher eines Computers gelangen.
Wie nennt man den Vorgang?

Frage 712

Wie heißt die Wissenschaft von der Standfestigkeit der Gebäude und ihrer Teile und zur Bestimmung der Zug-, Druck-, Schub- und Biegungsfestigkeit?

Frage 713

Die den Elektronenfluss hemmende Eigenschaft elektrischer Leiter in einem Stromkreis nennt man Widerstand. Er wird errechnet, indem man die Spannung durch die Stromstärke dividiert. In welcher Maßeinheit wird er angegeben?

Volt	Watt
Ohm	Ampere

Frage 714

Wie ist die Abkürzung für den Teil eines Computerspeichers, der vom Hersteller mit unveränderbaren Daten oder Programmen versehen wurde, auf die der Benutzer keinen Einfluss hat?

Richtig oder falsch?

„Thomas Alva Edison ist der Erfinder der Glühbirne."

Wer der wirkliche Erfinder der Glühbirne war, ist bis heute unbekannt. Klar ist, dass Edison nicht der erste war. Allerdings war es auch nicht der Deutsche Heinrich Göbel, wie oftmals behauptet.

Technik

Frage 715

In der Nachrichten-
technik und in
Computersystemen
wird in großer Zahl
ein halbleitendes
elektronisches Bau-
teil eingesetzt, das
Signale verstärken
oder Wechselstrom in
Gleichstrom umwan-
deln kann. Seine Vorteile sind die geringe Größe, der geringe
Leistungsverbrauch und die geringen Herstellungskosten.
Wie heißt das Teil?

Frage 716

Der umgekehrte oder linksseitige Schrägstrich „\" wird recht
häufig im angloamerikanischen Sprachraum verwendet. Unter
MS-DOS, Windows und OS/2 dient er als Trennzeichen zwischen Verzeichnissen.
Wie nennt man dieses Sonderzeichen?

Frage 717

Ein kleiner Eisennagel sinkt,
während ein großes Schiff
aus Stahl schwimmt. Nicht
das Gewicht ist hier entscheidend, sondern die Dichte.
Wie wird sie definiert?

Masse dividiert durch Volumen	Höhe multipliziert mit Breite
Volumen dividiert durch Gewicht	Gewicht in Kilogramm

Frage 718

Es gibt spezielle Diagnosewerkzeuge, die zum Auffinden von Fehlern in Computerprogrammen verwendet werden. Im Allgemeinen durchlaufen sie das zu testende Programm in einzelnen Schritten, sodass Fehler sofort behoben werden können. Wie heißen diese Hilfsprogramme?

Debugger	Disassembler
Basic	WinHelp

Frage 719

Wie nennt man den Dienstleister, der dem Nutzer eine Internetadresse einrichtet, alle Mails für den Benutzer speichert und ihm diese auf Abruf zur Verfügung stellt?

Frage 720

Die Erdölreserven gehen in absehbarer Zeit zur Neige. Damit entfällt ein wichtiger Treibstoff für unsere Mobilität. Welcher Alternative geben die deutschen Motorenentwickler künftig die größte Chance, Erdöl langfristig zu ersetzen?

Technik

Frage 721

Wie nennt man in der Computerbranche die kleinen „Kistchen" oder Minicomputer, die zwei oder mehr unterschiedliche Computernetzwerke miteinander verbinden und den Datenverkehr zwischen Sender und Empfänger steuern?

Frage 722

Drückt man einen Gummisauger an die Wand, entweicht die Luft aus dem Hohlraum und der Luftdruck verringert sich. Welche Kraft hält nun den Sauger an der Wand?

Der äußere Luftdruck	Die Saugkraft des Vakuums
Die Wirkung des Gummis	Die Adhäsion zwei Körper

Frage 723

Sonnenlicht setzt sich aus dem Licht vieler Farben zusammen. Gewöhnliches Licht strahlt in alle Richtungen. Mit zunehmender Entfernung verblassen die Lichtstrahlen.
Wie aber heißt der Lichtstrahl, der aus nahezu parallel verlaufenden, sehr intensiven Strahlen besteht, deren Kraft sich auch über weite Entfernungen hinweg nicht vermindert?

Frage 724

Manche Insekten, wie der Wasserläufer, können sich auf dem Wasser fortbewegen, ohne unterzugehen. Sie strecken ihre Beine weit von sich, um ihr Gewicht auf der elastischen Oberfläche zu verteilen. Kleine Gegenstände wie Stecknadeln schwimmen auf dem Wasser wie auf einer elastischen „Haut". Wie nennt man dieses Phänomen bei Flüssigkeiten?

Oberflächenspannung

Thermodynamik

Aquapower

Niveauausgleich

Frage 725

Als 1126 zum ersten Mal in Europa in der Grafschaft Artois in Frankreich eine Springquelle gebohrt wurde, deren Wasser ohne mechanische Hilfe, nur infolge des Überdrucks, zutage trat, wurde ein Gattungsname für alle Brunnen dieser Art geschaffen. Wie lautet er?

Frage 726

Der Südtiroler Peter Mitterhofer erfand eines der ersten Geräte, das lange vor dem PC das Schreiben vereinfacht hat. Worum handelt es sich?

Schreibmaschine

Bleistift

Füllfederhalter

Kugelschreiber

Technik

Frage 727

Der Schall ist von vielen Komponenten abhängig. Ein guter Konzertsaal sollte so gebaut sein, dass die musikalischen Klänge möglichst klar reflektiert werden und sich die Töne nicht überlagern. In Büroräumen sollten störende Geräusche wie klingelnde Telefone und klappernde Tastaturen möglichst gedämpft werden.
Wie nennt man die Lehre von der Erforschung des Schalls?

Frage 728

Wie nennt man das Verfahren, mit dem man eine Flüssigkeit durch Erhitzen in ihre Bestandteile zerlegt, indem man den Dampf auffängt und so bestimmte Stoffe herausfiltert?

Kondensation	Destillation
Konzentration	Destination

Frage 729

Unter welchen Sammelbegriff fallen alle physischen Komponenten eines Computers, also die CPU, das Motherboard, Festplatten, Monitor, Speichermodule?

Frage 730

Bei einem modernen Massenspeicher sind die Toninformationen in Form von kleinen Vertiefungen auf Polycarbonat gespeichert und mit einer dünnen Aluminiumschicht bedeckt. Zum Abspielen wird mithilfe von Linsen und Spiegeln ein Laserstrahl über diese Vertiefungen auf der Oberfläche geführt. Ein lichtempfindliches Gerät nimmt die Lichtimpulse des Laserstrahls auf und verwandelt sie in elektrische Signale. Wie heißt dieser Datenträger?

Frage 731

Bevor die Software auf einem Rechner verwendet werden kann, müssen in der Regel die notwendigen Programm- und Datendateien von einer CD oder DVD auf die Festplatte kopiert und anschließend die notwendigen Umgebungseinstellungen vorgenommen werden.
Wie nennt man diesen Vorgang?

Frage 732

Bei Henry Ford wurde das Fließband für Autobauer erfunden. Wer hat es in Europa zuerst genutzt?

Citroën	Opel
Volkswagen	Fiat

Technik

Frage 733

Wie ist der englische Ausdruck für eine meist durch Name
und Passwort abgesicherte Zugangsberechtigung zu einem
Computer, Netzwerk oder Onlinedienst, die vom System-
administrator dem Nutzer zugeteilt wird?

Frage 734

Raketen brauchen im
Unterschied zu Flug-
zeugen keine Lufthülle
als Träger. Sie wer-
den von ihren Trieb-
werken durch den
Raum „geschoben"
und benötigen, wenn
sie die vorgesehene
Geschwindigkeit erreicht
haben, keinen weiteren
Antrieb. Der Raketen-
motor arbeitet nach dem
Gesetz von Wirkung und
Gegenwirkung.
Wie heißt dieses physi-
kalische Prinzip?

Frage 735

Nach 16-tägiger Tauchfahrt unterquerte ein Atom-U-Boot 1958
zum ersten Mal den Nordpol. Wie hieß das Schiff?

Nautilus	Sojus
Otto Hahn	Rakhmaninow

Frage 736

Wie nennt man das Starten oder Hochfahren des Betriebssystems mit seinem automatischen Ablauf beim Einschalten des Computers?

Frage 737

Wie lautet der vollständige Name für „Modem"?

Modulator Demodulator	Mobile Dimension
Modernes Managementsystem	Moderne Empfangsanlage

Frage 738

Wir kennen beispielsweise bei Brillen Gläser, die nach außen gewölbt sind. Andere Linsen sind nach innen gewölbt. Die Begriffe dafür heißen „konkav" und „konvex".
Wie heißt die Wölbung nach außen?

Richtig oder falsch?

„James Watt ist der Erfinder der Dampfmaschine."

Falsch. Der direkte Vorläufer von Watts Dampfmaschine war eine Erfindung von Thomas Newcomen, dessen Gerät 1712 zum Abpumpen von Wasser verwendet wurde. Watt optimierte lediglich Newcomens Modell.

Frage 739

Silber ist ein chemisches Element und taucht im Perioden-
system, in dem alle Elemente dargestellt werden, mit der
Abkürzung „Ag" auf.
Woher kommen diese Buchstaben?

Frage 740

Die Chemiker haben alle chemischen Elemente in das sogenannte „Periodensystem" eingeteilt und mit Buchstaben
bezeichnet.
Für welches Element steht der Buchstabe „C"?

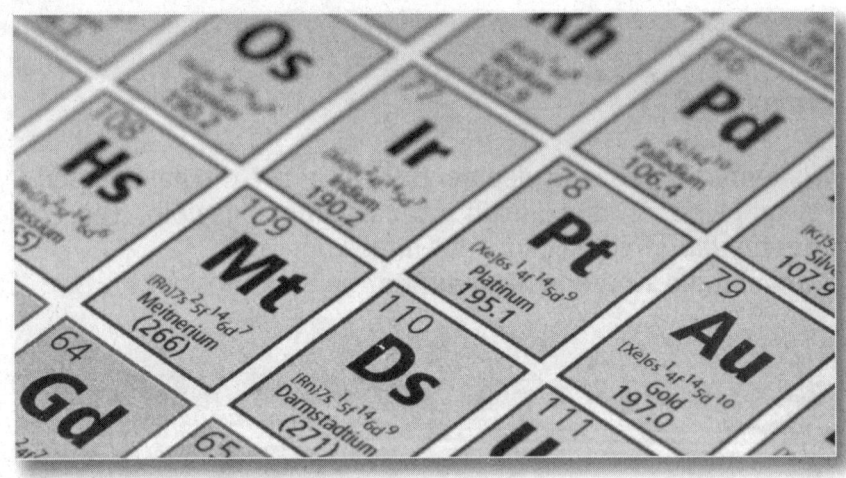

Frage 741

Supraleiter sind elektrisch leitfähige Stoffe, die ab einer gewissen Temperatur (Sprungtemperatur) dem elektrischen Strom
keinen Widerstand entgegensetzen.
Ab welcher Sprungtemperatur spricht man von
Hochtemperatur-Supraleitern?

-173 °C	-273 °C
+293 °C	+1.073 °C

Frage 742

Die erste vollsynthetisch hergestellte Faser bekam den Namen PVC. Sicher schon gehört. Aber was bedeuten die drei Buchstaben?

Polyvinylchlorid

Polyverale Chloride

Primäre Vollsynthetische Chemie

Prime Various Chemical Fibre

Frage 743

Den Fluor-Chlor-Kohlenwasserstoffen (FCKW) wird heute größte Aufmerksamkeit gewidmet, da sie die Ozonschicht der Atmosphäre schädigen.
Was ist der Begriff für solche aus festen und/oder flüssigen Substanzen bestehenden, in Luft oder anderen Gasen schwebenden Teilchen?

Frage 744

Welcher schon den Indianern bekannte Stoff wird aus lebenden Bäumen gewonnen?
Tipp: Er wird zur Herstellung von Gummi benötigt.

Naturwissenschaft

Frage 745

Ein italienischer Arzt „entdeckte" den elektrischen Strom, als er bei einem Versuch Kupferhaken verwendete, um Froschschenkel an Eisenhaken aufzuhängen. Die Froschschenkel zuckten plötzlich, weil Metalle und Flüssigkeit wie eine Batterie wirkten. Wie hieß der Mann?
Tipp: Sein Name stand Pate für die physiologische Behandlung, bei der durch elektrischen Strom die Kontraktion eines Muskels angeregt werden soll.

Frage 746

Wie nennt man das Auseinanderbrechen eines Atomkerns, bei dem gewaltige Energiemengen freigesetzt werden?

Frage 747

Um Schiffe und Flugzeuge zu orten, setzt man sehr kurze Radiowellen ein. Dabei sendet eine drehbare Antenne Signale, die von den Gegenständen, die sich auf ihrer Linie befinden, reflektiert werden. Ein Empfänger entschlüsselt die reflektierten Signale nach ihrer Herkunftsrichtung und Entfernung und macht sie auf einem Bildschirm sichtbar.
Wie heißt diese Technik?

Richtig oder falsch?

„Diamanten sind unzerstörbar."

Die edlen Steine können dem Feuer zum Opfer fallen. Bei mehr als 900 Grad halten sogar sie nicht mehr stand.

Frage 748

Bei den meisten Sternen führt ihre tatsächliche Bewegung im Raum aufgrund der großen Entfernung von der Erde aus betrachtet nur zu einer kaum erkennbaren Eigenbewegung. Wie heißen die Sterne, die scheinbar unverrückbar am Nachthimmel stehen und so die für uns bekannten Sternbilder bilden?

Frage 749

„Weißt du, wie viel Sternlein stehen ...?" heißt es im Lied. Und sofort schätzt man auf Milliarden von Sternen. Ist ja auch irgendwie richtig, aber wie viele davon kann man mit bloßem Auge wirklich sehen?

ca. 100.000	ca. 50.000
ca. 10.000	ca. 6.000

Frage 750

Er fiel zweimal durch die Abiturprüfung. Das stoppte aber keineswegs seine geistigen Höhenflüge. Seine Entdeckung öffnete uns tiefe Einblicke in den menschlichen Körper. Wer war der erste deutsche Physik-Nobelpreisträger (1901)?

Naturwissenschaft

Frage 751

Wie nennt man in der Chemie einen Stoff, der aus Atomen einer bestimmten Ordnungszahl besteht und nicht weiter zerlegbar ist?

Frage 752

Mit seiner Forschung machte er die Hoffnung einiger Mathematiker zunichte, dass es ein System von Axiomen gäbe, in das sich die gesamte Arithmetik integrieren ließe. Denn er lieferte den Beweis, dass „jedes hinreichend mächtige formale System entweder widersprüchlich oder unvollständig" ist.
Wie heißt der berühmte Mathematiker?

Frage 753

Edelmetalle sind Metalle, die gegen den Einfluss von Sauerstoff oder Säuren sehr resistent sind. Welches der hier aufgeführten Metalle gehört nicht dazu?

Silber	Platin
Quecksilber	Zink

Frage 754

Die unhörbar hohen Schreie der Fledermaus können die Luft 10.000- bis 120.000-mal in der Sekunde in Schwingung versetzen, wogegen das tiefe Quaken des Ochsenfroschs nur 50 Schwingungen pro Sekunde erreicht.
Welchen Schwingungsbereich kann das menschliche Ohr wahrnehmen?

- 20 bis 2.000
- 20 bis 20.000
- 200 bis 2.000
- 200 bis 200.000

Frage 755

Die Sonne produziert ungeheure Mengen an Lichtwellen, die nur geringfügig kürzer sind als bei sichtbarem Licht. Der Großteil dieses Lichts wird von der Atmosphäre absorbiert. Der Rest erreicht unsere Erde und ist auch für die Bräunung der Haut verantwortlich.
Wie heißen diese Strahlen?

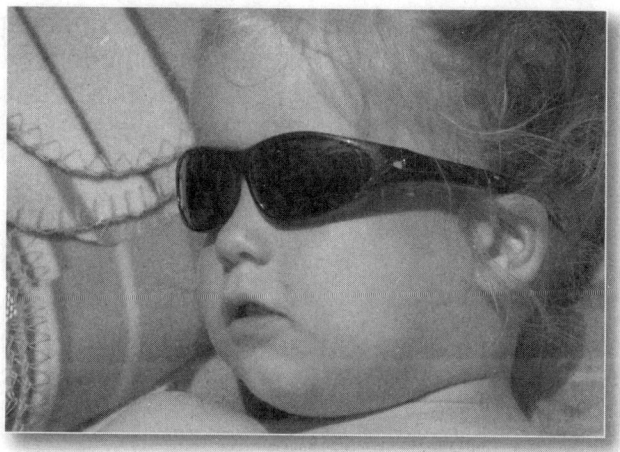

Frage 756

Wie nennt man den Vorgang, wenn Eisen durch die Verbindung mit Sauerstoff rostet?

Naturwissenschaft

Frage 757

1604 beobachtete der Astronom Johannes Kepler im Sternbild Ophiuchus eine ungeheure Sternexplosion, bei der, wie man heute weiß, innerhalb weniger Tage so viel Energie erzeugt wurde, wie sie die Sonne in Milliarden Jahren abstrahlt.
Wie nennt man eine solche Superexplosion, bei der der Stern selbst vernichtet wird?

Frage 758

Wie heißt die Theorie, nach der die Expansion des Universums vor einem endlichen Zeitraum mit einem Zustand von ungeheurer Dichte und ungeheurem Druck begann?

Urknalltheorie	Relativitätstheorie
Harmonices Mundi	Weltformel

Frage 759

Unsere Erde hält in ihrem Schwerefeld eine ca. 1.000 km umfassende Lufthülle fest, die sich aus verschiedenen Gasen zusammensetzt.
Wie wird sie genannt?

Frage 760

1830 begann der britische Wissenschaftler Michael Faraday
Experimente mit Magneten und Drahtspulen. Dabei entdeckte
er das Prinzip der elektromagnetischen Induktion. Er fand
heraus, dass durch Auf- und Abbewegungen eines Magneten
in einer Drahtspule Strom erzeugt wird. Damit war ein Weg gefunden, mechanische Energie in elektrische Energie umzuwan-
deln. Je schneller der Magnet bewegt wurde, desto mehr Strom
floss – zunächst in die eine, dann in die andere Richtung. So
entstand Wechselstrom.
Wie heißt dieser erste elektrische Stromerzeuger?

Frage 761

Die Umlaufbahn der Erde
und anderer Planeten
um die Sonne bildet eine
Ellipse. Wie nennt man den
sonnennächsten Punkt
einer Planetenbahn?

Exzentrizität

Perihel

Apoapsis

Orbit

Frage 762

Wie nennt man ein ebenes Viereck, bei dem die gegenüberliegenden Seiten gleich lang und die gegenüberliegenden Winkel
gleich groß sind?
Tipp: Die gegenüberliegenden Seiten sind parallel.

Naturwissenschaft

Frage 763

Wie heißt der deutsche Physiker, der im Herbst 2007 den Nobelpreis – die mit zehn Millionen schwedischen Kronen (1,1 Millionen Euro) dotierte höchste Auszeichnung seines Fachs – erhielt?

Frage 764

Ein Würfel mit der gleichbleibenden Kantenlänge „a" hat das Volumen $V = a^3$.
Wie berechnet man den Flächeninhalt des Würfels?

Frage 765

Wie heißt die Einheit einer Temperaturskala, deren Nullpunkt nicht mit dem Gefrierpunkt von Wasser, sondern mit dem absoluten Nullpunkt der Temperatur zusammenfällt? Der Nullpunkt dieser Skala liegt bei -273,15 °C.

Kilowatt

Kelvin

Réaumur

Ampere

Frage 766

Quecksilber wird beispielsweise in Thermometern eingesetzt, weil es sich so schön gleichmäßig ausdehnt. Was ist das eigentlich für ein Stoff?

Ein chemisches Element	Eine chemische Verbindung
Ein Industrieprodukt	Ein physikalisches Verfahren

Frage 767

Im Tagesverlauf steigt von der Sonne erwärmte Luft in größere Höhen und bringt gleichzeitig kühlere Luft aus der Höhe zum Erdboden. Segelflieger, Drachen- und Gleitschirm-flieger schätzen diesen Aufwind, den sogenannten „Bart" zur Höhengewin-nung.
Wie lautet die geläufigere Bezeichnung für diesen Luftstrom?

Frage 768

Wie lautet die überlieferte Bezeichnung für das Band von Ster-nen, das in der Äquatorebene unserer Galaxie zu beobachten ist?
Tipp: Gelegentlich wird der Name auch für unsere Galaxie als solche verwendet.

Naturwissenschaft

Frage 769

Beim chemischen Vorgang der Osmose treten Ströme von Molekülen bedingt durch ihr unterschiedliches chemisches Potenzial durch eine halbdurchlässige Membran.
Wie lautet der Fachterminus für diese Eigenschaft der Membran?

Frage 770

Ein Naturwissenschaftler, Erfinder und Gründervater der USA ließ während eines Gewitters einen Drachen steigen, den er mit einem Nagel am oberen Ende der Drachenschnur und einem Schlüssel am unteren Ende versah. Dieser sprühte Funken. Damit war der Beweis erbracht, dass Elektrizität in der Atmosphäre vorhanden ist. Wer war der Mann?
Tipp: Er ist auf der amerikanischen 100-Dollar-Note abgebildet.

Frage 771

Wie heißt der kleinste chemisch nicht weiter teilbare Baustein der Materie?

Ion	Proton
Neutron	Atom

Frage 772

Wie nennt man die mathematische Methode, aus drei Größen eines gegebenen Dreiecks andere Größen dieses Dreiecks zu berechnen?

Trigonometrie	Geometrie
Integralrechnung	Analytische Geometrie

Frage 773

Mit dem Nobelpreis werden drei naturwissenschaftliche Kategorien ausgezeichnet, Physik, Chemie und Physiologie oder Medizin. Nur für Mathematik gibt es keinen Preis.
Was war wohl der Grund?

Frage 774

Zur Untersuchung welcher Gesetze führte Galileo Galilei die schiefe Ebene als Versuchsanordnung ein?
Tipp: Anhand von langsam auf der schiefen Ebene anrollenden Kugeln entdeckte er auch die Beschleunigung.

Naturwissenschaft

Frage 775

Der „Technische Experte dritter Klasse" des Berner Patentamts veröffentlichte als 26-Jähriger drei aufsehenerregende Arbeiten. Bald galt er als einer der größten Denker des vorigen Jahrhunderts. Über einige Probleme dachte er bereits seit seiner Jugend nach, zum Beispiel über die Situation, in der sich ein Mensch in einem fallenden Aufzug befindet. Daraus entstand die berühmte Formel $E = m \cdot c^2$, die seitdem die Physik beschäftigt.
Wie heißt ihr Entdecker?

Frage 776

Die in den 20er-Jahren des letzten Jahrhunderts entwickelte fundamentale physikalische Theorie ersetzte die klassische Mechanik. Danach sind Wellen und Teilchen nur zwei Aspekte ein und derselben zugrunde liegenden Wirklichkeit. Das mit einer Welle verbundene Teilchen ist deren Quant.
Wie heißt diese Theorie?

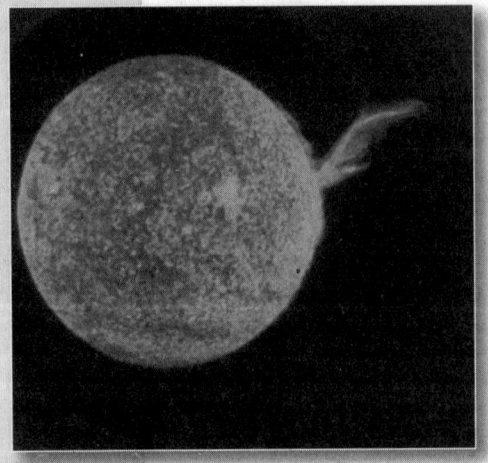

Frage 777

Wie nennt man die Materieströme auf der Sonne, die als große Bogen weit ins All hinausragen und besonders bei totaler Sonnenfinsternis mit bloßem Auge am Rand der vom Mond verdunkelten Sonnenscheibe als rötliche, wolkenartige Zungen zu erkennen sind?

Protuberanzen

Potentiale

Pomeranzen

Positronen

Frage 778

Wie heißen die Lichterscheinungen, die bei gewittrigen Wetterlagen an hohen, spitzen Gegenständen wie zum Beispiel Schiffsmasten, Kirchtürmen und Bergspitzen auftreten?

> Polarlicht

> Elmsfeuer

> Protuberanzen

> Wetterleuchten

Frage 779

Ein französischer Chemiker ist untrennbar mit unseren Molkereiprodukten verbunden. Wer ist es?

Frage 780

Wie nennt man eine Einrichtung zum Übergang zwischen zwei völlig abgegrenzten Bereichen, also beispielsweise zwischen verschiedenen Höhen oder zum Ausgleich von Druckunterschieden, oder auch einen Raum als Sicherheitsbereich zwischen zwei unterschiedlichen Atmosphären?

Richtig oder falsch?

„Wenn Münzen durch einem Automaten hindurchfallen, können sie durch Reiben ‚magnetisiert' werden."

Magnetismus spielt für den Automaten zwar eine Rolle, allerdings wird er nicht durch Reiben erzeugt. Wenn die Münze nach dem Reiben doch angenommen wird, liegt das an anderen Auswirkungen des Reibens (z. B. Schmutzentfernung).

Naturwissenschaft

Frage 781

Archimedes war ein berühmter Mathematiker und Physiker, der um 250 v. Chr. lebte. Eines Tages beauftragte ihn König Hieron II. damit, festzustellen, ob seine Krone wirklich aus reinem Gold sei. Archimedes war der Ansicht, dass die Krone das gleiche Volumen haben müsse wie ein Stück Gold von gleichem Gewicht. Wie aber sollte er das Volumen eines unregelmäßig geformten Gegenstands bestimmen? Der Legende zufolge fand er die Lösung des Problems, als er in der Badewanne lag.
Welches Gesetz hatte er entdeckt?

Frage 782

Ein Raum ohne Atome oder Moleküle ist eine Idealvorstellung der Naturwissenschaftler. Da es fast unmöglich ist, einen solch perfekten Zustand herzustellen, versucht man, für möglichst geringen Luftdruck zu sorgen.
Wie nennt man einen solchen „luftleeren" Raum?

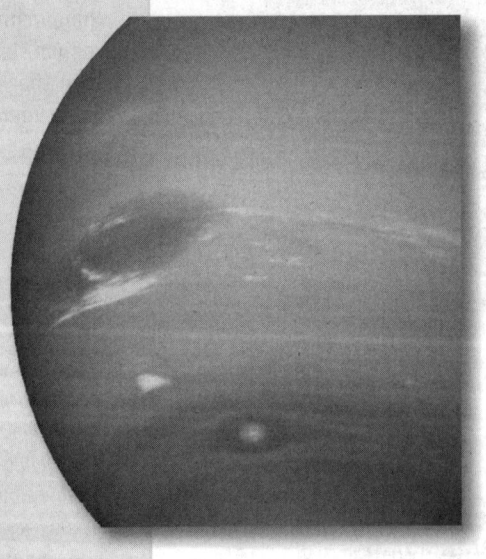

Frage 783

Als 1846 der Engländer Adams und der Franzose Leverrier die Existenz des Planeten Neptun vermuteten, war das einer der eindrucksvollsten Beweise für die Richtigkeit der Gesetze der Himmelsmechanik, speziell für das der Massenanziehung. Denn die Wissenschaftler nutzten einfach die Tatsache, dass sich der unbekannte Neptun durch die Anziehungskraft, die er auf die anderen Planeten ausübte, verriet. Wie nennt man diese Anziehungskraft?

Gravitation	Granulation
Gravur	Gradation

Frage 784

Wie nennt man das Rechenverfahren, mit dessen Hilfe man eine dritte, bisher unbekannte Größe berechnen kann, wenn man zwei bekannte Größen zur Verfügung hat?

Frage 785

Auf der Programmskala mancher Radiogeräte findet man die Abkürzungen AM und FM. AM ist die Abkürzung für „Amplitudenmodulation" und bedeutet, dass die Amplitude, also der höchste Ausschlag der Welle, verändert wurde. Dementsprechend bedeutet FM „Frequenzmodulation"; dieses sagt aus, dass die Anzahl der Schwingungen pro Sekunde verändert wurde. Für welche Radiowellen wird FM verwendet?

| Langwellen | Mittelwellen |
| Kurzwellen | Ultrakurzwellen |

Frage 786

Wir verwenden sie tagtäglich zur Reinigung zum Beispiel unserer Hände. Für Wäsche wird sie dagegen heute kaum noch eingesetzt, da sie – im Gegensatz zu modernen Waschmitteln – unlösliche Kalkstreifen bildet.
Woraus besteht Seife?

Naturwissenschaft

Frage 787

Alle reden von ihr. Alle wissen, dass wir sie zerstören. Doch warum ist die Ozonschicht so wichtig?

> Weil wir ohne Ozon nicht atmen könnten

> Weil sie uns mit UV-Strahlung versorgt

> Weil sie die UV-Strahlung absorbiert

> Weil sie entscheidend Ozon abbaut

Frage 788

Der Physiker erkannte 1820, dass Elektrizität Magnetfelder erzeugen kann. Er wies nach, dass zwei stromdurchflossene Leiter eine Anziehungskraft aufeinander ausüben, wenn in beiden Leitern die Stromrichtung gleich ist, und dass sie sich abstoßen, wenn die Stromrichtung entgegengesetzt ist. Wie hieß der Franzose?
Tipp: Sein Name steht heute für die Stromstärke.

Frage 789

Ein Quadrat mit der Kantenlänge „a" hat die Fläche $A = a^2$. Wie berechnet man den Umfang des Quadrats?

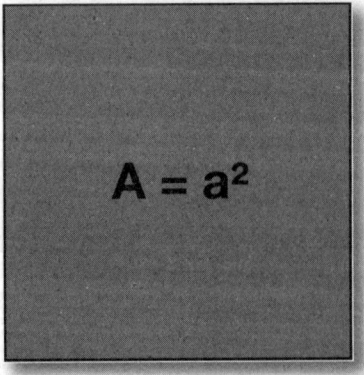

$$A = a^2$$

Richtig oder falsch?

„Heißes Wasser braucht länger, bis es gefroren ist, als kaltes."

Falsch. Kaltes Wasser gefriert langsamer, weil wärmeres Wasser schneller verdunstet und deswegen eine geringere Menge an Wasser gefrieren muss.

Frage 790

Bei Kernkraftwerken gibt es eine Bezeichnung für den größten Störfall, den die Sicherheitssysteme noch so weit unter Kontrolle haben müssen, dass daraus außerhalb der Anlage keine radioaktive Strahlenbelastung über dem zulässigen Grenzwert entstehen sollte.
Wie nennt man diesen Störfall?

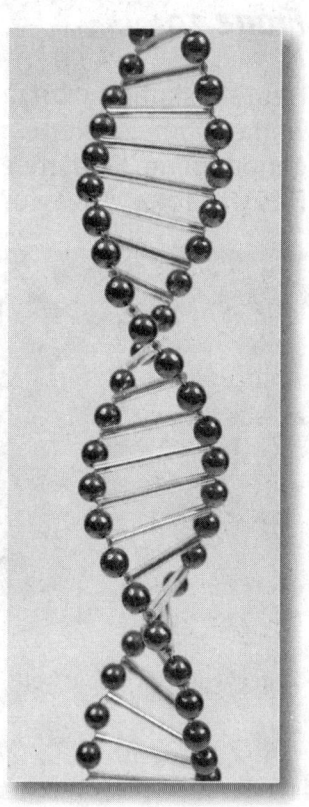

Frage 791

Zur Vervielfältigung eines DNA-Strangs ist die Auftrennung der zweisträngigen DNA in Einzelstränge nötig. Ein Enzym ist in der Lage, einen DNA-Strang zu kopieren.
Wie lautet sein Name?

Frage 792

Bei chemischen Reaktionen entstehen aus chemischen Verbindungen (Reaktanten) neue chemische Verbindungen (Produkte). Dabei wird Energie umgewandelt oder freigesetzt. Wie nennt man eine chemische Reaktion, bei der Energie freigesetzt wird?

Endotherm	Exotherm
Neutralisation	Katalyse

Naturwissenschaft

Frage 793 ☼☼☼

„Einstein, werden Sie denn niemals lernen, bis drei zu zählen?" soll ein Kollege den berühmten Physiker einmal gefragt haben.
Worum ging's? Sicher nicht um ein mathematisches Problem.

Frage 794 ♀♀♀

Heute diskutiert man längst über die Stilllegung der Kernkraftwerke. Damals feierte man das erste erfolgreich in Betrieb genommene. Es hatte eine elektrische Leistung von nur 5 MW. Das war 1954. Aber wo?

Im englischen Calder Hall

Im russischen Obninsk

Im ukrainischen Tschernobyl

Im amerikanischen Pittsburgh

Frage 795 ♀

Gewöhnliches Licht ist für uns sichtbar. Bei infrarotem Licht fühlen wir die Wärme. Radiowellen, Röntgen- und ultraviolette (UV-)Strahlen jedoch durchdringen unseren Körper unbemerkt. Alle diese Strahlen bewegen sich mit der gleichen Geschwindigkeit fort, nämlich mit Lichtgeschwindigkeit. Wo liegt dann der Unterschied?

Frage 796

Wie nennt man eine Verbindung von Sauerstoff mit einem anderen Element?

Oxid	Ion
Proton	Peroxid

Frage 797

Julius Caesar hat im Jahr 46 v. Chr. einen Sondertag im Kalender eingeführt, weil man damals glaubte, das Sonnenjahr habe 365,25 Tage. Da aber das Sonnenjahr nur 365,2422 Tage lang ist, ging der Kalender bei Papst Gregor XIII. im Jahr 1582 elf Tage „vor". In dem nach ihm benannten Kalender wurde festgelegt, dass in allen Jahren, die durch vier teilbar sind, der Sondertag beibehalten wird, außer in den Jahren, die nicht durch 400 teilbar sind (z. B. 2100).
Auf welches Datum fällt dieser Sondertag?

Frage 798

Obwohl Laserstrahlen sehr viel Energie haben, können sie bestimmte Hindernisse nicht überwinden. In der Erdatmosphäre werden sie durch Wolken oder andere ungünstige Wetterbedingungen behindert. Auf der Erde hat man für dieses Problem eine Lösung gefunden. Man leitet Laserstrahlen in haarfeinen Kabeln.
Aus welchem Material bestehen sie?

Naturwissenschaft

Frage 799

Wir wissen, dass die Erde um die Sonne kreist und mit ihr die anderen Planeten. Doch welcher ist der Sonne am nächsten?

Frage 800

Anhand der x- und der y-Achse kann man in einem Koordinatensystem Punkte bestimmen und Funktionen grafisch umsetzen. Welcher Graph ist eine Kurve bzw. ein Kegelschnitt?

Parabol	Polynom
Parabel	Variable

Frage 801

Das Führen von Beweisen gehört zum Alltagsgeschäft von Mathematikern. Manche Aussagen sind aber offensichtlich oder unmittelbar einsichtig oder müssen angenommen werden, ohne dass sie abgeleitet wurden. Auch ein allgemeines Naturgesetz, das schon oft bestätigt wurde, fällt unter diese Kategorie.
Wie nennt man einen solchen Grundsatz?

Frage 802

Entfernungen im Weltraum misst man in „Lichtjahren". Ein Lichtjahr ist die Entfernung, die ein Lichtstrahl in einem Jahr zurücklegt. Wie lange braucht das Licht, um von der Sonne zu uns zu gelangen?

- 8 Sekunden
- 8 Stunden
- 8 Minuten
- 8 Tage

Frage 803

Die Forscher dieser Disziplin arbeiten mit Satelliten, Karten und Messungen. Ihre Ergebnisse werden häufig im Anschluss an die Nachrichten veröffentlicht.
Wie heißt die vom Wetter abhängige Wissenschaft?

Frage 804

Eine scheinbar willkürliche Zahlenreihe: 13 – 23 – 47 – 59 – 73. Und doch: Etwas haben diese Zahlen gemeinsam.
Was ist es?

Richtig oder falsch?

„Ein Ventilator erzeugt kühle Luft."

Eigentlich erwärmt ein Ventilator die Luft, allerdings tritt eine gefühlte Kühlung ein, wenn die durch den Ventilator bewegte Luft auf mit Schweiß bedeckte Haut trifft.

Frage 805

In einer Tropfstein-höhle finden wir Stalagmiten und Stalaktiten. Die einen wachsen in Millionen Jahren von oben nach unten, die anderen von unten nach oben. Wie heißen die Gebilde, die von der Decke herabhängen?

Richtig oder falsch?

„Ein Pferd hat eine Pferdestärke."

Frage 806

Wie hieß das Brüderpaar, das 1783 in Paris die erste bemannte Ballonfahrt unternahm?

Frage 807

Wie nennt man in der Chemie einen Stoff, der eine chemische Reaktion ermöglicht, beschleunigt oder in eine bestimmte Richtung lenkt, ohne selbst verbraucht zu werden?

Katapult	Kataster
Katalysator	Katamaran

Früher war eine „Pferdestärke" als Hebelleistung von 75 Kilogramm pro Meter/ Sekunde definiert – eine Leistung, die ein Pferd vielfach über-treffen kann. Seit 1977 lautet die Festlegung von einem PS auf 0,735 Kilowatt.

Frage 808

Erdgas ist ein Naturgas. Es hat viele Bestandteile, darunter Kohlendioxid, Stickstoff, Wasser, Propan und Butan. Woraus besteht es hauptsächlich?

Frage 809

Im Jahr 1877 entstanden die ersten Tonaufnahmen, die über einen hand-betriebenen Zylinder aus Weißblech abgespielt wurden. Der Mann, der sich das Gerät patentieren ließ, nannte es „Phonograph". Wie hieß der Mann?

Carl Zeiss

Samuel F. B. Morse

Thomas Alva Edison

Alexander Graham Bell

Frage 810

Die Mathematik hat verschiedene Teilbereiche. Womit beschäftigt sich die Stochastik?

Naturwissenschaft

Frage 811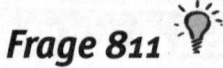

Der Nobelpreis für Chemie 2007 ging an einen Deutschen für seine Studien zur Oberflächenchemie.
Wie lautet der Name dieses Forschers vom Berliner Fritz-Haber-Institut?

Frage 812

Wie nennt man die kleinen planetenähnlichen Objekte, die sich auf elliptischen Umlaufbahnen in großer Zahl um die Sonne bewegen?

Asteroiden	Kometen
Exoplaneten	Fixsterne

Frage 813

Neben der Erde kreisen sieben weitere Planeten um die Sonne. Merkur ist der Sonne am nächsten, Neptun ist am weitesten entfernt.
Welcher ist der größte Planet von allen?

Frage 814

Große, durch Gravitation zusammengehaltene Haufen von Sternen werden nach ihren Erscheinungsformen zum Beispiel in elliptische Nebel, Spiralnebel oder irreguläre Nebel eingeteilt.
Wie heißt der Sammelname dieser Sternsysteme?

Frage 815

Wie hieß das erste Lebewesen, das mit einem Satelliten ins All geschossen wurde?

Frage 816

Wie nennt man die Aufspaltung einer chemischen Verbindung unter dem Einfluss von elektrischem Strom?

Analyse	Elektrolyse
Hydrolyse	Elektropunktur

Naturwissenschaft

Frage 817

Wie nennen die Astronomen ausgedehnte Objekte von wolkenartiger Erscheinung? Die meisten bestehen aus Staub- und Gas.

Sonnen	Nebel
Haufen	Straßen

Frage 818

Wie nennen wir Niederschlag, dessen pH-Wert durch Schwefeldioxid und Stickoxide niedriger ist als der pH-Wert, der sich in reinem Wasser durch den natürlichen Kohlendioxidgehalt der Atmosphäre einstellt?

Frage 819

„In allen ebenen rechtwinkligen Dreiecken ist die Summe der Flächeninhalte der Quadrate über den Katheten gleich dem Flächeninhalt des Quadrats über der Hypotenuse."
Wem wird dieser fundamentale Satz der Geometrie zugeschrieben?

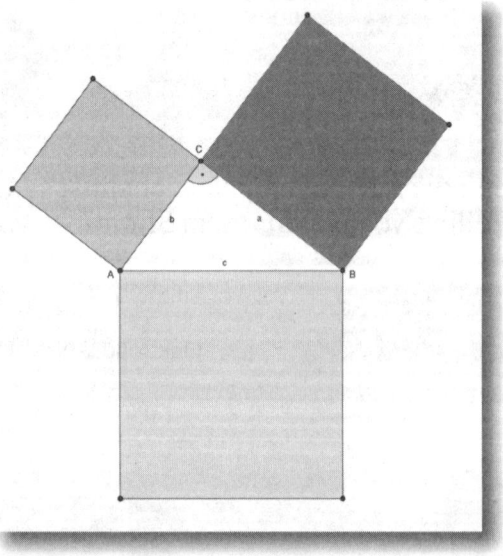

Frage 820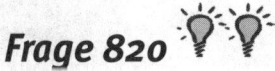

Sowohl bei der Aufnahme von Schall-
wellen – also beim Mikrofon – als auch
bei der Wiedergabe – also beim Laut-
sprecher – braucht man einen Mittler,
der die Schwingungen auffängt, damit
sie zunächst in elektrische Signale ge-
wandelt und wieder in hörbare Klänge
zurückverwandelt werden können. Wie
heißt dieses Medium?

Megaphon	Membran
Mentor	Mensur

Frage 821

Sie wurde am 7. November 1867 in Warschau geboren. Im
Dezember 1897 begann sie in Paris mit theoretischen Arbeiten
zum Studium der von Uran ausgesandten Strahlung, die kurz
vorher vom Physiker Henri Becquerel entdeckt wurde. Zusam-
men mit ihrem Ehemann und Becquerel erhielt sie 1903 den
Nobelpreis in Physik für ihre Arbeiten über Radioaktivität. Acht
Jahre später wurde ihr der Nobelpreis für Chemie verliehen.
Wer war die Forscherin?

Frage 822

Als der erste Mensch die Schallmauer durchbrach, begann das
Zeitalter des militärischen und zivilen Überschallflugs. Wie
lange ist dieses Datum jetzt her?

Mehr als 100 Jahre	Über 80 Jahre
Gut 60 Jahre	Weniger als 50 Jahre

Richtig oder falsch?

„Auf einen Blitz folgt
immer ein Donner."

In fast 40 Prozent aller
Fälle blitzt es lautlos.

Tiere und Pflanzen

Frage 823

Flöhe sind bekannt dafür, dass sie große Sprünge vornehmen können, um von einem Wirt zum nächsten zu gelangen. Wie viel ihrer eigenen Körperlänge können sie dabei überspringen?

- Das 60-fache
- Das 3-fache
- Das 10-fache
- Das 1.000-fache

Frage 824

Esel sind arbeitswillige und zugleich bescheidene Haustiere, die nur wenig Futter benötigen. Deshalb sind sie als Arbeitstiere besonders in kargen Gegenden beliebt.
Von welchem Kontinent stammen ihre wilden Vorfahren?

Frage 825

Welcher Art gehört der älteste bekannte Baum der Welt an?

- Mammutbaum
- Steineiche
- Grannenkiefer
- Linde

Frage 826

Dank ihres hoch entwickelten Gehirns sind Schimpansen in der Lage vielschichtig zu kommunizieren. Sie verfügen über ein relativ großes Repertoire an Gesichtsausdrücken, Gesten und Lauten, mit denen Informationen, Wünsche und Emotionen zum Ausdruck gebracht werden können.
Wann grinsen Schimpansen?

Frage 827

Der Eisbär ist das größte Landraubtier der Erde. Wie schwer kann der männliche Eisbär maximal werden?

Bis zu 800 Kilogramm	Bis zu 100 Kilogramm
Bis zu 400 Kilogramm	Bis zu 1.400 Kilogramm

Frage 828

Den „Bienenwolf" gibt es tatsächlich – zu welcher Klasse aus dem Tierreich zählt er?

Tiere und Pflanzen

Frage 829 ☀

„Heidschnucken" trifft man manchmal in der Lüneburger Heide.
Zu welcher Tierart gehören sie?

Frage 830 ☀☀☀

Das Chamäleon zeichnet sich nicht nur durch seine Fähigkeit, die Farbe zu ändern, sondern auch durch seine lange Zunge aus. Wie lang ist die Zunge?

Genauso lang wie der Körper	Halb so lang wie der Körper
Doppelt so lang wie der Körper	Dreimal so lang wie der Körper

Richtig oder falsch?

„Die Blindschleiche ist blind."

Frage 831 ☀

Ein Kranz aus Zweigen dieses Baums schmückte im alten Rom einen Triumphator oder sportliche Gewinner und gilt auch heute noch als Symbol des Ruhms.
Welcher vor allem am Mittelmeer beheimatete Baum lieferte diese Auszeichnung?

Im Gegensatz zu Schlangen haben Blindschleichen sogar bewegliche Augenlider.

Tiere und Pflanzen

Frage 832

Säugetiere (Mammalia) sind eine Klasse der Wirbeltiere, deren Gemeinsamkeit darin besteht, dass sie ihren Nachwuchs mit Milch säugen. Unterschiedlich ist allerdings ihre Tragezeit. Welches Säugetier hat 640 Tage, also fast zwei Jahre, Tragezeit?

- Walfisch
- Nilpferd
- Elefant
- Gorilla

Frage 833

Auf dem Blütengrundriss stehen sechs Blumenblätter in zwei Kreisen: drei außen und drei weiter innen. Die sechs Staubblätter sind ebenfalls in zwei Kreisen angeordnet. Sie umgeben den Stempel, der sich in der Mitte der Blüte säulenförmig erhebt. Wie heißt diese sehr beliebte Frühlingsschnittblume?
Tipp: Sie wird vor allem in Holland angebaut.

Frage 834

In den Wäldern von Borneo und Sumatra leben die am stärksten vom Aussterben bedrohten Menschenaffen. Wie heißen sie?

- Orang-Utan
- Berggorilla
- Bonobo
- Schimpanse

Tiere und Pflanzen

Frage 835

25 Millionen Mark hat der Schutz für etwa fünf Dutzend Tiere beim Bau der ICE-Trasse Berlin–Hannover 1996 gekostet: für Lärmschutzwände, zusätzliche Erdwälle sowie den Baustopp während der Paarungs- und Brutzeit. Welches Tier war diesen Aufwand wert?

Die Großtrappe	Die Löffelente
Die Wechselkröte	Der Wachtelkönig

Frage 836

„Du grünst nicht nur zur Sommerzeit", heißt es im Weihnachtslied vom Tannenbaum, weil Nadelblätter in der Regel nicht abgeworfen werden. Sie haben durch die Nadelform das Verdunsten auf ein Minimum beschränkt. Doch ein

heimischer Nadelbaum verliert im Herbst seine Nadeln, weil deren Verdunstungsschutz nicht ausreichend ist.
Welcher Baum ist hier gemeint?

Frage 837

Der Ficus elastica ist eine sehr beliebte Zimmerpflanze und kommt ursprünglich aus tropischen Regionen.
Unter welcher Bezeichnung ist der Baum mit den ganzrandigen Laubblättern noch bekannt?

Frage 838

Manche Feigenpflanzen wachsen auf Ästen und schicken ihre Luftwurzeln zum Boden. Dies ermöglicht ihnen eine besondere Nahrungszufuhr. Eine Vertreterin dieser Art ist die „Würgefeige".
Woher hat sie ihren mörderischen Namen?

Frage 839

Der in Deutschland nicht besonders häufig vorkommende kleinste Vertreter der sogenannten Karpfenartigen wurde zum Fisch des Jahres 2008 gewählt. Die Wahl soll auf die Gefährdung der Gewässer-Ökosysteme hinweisen und darauf aufmerksam machen, dass diese Kleinfischart seit einiger Zeit auf der Roten Liste der vom Aussterben bedrohten Tierarten steht. Wie heißt der mit dieser Ehrung bedachte Fisch?

Säuerling	Bitterling
Bitterkarpfen	Bizephalus

Frage 840

Schlangen haben eine sehr ausgefeilte Jagdtechnik und können ihre Beute auf unterschiedliche Arten aufspüren. Gute Dienste leistet ihnen dabei das sogenannte „Grubenorgan". Was nehmen Schlangen damit wahr?

Tiere und Pflanzen

Frage 841 💡

Wie ist der Sammelbegriff für die Gesamtheit aller Tierarten, die in einem bestimmten geografischen Gebiet oder Lebensraum vorkommen?

Frage 842 💡💡

Wie nennt man die gefächerte Hutunterseite von Pilzen, wie wir sie vom Champignon kennen?

Frage 843 💡💡💡

Die Systematik im Tierreich ist eine Wissenschaft für sich. Ist „Klasse" umfassender als „Art"? Oder umgekehrt? Welche Einheit ist von den unten genannten die allgemeinste?

Art	Gattung
Familie	Ordnung

Frage 844

Wie nennt man ein unkastriertes männliches Schaf?

Bock	Hammel
Widder	Mufflon

Frage 845

Der Tausendfüßer ist ein Tier aus dem Stamm der Gliederfüßer. Natürlich haben Tausendfüßer nicht 1.000 Füße, sondern im Höchstfall 680. Zudem gibt es ganz unterschiedliche Unterklassen. Welche Klasse gibt es unter Tausendfüßern jedoch nicht?

Hundertfüßer	Wenigfüßer
Dutzendfüßer	Doppelfüßer

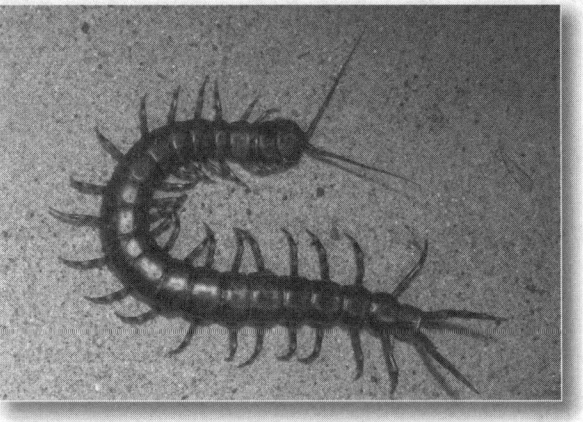

Frage 846

Bienen lassen sich darauf trainieren, Sprengstoffe zu erkennen. Die Spürbienen-Schule befindet sich in Los Alamos, USA, und das entsprechende Projekt trägt den Namen Stealthy Sensor Insect Project.
Wahr oder falsch?

Richtig oder falsch?

„Pilze sind Pflanzen."

Pilze bilden in der Pflanzenkunde eine eigene Gattung. Was sie von den Pflanzen unterscheidet, ist, dass sie kein Chlorophyll bilden.

Tiere und Pflanzen

Frage 847

Bei manchen Bäumen dringen sie tief in den Erdboden ein und verzweigen sich nur wenig, z. B. bei Kiefern, Lärchen, Nussbäumen und Eschen.
Wie nennt man solche Wurzeln?

Frage 848

Was versteht man unter einer Symbiose?

Frage 849

Intelligenz ist auch von der Gehirnmasse abhängig. Wer hat im Verhältnis zu seiner Körpergröße das größte Gehirn?

Die Ameise	Der Elefant
Der Wal	Der Mensch

Frage 850

Walt Disney hat die Legende in die Welt gesetzt, dass es kleine
Nagetiere gibt, die sich zu Tausenden von den Klippen ins
Meer stürzen. Das ist übertrieben, allerdings stimmt es, dass
es bei den Tieren nach einer „Übervölkerung" regelmäßig zum
Massensterben kommt.
Wie heißen die pelzigen Gesellen?

Frage 851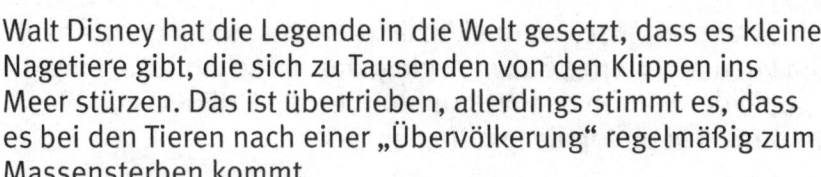

Die Blätter einer Pflanze unterscheidet man auch nach der
Form ihrer Ränder. Über welche Art von Rand verfügt Eichen-
laub?

Gesägt	Gezähnt
Ganzrandig	Gelappt

Frage 852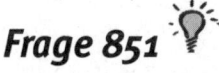

Die Nasenöffnungen von
Pferden sind empfindliche
Sinnesorgane mit vielen
feinen Härchen, die den
Tieren einen sehr ausge-
prägten Tastsinn verleihen.
Sie spielen auch bei der
Kontaktaufnahme und
Kommunikation mit anderen
Lebewesen eine große Rolle.
Wie heißt die Nase des
Pferdes?

Tiere und Pflanzen

Frage 853

Die „Hufeisennase" wurde kürzlich gerichtsnotorisch, als es um ein umstrittenes Bauwerk ging, das als schädlicher Eingriff in eine der Stätten des Weltkulturerbes der UNESCO gilt. Was verbirgt sich hinter diesem Namen?

Eine geschützte Pflanze	Eine Flußkrümmung mit Biotop
Eine bedrohte Fledermausart	Eine Ponyart

Frage 854

Einige Tierarten ver-
fügen über eine be-
sondere, angeborene
Form der Tarnung.
Sie ahmen über ihr
Äußeres ein gefähr-
licheres, zum Beispiel
hochgiftiges Tier
nach, um sich so vor
ihren Fressfeinden zu
schützen.
Wie nennt man diese Täuschung?

Richtig oder falsch?

„Kamelhöcker sind Wasserspeicher."

Frage 855

2002 wurde von der Deutschen Bundespost unter dem Motto „Bedrohte Tierarten" eine Briefmarke mit ihr gedruckt. Zudem wurde sie zum Weichtier des Jahres 2003 gewählt. Die Hafengesellschaft Travemünde verpflichtete sich nach langen juristischen Auseinandersetzungen, für sie ein Ersatzrevier anzulegen. Wie heißt das Tier?

Bauchige Windelschnecke	Wasserlungenschnecke
Tellerschnecke	Teichnapfschnecke

*Die Höcker eines Ka-
mels speichern Fett,
kein Wasser. Wasser
wird im Magen
gespeichert.*

Frage 856

Wie heißt der Sammelname für Nadelhölzer, der sich aus dem lateinischen Wort für „Zapfenträger" ableitet?

Frage 857

An der Spitze eines Bienenvolks steht die Bienenkönigin. Geht sie auf Hochzeitsreise, paart sie sich mit männlichen Artgenossen, sammelt das Sperma und bewahrt es am Körper auf. Wie oft in ihrem Leben unternimmt eine Bienenkönigin so einen Hochzeitsflug?

Einmal	Zweimal
Dreimal	Alljährlich

Frage 858

Diese Meeresbewohner leben ausschließlich in tropischen Breiten und bilden im Laufe der Zeit fest sitzende Kolonien aus Aragonit, einem Mineral. Die Gebilde sind in der Regel pflanzenartig verzweigt und an den Zweigenden, den Wachstumsspitzen, sitzen oft farbenprächtige Polypen, die den Eindruck verstärken, man hätte es mit unterseeischen Blütenpflanzen zu tun.
Wie heißen diese Tiere?

Tiere und Pflanzen

Frage 859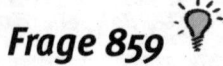

Wie nennt man eine männliche Maus?

Mausbock

Mäuserich

Mauser

Mauson

Frage 860

Warum sieht man Giraffen, Zebras und Antilopen in den afrikanischen Steppen so oft gemeinsam beim Weiden?
Tipp: Es liegt nicht daran, dass sie die gleichen Vorlieben für besondere Pflanzen haben.

Frage 861

Die Zwiebel ist eine Kulturpflanze und gehört zu den ältesten Gemüsepflanzen der Menschheit. Was sind Zwiebelschalen: die Wurzeln, Blätter oder Knollen der Pflanze?

Frage 862

Am jährlichen Dickenwachstum im Holz von Wurzeln und Stämmen kann man jahreszeitliche Schwankungen von Umwelteinflüssen und Klima ablesen.
Wie nennt man diese sichtbaren Spuren im Querschnitt des Holzes?

Frage 863

Wenn jemand ein wandlungsfähiges äußeres Erscheinungsbild hat, spricht man gern von einem „Chamäleon". Dieses Tier ist dafür bekannt, dass es seine Farbe wechseln kann. Wie macht es das?

> Eine spezielle Drüse setzt Farbstoffe frei.

> Kleinste Muskeln legen Farbpigmente frei oder bedecken sie.

> Verschiedenfarbige, drehbare Schuppen richten sich nach Stimmung aus.

> Unterschiedliche Sonneneinstrahlung bewirkt die Farbänderung.

Frage 864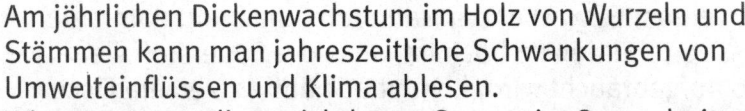

Man kennt in der Natur sogenannte „Wechseltierchen". Warum heißen sie so?

Richtig oder falsch?

„Je länger der Hals eines Säugetiers, desto mehr Halswirbel hat es."

Alle Säugetiere haben genau gleich viele Halswirbel – nämlich sieben. Sie variieren lediglich in der Größe.

Tiere und Pflanzen

Frage 865 💡

Wenn in einem Gewässer der Nährstoffgehalt und damit die Biomasseproduktion so hoch ist, dass der Sauerstoff weitgehend aufgebraucht wird, kommt es häufig zu einem Fischsterben. Wie nennt man solche „umgekippten" Gewässer?

Oligotroph	Mesotroph
Eutroph	Hypertroph

Frage 866 💡💡💡

Auch bei uns gibt es in guten Obstabteilungen die Frucht des Melonenbaums, die der weibliche Baum dicht am Stamm trägt. Sie schmeckt melonenähnlich. Der Milchsaft der unreifen Früchte wird wegen seines Gehalts an Papain (Eiweiß spaltendes Enzym) zur Arzneimittelherstellung verwendet. Wie ist der Name dieser Frucht?

Frage 867 💡

Insekten, die sechs Laufbeine besitzen, nennt man auch „Hexapoda".
Wie viele Laufbeine haben dann die „Decapoda", zu denen beispielsweise die Garnelen und Hummer zählen?

Frage 868

Eine Milchkuh scheidet im Jahr viel Methan aus – damit ist sie genauso klimaschädlich wie ein kohlendioxidarmes Auto, das 18.000 Kilometer fährt. Schuld ist ihr Verdauungssystem mit dem vierkammerigen Magen, aus dem der vorverdaute Nahrungsbrei in Ruhephasen des Tieres hochgewürgt und nochmals zerkaut wird. Wie nennt man diese Tierart, zu der auch Schafe und Ziegen gehören?

Frage 869

Es gibt weiße Tauben, blaue Wale, rote Ameisen, grüne Schlangen ... Zu welcher Tiergattung gehört die Schwarze Witwe?

Frage 870

Ein Moor vermittelt uns auch ein Bild von der Geschichte des heimischen Waldes im Wandel der Zeiten von der Eiszeit bis zur Gegenwart. Untersucht man die Torfschichten von unten nach oben auf ihren Pollengehalt, so kann man feststellen, welche Bäume hier gelebt haben. Wie nennt man diese Methode?

- Pollenanalyse
- Pollenflug
- Pollution
- Polymerie

Tiere und Pflanzen

Frage 871 💡

Die Nahrungskette ist ein kompliziertes Geflecht aus Geben und Nehmen. Welche dieser Gruppen ist nicht Teil der Nahrungskette?

- Konsumenten
- Destruenten
- Produzenten
- Absolventen

Frage 872 💡

Eine der größten internationalen Naturschutzorganisationen der Welt zeigt in ihrem Logo den Großen Pandabären. Als Modell diente die Pandabärin Chi Chi, die zur Zeit der Gründung im Londoner Zoo lebte.
Welche drei Buchstaben stehen für die Organisation?

Frage 873 💡

Im Folgenden sind vier Gemüsepflanzen aufgelistet, die wir immer wieder gern auf dem Teller haben. Welche davon hat als Einzige keinerlei giftige Substanzen?

- Tomate
- Bohne
- Kartoffel
- Möhre

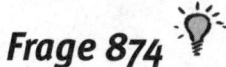

Frage 874

Charles Darwin entwickelte in seinem grundlegenden Werk „Die Entstehung der Arten durch natürliche Zuchtwahl" die sogenannte „Selektionstheorie".
Was versteht man darunter?

Frage 875

Viele Tiere durchlaufen während ihrer Entwicklung verschiedene Daseinsformen. Beispielsweise verwandelt sich die Raupe in den Schmetterling oder die Kaulquappe in einen Frosch.
Wie nennt man diesen Gestaltwandel?

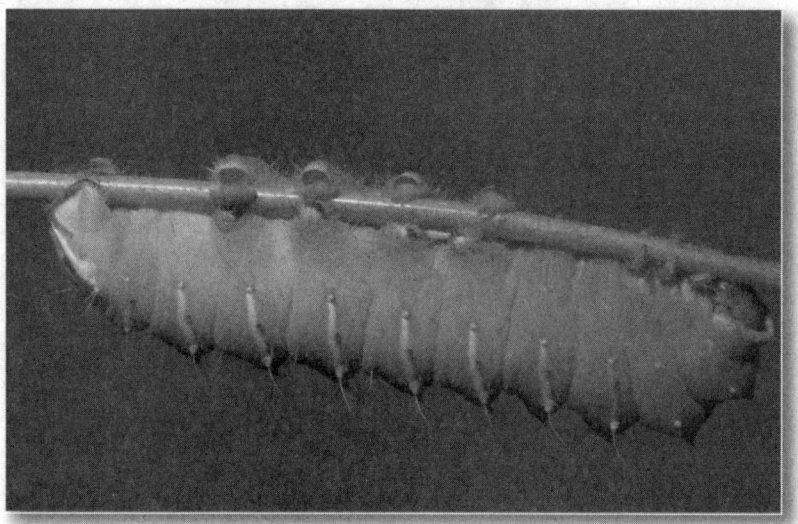

Frage 876

Die Umwandlung von Lichtenergie in chemisch gebundene Energie ist sicher der wichtigste biochemische Prozess auf diesem Globus. Alle Pflanzen, Farne, Moose, sogar verschiedene Bakterienarten nutzen ihn.
Wie heißt das Verfahren?

Tiere und Pflanzen

Frage 877

Kamele sind es
beide. Das mit
einem Höcker
lebt hauptsäch-
lich in Afrika und
Arabien und das
andere, mit den
zwei Höckern, in
Asien. Das eine
heißt Dromedar,
das andere
Trampeltier.
Aber welches ist
welches?

Frage 878

Bei den Laubbäumen teilt sich der Stamm in einer bestimmten
Höhe in starke, aufwärts gerichtete Äste, und diese verzweigen
sich dann wieder weiter. Bei Nadelhölzern verläuft der unge-
teilte Stamm bis zum Gipfel. Ihre Zweige sind ziemlich dünn
und stehen meistens waagerecht zum Stamm. Welcher der aufgeführten Bäume ist trotz dieser Silhouette kein Nadelholz?

Fichte	Lärche
Douglasie	Erle

Frage 879

Alle Lebewesen – ob Tier, Pflanze oder Mensch – verfü-
gen über körpereigene Abwehrmechanismen, die sie vor
Krankheitserregern schützen.
Wie nennt man dieses Schutzsystem?

Frage 880

Wie heißen die mikroskopisch kleinen, einzelligen Wimpertierchen, die in fast jeder Pfütze oder jedem Teich vorkommen?

Stiefeletten	Pantoffeltierchen
Slippertierchen	Sandaletten

Frage 881

Bäume, deren Wurzeln sich tellerförmig in den oberen Boden-
schichten ausbreiten, z. B. Fichten oder Weiden, sind nicht
besonders fest im Boden verankert und werden bei starkem
Sturm häufig entwurzelt.
Wie nennt man eine solche Wurzel?

Frage 882

Je kleiner die Blütenknospen, desto besser ist die Qualität.
Sie wachsen vorwiegend an den Mittelmeerküsten Südfrank-
reichs und Spaniens und werden eingelegt haltbar gemacht als
pikante, aber milde Würze, galten aber auch als Heilmittel und
Aphrodisiakum.
Wie heißen sie?

Tiere und Pflanzen

Frage 883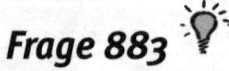

Lebewesen weisen mehrere gemeinsame Merkmale auf. Unter
anderem besitzen sie einen Stoffwechsel und sie wachsen.
Was haben alle Lebewesen sonst noch gemeinsam?

Frage 884

Blütenpflanzen werden von Bienen und anderen Insekten besucht, die vom Blütenstaub leben. Beim Herumkriechen in der
Blüte bleiben an den feinen Haaren der Insekten Pollenkörner
hängen. Fliegen die Tiere dann zu anderen Blüten, bleiben
diese Blütenstaubkörner an der klebrigen Narbe der neuen
Blüte hängen.
Wie nennt man diesen Vorgang?

Frage 885

Steinfrüchte bestehen aus einem äußeren, fleischigen Teil,
dem Fruchtfleisch, und einem inneren, harten Teil, der Frucht-
wand, die den Samen umschließt. Welche der unten aufgeführten Früchte ist keine Steinfrucht??

Kokosnuss	Kirsche
Pfirsich	Erdbeere

Frage 886

Disteln sind gemeinhin stachelige Pflanzen. In der Botanik
gibt es verschiedene Gattungen der Korbblütengewächse mit
lustigen Namen, z. B. „Nickende Distel". Gibt es auch eine
„Eselsdistel"?

Frage 887

Wie heißt in der Biologie die Wissenschaft von der äußeren
Körpergestalt bei Pflanzen und Tieren? Der Begriff wurde übrigens von Johann Wolfgang von Goethe und unabhängig davon
1800 von dem deutschen Anatomen und Physiologen Karl
Friedrich Burdach geprägt.

Morphologie	Monozytose
Morphogenese	Mortalität

Frage 888

Die Blattschneiderameisen in Amerika zerteilen mit ihren
Mundwerkzeugen Pflanzenblätter in kleine Stückchen, die
sie über ihrem Kopf in ihren Bau tragen. Deshalb werden sie
auch „Sonnenschirm-Ameisen" genannt. Die Blätter fressen
sie nicht auf, sondern zerkauen sie und lagern sie in einem
„Erdofen", um
darauf einen
speziellen Pilz
wachsen zu
lassen, von dem
sie sich dann
ernähren.
Wahr oder
falsch?

Tiere und Pflanzen

Frage 889

Elefanten sind die größten Landsäugetiere und haben bemerkenswerte körperliche und geistige Eigenschaften. Sie sind dank ihrer Rüssel sowie ihrer riesigen Ohren und Stoßzähne unverwechselbar. Man unterscheidet vier Arten von Elefanten: den Großen Steppenelefanten, den Rundohrigen Waldelefanten, den Westafrikanischen Elefanten (alle in Afrika beheimatet) und den Asiatischen Elefanten.
Worin unterscheiden sich asiatische und afrikanische Elefanten?

Frage 890

Mit DNA, dem sogenannten genetischen Fingerabdruck, werden heute immer öfter Verbrecher überführt. Wofür steht die Abkürzung DNA?

Deoxyribonucleic acid	Dinuklearamid
De-Ribonukleinamid	Dichlornukleinaminosäure

Frage 891

Charles Darwin beschrieb 1880 in einer Untersuchung, dass sich Sprossachsen oder Organe von Pflanzen zur Lichtquelle biegen. Wie nennt man diese Bewegung?

Phototropismus	Fonogramm
Photophobie	Physiologie

Frage 892

Welche der hier genannten Tierarten ist kein Meeresbewohner?

Seedrachen	Seegurke
Seenadel	Seeadler

Frage 893 ☀

Die Mistel besitzt grüne Blätter, kann also Fotosynthese durch-
führen. Dennoch entzieht sie ihrer Wirtspflanze Wasser und
Nährsalze.
Wie nennt man eine solche Pflanze?

Frage 894 ☀☀

Was versteht man in der Biologie unter einem Zwitter?

Lebewesen, die aus einer ungeschlechtlichen Vermehrung stammen

Lebewesen, die keine Geschlechtsorgane zur Fortpflanzung haben

Lebewesen mit nicht eindeutig bestimmbarem Geschlecht

Lebewesen mit männlichen und weiblichen Geschlechtsorganen

Frage 895

Wie nennt man es, wenn Vögel ihr altes Federkleid abwerfen, um einem neuen Platz zu machen?

Frage 896

Es gibt ungewöhnliche Namen und Arten in der Botanik, es gibt fleischfressende Pflanzen und solche, die nur einen Tag oder eine Nacht blühen. Welche von den vier hier genannten Pflanzenarten aber gibt es nicht?

Kannenpflanze	Würgefeige
Nacktsamer	Blutsauger

Frage 897

Sie sind geschätzte Speisepilze. Ihre zumeist stattliche Erscheinung und ihre verhältnismäßig leichte Bestimmbarkeit machen sie auch bei ungeübten Sammlern zu beliebten Sammelobjekten. Charakteristisch ist ihre schwammige Unterseite.
Wie lautet der Name dieser Pilzart?

Frage 898

Jäger haben ihre eigene Sprache. Wie nennen sie beispielsweise eine junge Gämse?

Welpe	Fohlen
Frischling	Kitz

Frage 899

Der Kohlrabi hat
eine Knolle, eine
fleischige Verdickung
am Spross, die der
Speicherung von
Nahrungsstoffen
dient. Bei der Karotte
wurde die Haupt-
wurzel selbst zum
Speicher.
Wie nennt man ein
solches Speicher-
organ?

Frage 900

Die meisten europäischen Laubbäume verlieren im Herbst ihre
Blätter. Nur in Südeuropa und im milderen Klima Westeuropas
finden wir immergrüne Laubbäume, die auch im Winter ihr
Laub behalten. Welcher Baum gehört nicht dazu?

Stechpalme	Lorbeer
Buchsbaum	Maulbeerbaum

Tiere und Pflanzen

Frage 901

Wie nennt man Pflanzen, die nach 1492, also nach der Entdeckung Amerikas, bewusst oder unbewusst direkt oder indirekt in Gebiete eingeführt wurden, in denen sie natürlicherweise nicht vorkamen?

Neophyten	Neolithika
Neozoika	Neomycine

Frage 902

Wie ist der Sammelbegriff für die Gesamtheit aller Pflanzenarten, die in einem bestimmten geografischen Gebiet oder Lebensraum vorkommen?

Frage 903

Spinnentiere sind Gliederfüßer, deren Kopf und Brust äußerlich zu einem einheitlichen Körperteil verschmolzen sind und die acht Laufbeine besitzen. Welche Spezies gehört nicht dazu?

Milben	Weberknechte
Skorpione	Ameisen

Frage 904

11.400-mal – so oft schlägt eine Biene pro Minute mit den Flügeln.
Wie viele Flügel hat sie?

Frage 905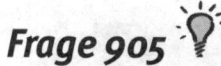

Der Mensch stammt nicht vom Affen ab. Aber Affen und Menschen haben in der Entwicklungsgeschichte gemeinsame Vorfahren.
Welcher Affe steht dem Menschen am nächsten?

Frage 906

Einer der giftigsten heimischen Pilze wird häufig mit dem Champignon verwechselt. Ein sicheres Merkmal, das ihn von essbaren Arten unterscheidet, ist sein Stiel, der immer in einer in der Erde verborgenen Hülle steckt. Wie heißt der Pilz?

Grüner Knollenblätterpilz	Fliegenpilz
Giftreizger	Parasol

Tiere und Pflanzen

Frage 907

Laubbäume breiten sich nach oben aus und geben so den Blättern die größtmögliche Angriffsfläche für Luft und Sonnenstrahlen – also optimale Bedingungen für die Ernährung der Bäume.
Wie nennt man diesen oberen Baumteil aus Ästen und Zweigen?

Frage 908

Oft ist es nicht einfach, Lebewesen eindeutig einzuordnen. Wozu gehören die Schwämme?

Tiere	Flechten
Algen	Pilze

Frage 909

Ameisenbären sind die einzige Familie in der Ordnung der Zahnlosen, auf die dieses Prädikat wirklich zutrifft. Ihre zahnlosen Kiefer sind zu einer langen Röhre ausgezogen.
Wo leben sie?

Frage 910

So wie von vielen Säugetieren der Winterschlaf bekannt ist, besteht auch im Leben der Insekten ein Zeitabschnitt relativer Ruhe, in dem die Bewegungen und die physiologischen Vorgänge im Körper auf ein Minimum beschränkt werden, um Energie zu sparen. Dieser Ruhezustand kann in jeder Jahreszeit eintreten. Ein Grund für diesen „Schlaf" kann zum Beispiel sein, dass die Pflanze, auf der die Insekten leben, verblüht. Wie nennt man diese Ruhezeit?

- Dormanz
- Dormitorium
- Dorado
- Silentium

Frage 911

Mücken sind in vielen Tausenden von Arten über die gesamte Welt verbreitet. Bevor sie aber als fertig entwickelte Mücken auf der Suche nach Warmblütern oder Nektar die Luft durchstreifen, müssen sie sich von der Larve zur fertigen Mücke entwickeln.
Wo leben Mückenlarven?

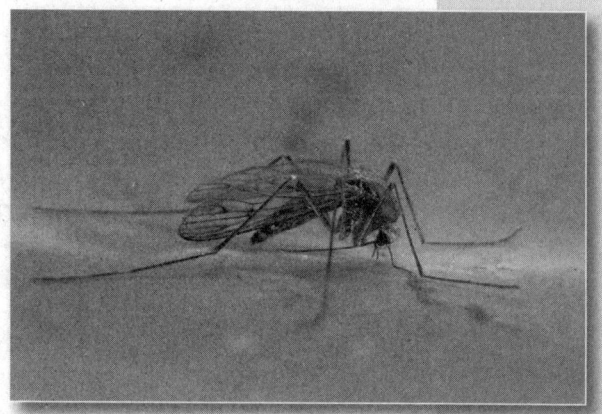

Frage 912

Wir wollen es schützen, retten, anlegen – was bedeutet eigentlich der Begriff Biotop?

- Lebensraum
- Kleintieranlage
- Lebensgemeinschaft
- Freiland

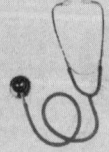

Gesundheit und Ernährung

Frage 913

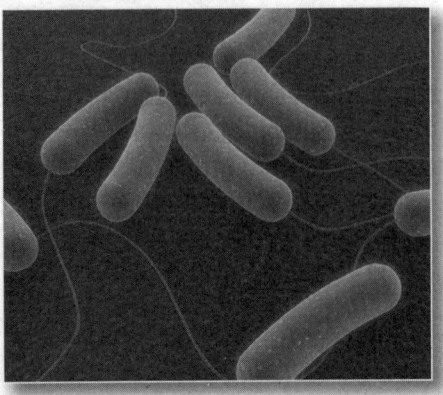

Wie heißen die Bakterien, die eine Lebensmittel-vergiftung hervorrufen? Von ihnen sind mehr als 1.600 verschiedene Typen bekannt. Häufigste Ursache eines Befalls sind nicht fachgerecht verarbeitetes Fleisch, eine Unterbrechung der Kühlkette bei gefrore-nen Nahrungsmitteln u. Ä.

Frikadellen	Dardanellen
Sardellen	Salmonellen

Frage 914

den Temperamenten hat man auch körperliche Konstitu-tionen in Typen eingeteilt und Menschen darüber definiert. Welcher Begriff passt nicht in diese Beschreibung?

Pykniker	Athletiker
Leptosome	Fanatiker

Frage 915

Wie heißt die vor allem früher durchgeführte Heilmethode, bei der dem Patienten eine größere Menge Blut abgenommen wurde – mehr Blut als beim Schröpfen oder Ansetzen von Blutegeln? Ihren Ursprung hat diese Behandlungsmethode in der Antike.

Frage 916

Wie heißt die naturheilkundliche Anwendung von ätherischen Ölen, oft im Rahmen von Wellnessprogrammen? Die Öle, Extrakte von Pflanzen wie Lavendel, Jasmin oder Kamille, sollen durch ihren Duft auf die Psyche wirken, die wiederum das körperliche Wohlgefühl beeinflusst.

Frage 917

Wie heißt das grünliche, hochprozentige Getränk, das aus der Wermutpflanze hergestellt wird und durch das enthaltene Nervengift Thujon stark gesundheitsschädigend sein kann? Im Paris des ausgehenden 19. Jahrhunderts holten sich viele Künstler damit ihre Inspiration.

Frage 918

Was sind eigentlich Anchovis?

Artischocken	Kapern
Sardellen	Oliven

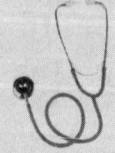

Gesundheit und Ernährung

Frage 919

Seit 2004 gibt es eine unabhängige wissenschaftliche Stiftung, die sowohl den Patienten als auch den Ärzten einen Überblick über Diagnose- und Therapieverfahren und deren Qualität und Wirtschaftlichkeit geben soll.
Wie heißt sie?
Tipp: Abgekürzt heißt sie bei den Behörden IQWiG.

Frage 920

„Wilder Majoran, bevorzugt für Tomatengerichte, Eintöpfe, Pizza – also für Gerichte italienischer Geschmacksrichtung. Sehr würzig."
Auf welches Gewürz passt diese Beschreibung?

Frage 921

In einem herkömmlichen Kühlschrank gibt es Temperatur-unterschiede von bis zu 6 °C. Obst und Gemüse verlieren durch zu viel Kälte Vitamine, während Aufschnitt an den wär-meren Stellen des Kühlschranks schneller verdirbt. An welcher Stelle ist es im Kühlschrank tatsächlich am kühlsten?

Im untersten Fach hinten

In der Tür

Oben unter dem Gefrierfach

In der Mitte

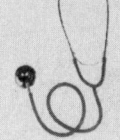

Frage 922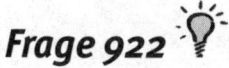

Wie heißt das Verfahren zur Ausscheidung von giftigen Stoffen aus dem Blutkreislauf bei einer eingeschränkten Nieren-funktion?

Tomographie	Dialyse
Diaphorase	Dysgenesie

Frage 923

Betacarotin ist wichtig für Haut und Haare, Sehkraft, Atmung und Gehör sowie für Wachstum und Knochenentwicklung. Wir können es durch den Genuss zum Beispiel von Aprikosen, Karotten, Tomaten, Salat und Spinat zuführen.
Von welchem Vitamin ist es die Vorstufe?

Frage 924

Sie hat ein erfrischendes, zitronenähnliches Aroma und eig-net sich daher auch gut zum Verfeinern von Süßspeisen. Am besten verwendet man sie frisch und nur in kleinen Mengen. Sie wird auch als Duftpflanze geschätzt; außerdem kommt ihre Heilkraft in einem beliebten Hausmittel zum Einsatz.
Wie heißt die Bienenfutterpflanze?

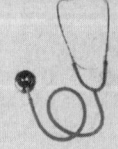

Gesundheit und Ernährung

Frage 925

Virusinfektionen der oberen Atemwege sind die am häufigsten auftretenden Erkrankungen des Menschen. Drei bis vier Erkältungen pro Jahr gelten für einen Erwachsenen als normal, bei Kindern deutlich mehr. Die Beschwerden treten gehäuft in der kalten Jahreszeit auf, weil bei Kälte die Nasenschleimhaut schlechter durchblutet wird. Das beeinträchtigt ihre Abwehrfunktion.
Wie nennt man landläufig so eine Erkältung?

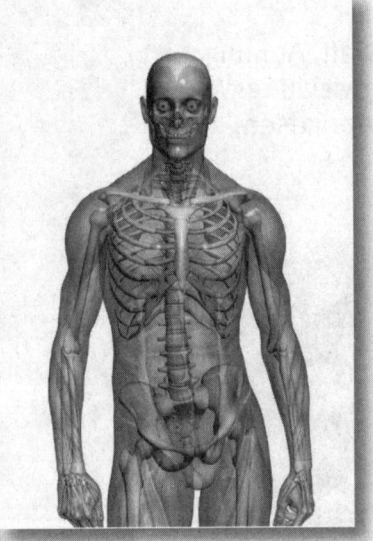

Frage 926

Ein Meisterwerk der Natur: 26 Knochen, 19 Muskeln, 107 Sehnen und Bänder machen diesen Körperteil funktionsfähig. Er kann das Gleichgewicht halten oder Bodenunebenheiten ausgleichen. Trotz der täglichen Schwerarbeit bleibt er oft kalt. Von welchem Körperteil ist die Rede?

Frage 927

Jeder dritte erwachsene Deutsche leidet an Zahnfleischentzündung. Dabei nisten sich Bakterien in den Belägen ein und geben Giftstoffe ins Zahnfleisch ab. Dort rufen sie Entzündungen hervor. Werden diese stärker, löst sich das Zahnfleisch, es können Taschen entstehen, in denen sich wiederum neue Bakterien ansammeln. Wie lautet der Fachbegriff?

Plaque	Parodontitis
Parazentese	Parotitis

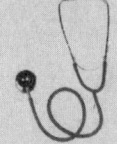

Frage 928

Ascorbinsäure kommt in Zitrus- und Beerenfrüchten sowie frischem Gemüse vor. Sie fördert die Leistungsfähigkeit und stärkt das Immunsystem. Unter welchem Namen ist diese Säure bekannter?

Frage 929

Welcher Teil des Auges gibt ihm die charakteristische Färbung?

Iris	Retina
Pupille	Aderhaut

Frage 930

Für die äußere Umhüllung der Zähne bildet unser Körper das härteste Material, das der Organismus überhaupt herstellen kann, härter als unsere Knochen. Dabei trägt es einen ganz „weichen" Namen.
Wie heißt diese Schutzschicht?

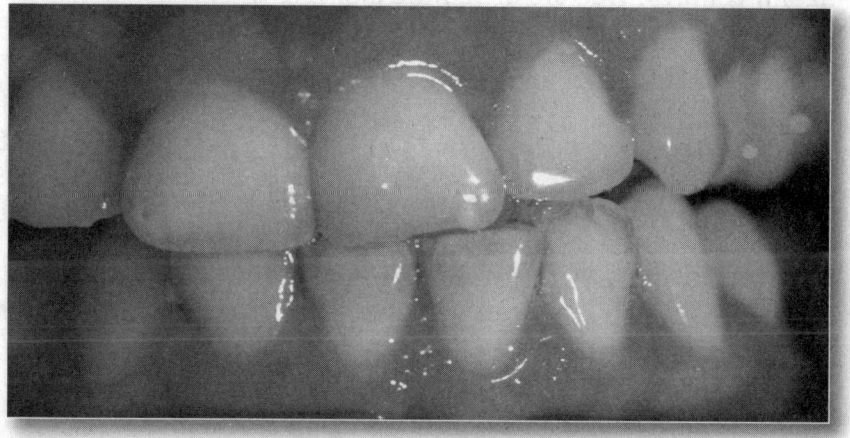

Richtig oder falsch?

„Kartoffeln machen dick."

Stimmt nicht. 100 Gramm Kartoffeln enthalten nur etwa 100 Kalorien. Nur mit fetten oder sahnigen Zutaten werden sie zur Kalorienbombe.

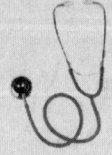

Gesundheit und Ernährung

Frage 931

Ein Diabetiker muss ständig seinen Kohlenhydrathaushalt kontrollieren. Er nutzt dabei Tabellen, die ihn darüber informieren, wie viele blutzuckerwirksame Kohlenhydrate jedes Nahrungsmittel enthält. In welcher Maßeinheit wird diese Menge angegeben?

Frage 932

Ouzo ist ein griechischer Branntwein, dem ein Gewürz zugefügt wird, welchem das charakteristische Aroma zu verdanken ist.
Was für ein Gewürz ist das?

Kümmel	Wacholder
Anis	Feigen

Frage 933

Zucker, Kohlenhydrate, Säuren, Stress oder Nikotin – alles „Zahn-Feinde", weil sie die Zähne angreifen.
Wie heißt diese Erkrankung?

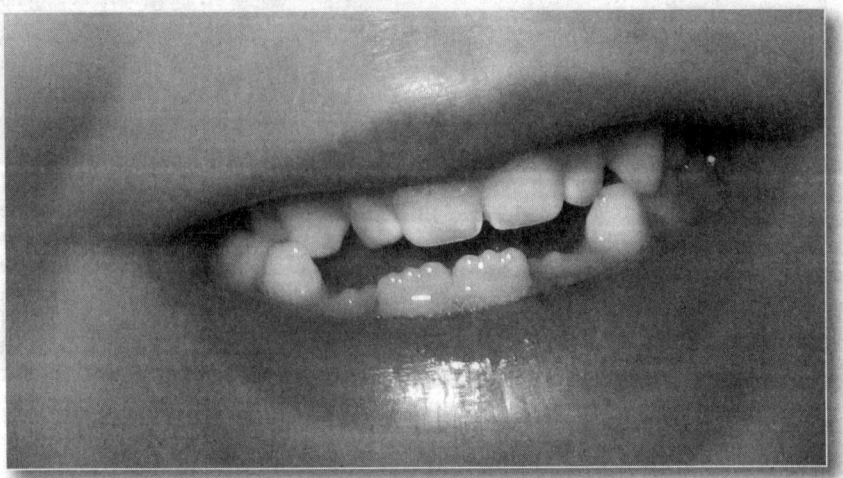

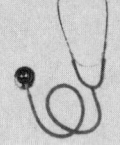

Frage 934

Die Tollkirsche entwickelt wunderschöne Beeren, die sich bei der Reife glänzend schwarz färben. Bereits der Genuss von drei bis vier Beeren kann für Kinder tödlich sein. Dennoch wird das Gift beispielsweise in der Augenheilkunde zur Erweiterung der Pupillen eingesetzt. Heute wird es überwiegend industriell in chemisch reiner Form gewonnen.
Wie heißt es?

Frage 935

Theophrastus Bombastus von Hohenheim – so hieß ein berühmter Arzt und Naturforscher im 16. Jahrhundert. Unter welchem Namen kennen wir ihn?

Nosferatu	Paracelsus
Nostradamus	Parataxus

Frage 936

Zur Senkung der Gesundheitskosten werden Kopien von erfolgreichen Markenmedikamenten immer wichtiger, weil sie deutlich preiswerter sind als das Original. Das Mittel muss aber an Wirksamkeit und Sicherheit dem Original entsprechen. Wie nennt man diese Nachfolgepräparate?

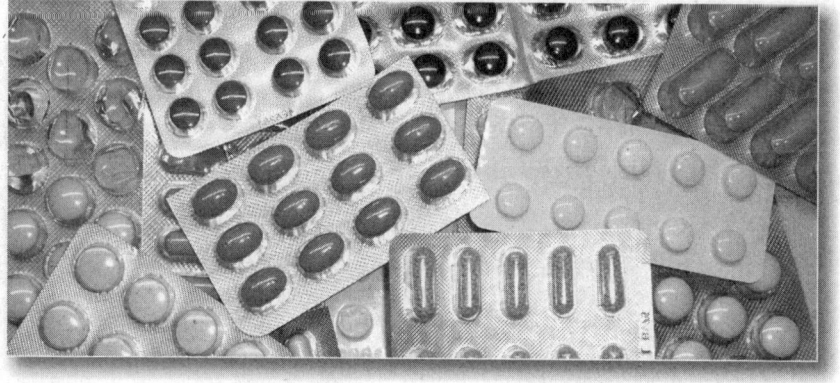

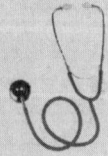

Gesundheit und Ernährung

Frage 937

Die menschliche Haut ist mehrschichtig. Sie besteht aus Oberhaut und Unterhaut. Die äußerste Schicht, die eigentliche Schutzhülle gegenüber der Umwelt, besteht selbst noch einmal aus insgesamt fünf Schichten.
Wie nennt man diese Oberhaut?

Frage 938

Die Elektroenzephalografie ist eine Methode der medizinischen Diagnostik zur Messung der Aktivität des Gehirns. Das Ergebnis wird grafisch in einem Elektroenzephalogramm dargestellt. Wie wird diese Methode in der Regel abgekürzt?

EEG	EKG
EEC	EEV

Frage 939

Die traditionelle Zubereitung dieses südeuropäischen Gerichts ist einfach: Maisgrieß langsam in kochendes Salzwasser einrühren. Der fertige Teig wird auf ein befeuchtetes Holzbrett gepackt, flach gestrichen und mit einer Schnur in dicke Scheiben geschnitten. Anschließend wird er in Butter oder auf dem Grill gebraten.
Wie heißt das Gericht?

Frage 940

Verwendet wird es für fette Braten, Hammelfleisch, würzige Eintopfgerichte, auch für grünen Salat. Es hat einen intensiven Geschmack und einen hohen Geruchsfaktor. Der Legende nach ist es hilfreich gegen gewisse Nachtgestalten.
Welches Zwiebelgewächs ist gemeint?

Frage 941

Es gibt Pflanzen und Kräuter, die ausgesprochen beruhigend wirken und deshalb auch in der Medizin eingesetzt werden. Welche der hier aufgeführten Pflanzen gehört keinesfalls dazu?

Baldrian	Passionsblume
Hopfen	Matestrauch

Frage 942

Etwa zwei Liter von diesem Wundermittel benötigt der Mensch pro Tag. Es hält seine Temperatur, transportiert Stoffwechselgifte ab und befördert Nährstoffe und Sauerstoff zu den Zellen. In Stresssituationen oder bei physischer Anstrengung verhindert es, dass der Körper übersäuert. Es lindert das Hungergefühl und kurbelt den Energieumsatz an.
Von welcher Flüssigkeit ist hier die Rede?

343

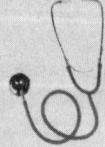

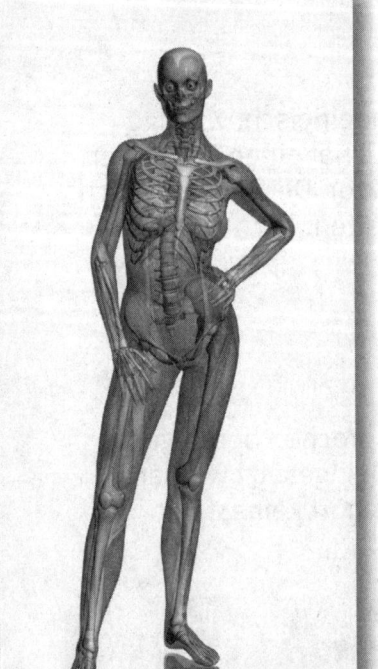

Frage 943

Welcher menschliche Knochen ist der größte?

Frage 944

Das Baguette ist eng mit Frankreich verbunden. Woher stammt das Croissant?

Aus der Türkei	Aus Frankreich
Aus Österreich	Aus Spanien

Frage 945

Metabolismus ist die medizinische Sammelbezeichnung für die chemischen Abläufe in unserem Körper, die von der Entstehung des Organismus über Wachstum und Reifung bis zum Lebensende durch Enzyme gesteuert und koordiniert werden. Wie heißt das deutsche Wort?

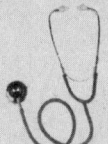

Frage 946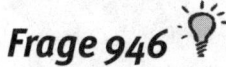

Der gemeine Holzbock benutzt als Wirt nicht nur Wild- und Haustiere, sondern auch den Menschen. Das kann gefährlich werden, wenn er mit Krankheitserregern infiziert ist, denn der Holzbock ist Überträger der für den Menschen gefährlichen Lyme-Borreliose und der Frühsommer-Meningoenzephalitis. Wie wird das Tier auch genannt?

Richtig oder falsch?

„Durch das Trinken von Kaffee wird Alkohol schneller abgebaut."

Frage 947

Wie nennt man das über 5.000 Jahre alte Heilverfahren, bei dem aus der Haut mittels Saugnäpfen nach vorherigen Einschnitten örtlich Blut entzogen wird?

Frage 948

Wie nennt man die Aubergine in Österreich?
Tipp: So heißt sie auch in Italien.

Kaffee ändert nichts am Blutalkoholspiegel. Das Koffein kann einen vielleicht kurz wacher machen.

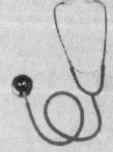

Gesundheit und Ernährung

Frage 949

Das richtige und kunstvolle Zerlegen von Fleisch oder auch Obst gehört zur Esskultur. Es hat eine lange Tradition, die bis ins Altertum zurückgeht, als man mit den Händen aß und mundgerechte Stücke von Dienern vorgeschnitten wurden. Wie nennt man diese Kunst?

Frage 950

Schlauchpilze nennt sie der Biologe. Zu ihnen gehört der am höchsten geschätzte Speisepilz überhaupt, der „Diamant der Küche", wie er von dem berühmten französischen Feinschmecker Brillat-Savarin bezeichnet wurde. Schon in der Antike aß man ihn wegen seines Aromas und der ihm nachgesagten Wirkung als Aphrodisiakum.
Wie heißt dieser Pilz bei uns?

Frage 951

Italien, das Land der Pasta, der Teigwaren, hat viele Nudelsorten zu bieten. Welche der hier aufgeführten ist eine Hohlnudel?

Bavette	Fettuccine
Linguine	Rigatoni

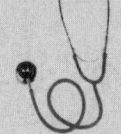

Frage 952

Insulin ist ein Hormon, das für den Kohlenhydratstoffwechsel lebenswichtig ist. Seine wichtigste Aufgabe besteht darin, den Blutzuckerspiegel zu senken. Woher kommt der Name?

> Darwin hat es auf den Galapagosinseln entdeckt.

> Das Hormon fehlt bei Südsee-Insulanern.

> Es wird in den Langerhans'schen Inseln gebildet.

> Sein Entdecker war der amerikanische Arzt Matthew F. Insula.

Frage 953

Sir Alexander Fleming, britischer Bakteriologe, entdeckte 1929 zufällig ein Antibiotikum, das bis heute zur medikamentösen Therapie gegen bakterielle Infektionen verwendet wird. 1945 erhielt Fleming für diese Entdeckung den Nobelpreis für Medizin.
Wie heißt das Medikament?

Frage 954

Ein Y-Chromosom ist ein Geschlechtschromosom. Haben Frauen oder Männer mehr davon?

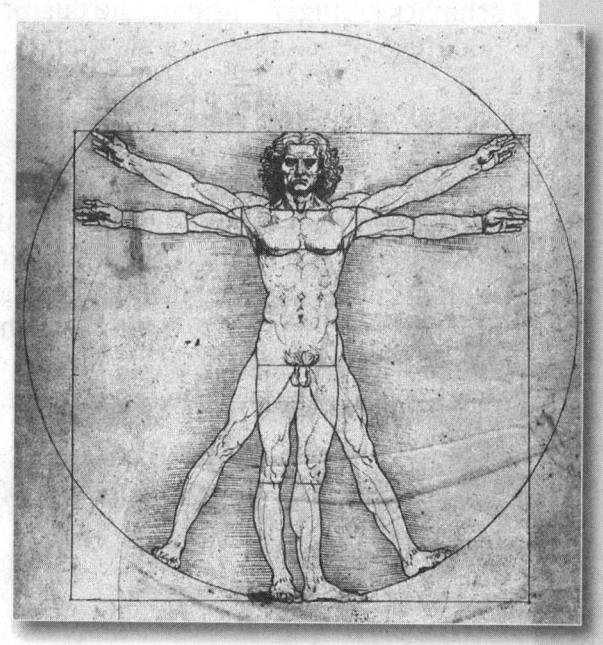

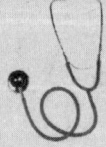

Frage 955

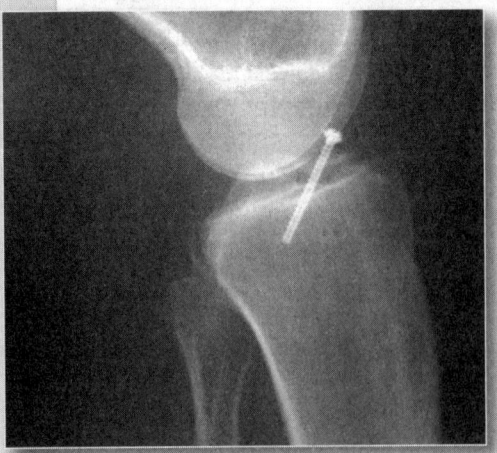

Manchmal braucht man Wochen, in schlimmeren Fällen sogar Monate für die Genesung nach einer Krankheit. Wie nennt man diese Zeit?

Rehabilitation

Rekonvaleszenz

Rekonstruktion

Remission

Richtig oder falsch?

„Mordopfer werden in die Pathologie gebracht."

Frage 956

Wie nennt man die schwarzbraunen, kleinbeerigen und im Geschmack kräftigen Rosinen, die aus Griechenland, Australien, Südafrika oder Kalifornien stammen?

Frage 957

In Nordeuropa leiden 15 bis 25 Prozent der Menschen an fehlender oder mangelhafter Produktion des Enzyms Laktase. Fehlt dieses Enzym, muss der Milchzucker mithilfe von Mikroorganismen abgebaut werden. Es kommt zur Unverträglichkeit von Milchprodukten. In Teilen Afrikas oder in China leidet nahezu jeder an der Unverträglichkeit. Wie nennt sie der Mediziner?

Morbus Crohn

Laktoseintoleranz

Laktation

Lamy-Maroteaux-Syndrom

Pathologen untersuchen zu 99 Prozent Materialien von lebenden Menschen, um die Ursachen und Entwicklungen von Krankheiten zu erforschen. Leichen kommen in die Gerichtsmedizin.

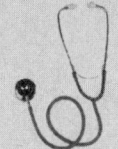

Frage 958

„Geriatrie ist der Zweig der Medizin, der sich mit der Gesundheit im Alter sowie den präventiven, klinischen, rehabilitativen und sozialen Aspekten von Krankheiten bei älteren Menschen beschäftigt" (Definition der Weltgesundheitsorganisation WHO, 1989).
Wie aber wird die allgemeine Altersforschung, also die Wissenschaft, die sich mit Alterungsvorgängen in allen ihren Aspekten befasst, bezeichnet?

Frage 959

Der Cabernet Sauvignon ist eine rote Rebsorte, die mittlerweile in der ganzen Weinbauwelt beheimatet ist. Aus welcher Region stammt sie?

Bordelais	Bodensee
Côtes du Rhône	Schweiz

Frage 960

Wenn der Körper kein eigenes Insulin mehr produziert, wird der Blutzuckerspiegel gestört. Man nennt das auch die Zuckerkrankheit.
Wie ist der Fachausdruck?

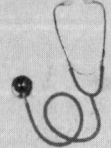

Gesundheit und Ernährung

Frage 961

Immer öfter begegnet man Menschen, die zusätzlich zum forschen Gang mit zwei Armstöcken kräftig ausholen und den Laufrhythmus unterstützen.
Wie nennt man diese gesunde Gangart?

Frage 962

Warum soll man auf Langstreckenflügen viel Wasser und verdünnte Fruchtsäfte trinken?

Frage 963

Das menschliche Skelett besteht aus Knochen und Knöchelchen ganz unterschiedlicher Größe und Form. Wo befindet sich das Jochbein?

In der Schulter	Hinter dem Schienbein
Unter dem Auge	Im Ohr

Frage 964

Nach wie vor finden sich in vielen deutschen Haushalten Fieberthermometer mit Quecksilber. Sie gelten als besonders präzise, aber auch als umständlich und langsam. Aus öko-logischen Gründen hat die EU die Produktion und den Ver-trieb solcher Quecksilberthermometer inzwischen verboten. Welches der hier aufgeführten alternativen Geräte ist jedoch nicht zur Temperaturmessung geeignet?

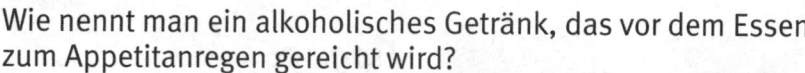

Digitale Kontaktthermometer	Ohr-Thermometer
Stirn-Thermometer	Gas-Thermometer

Frage 965

Wie nennt man ein alkoholisches Getränk, das vor dem Essen zum Appetitanregen gereicht wird?

Frage 966

Apotheken benutzen in ihrer Werbung häufig auch den Be-griff „allopathische Arzneimittel", um deutlich zu machen, dass sie diese an-bieten.
Wie nennt sich die andere Gruppe von Arzneimitteln, die auf Samuel Hahne-mann zurückgehen?

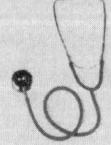

Gesundheit und Ernährung

Frage 967

In Italien und Frankreich wird es als Gemüsepflanze kultiviert. Sein süßliches Aroma – bedingt durch den Gehalt an ätherischem Öl – ähnelt dem von Anis. Der Tee hat sich als hilfreich bei Verdauungsbeschwerden erwiesen.
Welches Gewächs ist gemeint?

Frage 968

Es gibt lebenswichtige Elemente wie Eisen oder Zink, die nur in geringer Konzentration im Körper vorhanden sind, bei deren Fehlen aber Mangelerkrankungen auftreten.
Wie nennt man sie?

Frage 969

Eine wissenschaftliche Studie belegt: Eier von Hühnern aus Freilandhaltung enthalten doppelt so viele gelbe Farbstoffe wie die anderer Hennen. Diese Carotinoide bringen nicht nur Farbe auf den Frühstückstisch, sie fangen auch zellschädigende freie Radikale ein und beugen damit vielen Erkrankungen vor. Zu viele Eier sollten trotzdem nicht auf den Speiseplan.
Warum?

Das Eigelb färbt die Zähne.

Das Eiweiß macht lichtempfindlich.

Das Eigelb erhöht den Cholesterinspiegel.

Eier machen dick.

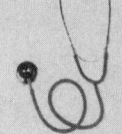

Frage 970

Ein äußerst vielseitiger Wirkstoff in Arzneimitteln läuft unter den drei Buchstaben ASS. Was bedeuten sie?

Frage 971

Im menschlichen Körper gibt es einen Pförtner, der eine Schlüsselposition innehat. Wo sitzt er?

Zwischen Blinddarm und Wurmfortsatz

Zwischen Dickdarm und After

Hinter dem Kehlkopf

Zwischen Magen und Zwölffingerdarm

Frage 972

Eine der Grundlagen, um sinnvoll und gezielt z. B. für ein Radrennen zu trainieren, ist ein Laktattest.
Was genau misst ein solcher Test?

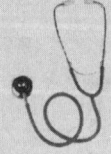

Gesundheit und Ernährung

Frage 973

Schwitzen ist gesund, heißt es. Das Verdunsten von Feuchtigkeit auf der Haut dient zur Abkühlung der Körperoberfläche. Wie heißt der Fachausdruck für diesen Schweißausbruch?

Frage 974

Mit Yorkshire-Pudding als Beilage gehört dieser Braten zu den traditionellen Gerichten der englischen Küche. Wir kennen ihn auch kalt aufgeschnitten und mit Meerrettich serviert.
Wie heißt er?

Frage 975

Immer öfter findet man in deutschen Supermärkten im Tiefkühlfach einen nahezu grätenfreien Süßwasserfisch namens Pangasius. Wo kommt der her?

Aus dem Victoriasee	Aus dem Ganges
Aus dem Mekong-Delta	Aus dem Titicacasee

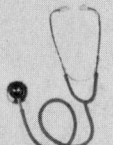

Frage 976

Wie nennt man das kurzzeitige Eintauchen von Lebensmitteln in kochendes Wasser, um unerwünschte Geschmacksstoffe zu entfernen, empfindliche Blattgemüse zu garen oder Tomaten enthäuten zu können?

Frage 977

Im Flugzeug kann es bei Start und Landung zu Druckunterschieden kommen. Um den Druckausgleich zu erleichtern, können Sie ein Bonbon lutschen – aber auch Gähnen, Schlucken oder Kaugummikauen sind hilfreich. Wie kommt das?

Man wird abgelenkt.

Die Sauerstoffzufuhr wird erhöht.

Die Luft zwischen Mittelohr und Nebenhöhlen kann sich frei bewegen.

Der Hohlraum zwischen den Kieferknochen wird vergrößert.

Frage 978

Welches Hormon mobilisiert den Stoffwechsel, erhöht den Blutzuckerspiegel, die Durchblutung der Bewegungsmuskulatur und der Herzkranzgefäße – und damit die Leistung des Herzens?

Richtig oder falsch?

„Spinat hat einen besonders hohen Gehalt an Eisen."

Dieses Gerücht geht auf den Tippfehler eines Forschers zurück. Spinat enthält nicht mehr Eisen als Schokolade.

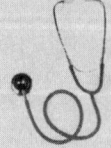

Gesundheit und Ernährung

Frage 979

Dieses beliebte Küchenkraut ist Bestandteil des Suppengrüns und wird häufig für Quarkaufstrich und Kräuterbutter verwendet. Es ist reich an Vitamin C und Eisen, zart im Aroma. Wie heißt das gesunde Grün?

Frage 980

Bis Dezember 2003 leistete die Krankenkasse bei einer Geburt oder einem Todesfall noch einen finanziellen Beitrag. Seit dem 1. Januar 2004 ist das vorbei. Diese Zahlungen gelten als versicherungsfremde Leistungen, deswegen hat der Gesetzgeber sie aus dem Leistungskatalog herausgenommen. Gilt das auch für andere versicherungsfremde Leistungen wie Untersuchungen im Rahmen der Schwangerschaft und das Mutterschaftsgeld?

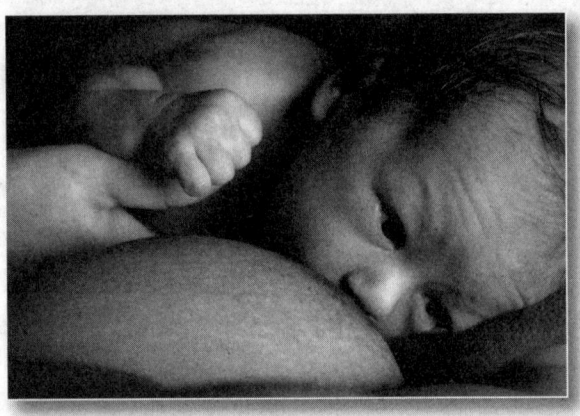

Frage 981

Für gesunde Ernährung kann es wichtig sein, den Fettgehalt einer Speise zu wissen. Welches der hier aufgeführten Lebensmittel hat den höchsten Fettgehalt?

Thunfisch	Gekochter Schinken
Vollmilchschokolade	Truthahn

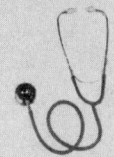

Frage 982

Es steckt in Currymischungen und wird häufig mit Kreuzkümmel kombiniert. Gemahlen wird es auch als Lebkuchengewürz verwendet.
Welches Gewürz ist gemeint?

Frage 983 ☀

Welche Krankheit nannte der Volksmund im Mittelalter „Schwarzer Tod"?

Aids	Cholera
Lepra	Pest

Frage 984 ☀☀☀

Die Pflanze ist reich an ätherischem Öl und unter anderem ein beliebtes Gewürz für Brot, Harzer Käse und Kartoffelgerichte. Österreicher und Deutsche haben den größten Verbrauch der Welt. Zum Einsatz kommt er überdies als Basis von Aquavit. Wie heißt der Doldenblütler?

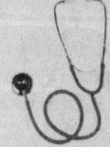

Gesundheit und Ernährung

Frage 985

Sauniert wird nicht nur in Finnland. Wie nennt man das russische Schwitzbad?

Hamam	Banja
Temascal	Caldarium

Frage 986 💡

Es gibt für den Weinbau ein eigenes Studienfach mit dem Abschluss Diplom-Ingenieur Weinbau. Es befasst sich vor allem mit dem Keltern und dem Reifen des Weines. Wie heißt es?

Frage 987 💡

So gut wie alle Gewebe des Körpers können in ihrem Wachstum entgleisen und einen Tumor bilden. Während gutartige Tumoren auf den Ort ihres Ursprungs begrenzt bleiben, dringen bösartige mit unkontrollierter Zellvermehrung in die Umgebung vor, zerstören das angrenzende Gewebe und bilden die gefürchteten Tochtergeschwülste.
Wie heißen diese Tochtergeschwülste?

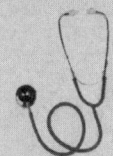

Frage 988

Bestellungen bei Internetapotheken sind umstritten. Bequem ist die Order per Bildschirm und Tastatur aber für alle, die das Haus nur schwer verlassen können oder einen weiten Weg zur nächsten Apotheke haben.
Darf man verschreibungspflichtige Arzneien online bestellen?

Frage 989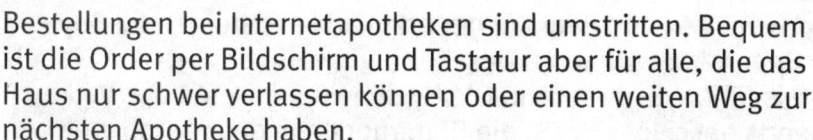

Es gibt Substanzen, die in unserem Körper wie Störenfriede wirken und gegen die sich unser fehlgeleitetes Immunsystem richtet, wodurch oft heftige Abwehrreaktionen ausgelöst werden. Sie können über Tierhaare, Pollen und sogar Nahrungsmittel vom Körper aufgenommen werden.
Wie nennt man diese krankhafte Reaktion des Immungewebes?

Frage 990

Alle Wirbeltiere, auch der Mensch, werden von innen durch ein Skelett gestützt, das sich aus zahlreichen Knochen zusammensetzt. Wie viele Knochen hat der Mensch durchschnittlich?

- ca. 136
- ca. 208
- ca. 164
- ca. 300

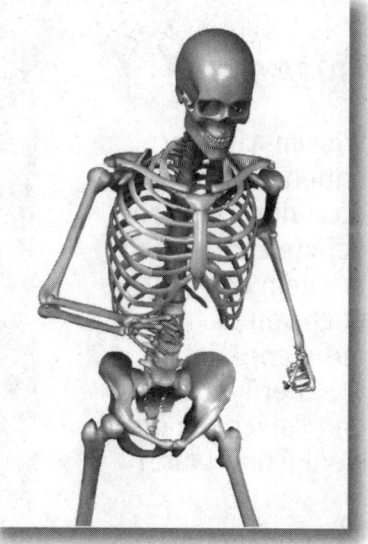

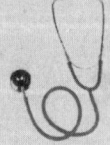

Gesundheit und Ernährung

Frage 991

1901 wurden von dem Wiener Arzt Karl Landsteiner die Blutgruppen A, B, AB und o beschrieben, wofür er 1930 den Nobelpreis für Medizin bekam. Die Hygienekommission des Völkerbunds beschloss 1928, die Blutgruppen in der ganzen Welt nach seinem System einheitlich zu bezeichnen. Hinzu kam noch die Entdeckung des Rhesusfaktors, dessen Ausprägung positiv oder negativ ausfallen kann. Das alles wird wichtig bei einer Bluttransfusion.
Welcher Typ kann einzig und allein sämtliches Spenderblut vertragen?

Frage 992

Es wird immer wieder gern genommen: ein Gift, das direkt auf das vegetative Nervensystem wirkt und die Arterienverkalkung fördert. Die daraus resultierenden Durchblutungsstörungen zeigen sich zuerst an den Blutgefäßen der Beine. Weitere schädigende Wirkungen in seinem Umfeld sind: Beschleunigung des Herzschlags, Unterdrückung der Wasserausscheidung, Krebsbildung an den Schleimhäuten sowie Verklebung der Flimmerhärchen und Ablagerung von Teer in die Lunge.
Wie heißt das beliebte Gift?

Frage 993

Wissenschaftler haben festgestellt, dass die Haarmenge, die ein Mensch auf dem Kopf hat, auch von der Haarfarbe abhängt. Welcher Typus hat laut Forschung die wenigsten Haare?

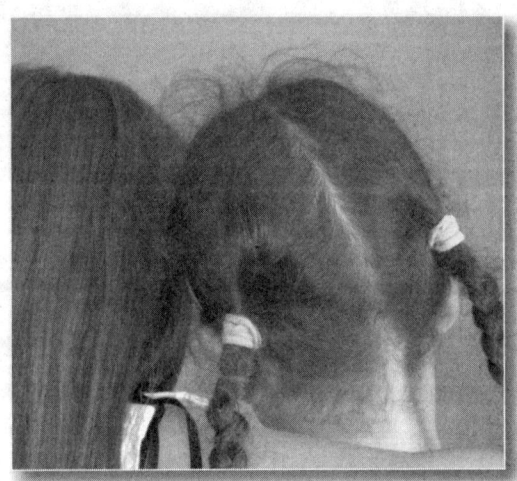

Frage 994

Einige Käsesorten wie Romadur, Limburger oder Munster werden während der Herstellung und Reifung mit verschiedenen Substanzen behandelt, um ihre Oberfläche mit Bakterien zu besiedeln. Das führt zur Bildung einer orange-rötlichen Rinde und sorgt gleichzeitig für ein ausgeprägt würziges Aroma. Wie heißen diese Käsesorten?

Sauermilchkäse	Rotschmierkäse
Weißschimmelkäse	Milbenkäse

Frage 995

Diese Pflanze harmoniert vorzüglich mit Kalbfleisch, Hammelfleisch, Geflügel, auch mit Gerichten italienischer Geschmacksrichtung. Sie eignet sich außerdem sehr gut für Marinaden, fürs Beizen, für Wildbraten und Fleischgerichte nach Wildbretart – und hat einen harzigen, leicht bitteren Geschmack. Wie nennt sich der immergrüne Lippenblütler mit den nadelartigen Blättern?

Frage 996

Bei Arzneimitteltests wird oft einer Parallelgruppe ein Medikament verabreicht, das keinerlei Wirkstoffe besitzt, dessen mögliche Wirkung also rein psychologisch begründet ist. Wie heißt so ein Scheinmedikament?

Plagiat	Placebo
Plasma	Podagra

Sport

Frage 997

„Super Bowl"? Klar, bei welcher Sportart man den gewinnen kann. Oder?

Frage 998

Wo wurde das Bobrennen erfunden?

In St. Moritz	In Innsbruck
In Cortina	In Garmisch

Frage 999

Willy Bogner übernahm vom Vater den Betrieb für Sportmode. In welcher Sportart war er selbst früher erfolgreich?

Frage 1000

„Quadrille"? – Das klingt nach einem Tanz, wird aber auch im Sport geboten. Bei welchem?

Frage 1001

„König Fußball" – heute ist er Volkssport Nummer eins. Aus welchem Land kommt dieser Sport ursprünglich?

Frage 1002

Wie lange dauert eine Olympiade?

4 Jahre	2 Wochen
10 Tage	16 Tage

Sport

Frage 1003

Beim Springreiten müssen Pferd und Reiter auf einem vor-
geschriebenen Kurs mehrere Hindernisse innerhalb einer
bestimmten Zeit überwinden.
Wie heißt dieser Kurs?

Frage 1004

Ein amerikanischer Außenminister und Friedensnobelpreis-
träger interessiert sich für einen deutschen Fußballverein der
2. Bundesliga. Wer ist es?

Frage 1005

Viele Sportgeräte haben Namen, die sich nicht selbst erklären.
Oder sie kommen aus dem Land ihrer Erfinder. Bei welcher
Sportart benutzt man beispielsweise „Skulls" und „Riemen"?

Trabrennen	Skilanglauf
Fechten	Rudern

Richtig oder falsch?

„Der Fünf-Meter-
Raum auf einem
Fußballfeld misst fünf
Meter."

*Weil die Maße für ein
Fußballfeld in England
festgelegt wurden,
ist der Fünf-Meter-
Raum eigentlich 5,50
Meter – nämlich sechs
Yards – lang.*

Frage 1006

Am 16. Oktober 2007 erhielt ein Spanier in Madrid das „gelbe Trikot" für den Sieg bei der Tour de France 2006.
Warum so spät?

Frage 1007

Ein Boot segelt nur selten in die Richtung, in die sein Bug zeigt. Als Folge des seitlichen Winddrucks auf die Segel weicht es fast immer etwas in Querrichtung aus. Wie nennt der Segler den Winkel zwischen dem gesteuerten und dem tatsächlich gesegelten Kurs?

Takel	Abdrift
Törn	Tide

Frage 1008

Beim Springreiten haben die Hindernisse so seltsame Namen wie Oxer, Rick oder Wall.
Was ist ein Oxer?

Sport

Frage 1009

Der erfolgreichste deutsche Skisprin- ger gewann drei olympische Gold- medaillen und war viermaliger Sieger der Vierschanzentournee. 1996 hat er sich vom Wettkampfsport ver- abschiedet.
Wer ist der Winter- sportler?

Frage 1010

Großmaul wurde er genannt. „Er kann nicht so gut kämpfen, wie er reden kann", hieß es. Trotzdem gewann der Außenseiter 1964 nach der Aufgabe seines Gegners in der sechsten Runde die Weltmeisterschaft. Nach dem Sieg brüllte er immer wieder „I shook up the world!" und „I am the greatest!". Im weiteren Verlauf des Jahres änderte er seinen Namen aus religiösen und politischen Gründen in Muhammad Ali. Heute wird er von vie- len als der größte Schwergewichtsboxer aller Zeiten betrachtet. Im Jahr 1999 wurde Muhammad Ali vom Internationalen Olym- pischen Komitee zum „Sportler des Jahrhunderts" gewählt. Wie hieß er früher?

Frage 1011

Beim Triathlon geht es – wie der Name schon sagt – um drei sportliche Disziplinen. Welche gehört nicht dazu?

Laufen	Schwimmen
Radfahren	Fechten

Frage 1012

1882 gründete Jigoro Kano in Tokio eine Schule, in der er den „sanften Weg" lehrte. Er hatte die alten Jiu-Jitsu-Techniken von gefährlichen Stößen, Schlägen und Tritten befreit. Jetzt war es möglich, den Kampfsport als sportlichen Zweikampf zu führen, ohne dass größere Verletzungen zu befürchten waren. Wie heißt „der sanfte Weg"?

Frage 1013

Beim Fechten versucht man immer wieder durch Täuschungsmanöver, den Gegner zu einer bestimmten Reaktion zu verleiten, die die Gelegenheit eröffnet, die eigentlich beabsichtigte Aktion auszuführen. Wie nennt man eine solche Täuschung im Fechtsport?

Parade	Finte
Riposte	Ausfall

Frage 1014

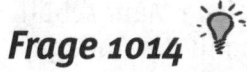

Warum heißt der Medizinball so?

Sport

Frage 1015

Immer wieder müssen deutsche Fußballvereine, wenn sie es bis in die „Champions League" geschafft haben, gegen einen englischen Verein spielen, der im Westen Londons beheimatet ist. Wegen der Trikots, die die Mannschaft bei Heimspielen trägt, werden sie auch „The Blues" genannt.
Welchen Club hat Roman Abramowitsch 2003 gekauft?

Frage 1016

Reiten besteht grundsätzlich aus der Paarung Pferd und Reiter. Im Reitsport gibt es aber auch den Wettkampf zwischen Mannschaften. Wie nennt man diese?

Team

Equipe

Crew

Formation

Frage 1017

Zur ersten Weltausstellung 1851 in London fand unter dem Namen „100 Guinea Cup" eine Regatta statt, die von dem US-amerikanischen Schoner „America" des New York Yacht Club gewonnen wurde. Den Pokal, den die erfolgreiche Mannschaft erhielt, übergab sie dem New York Yacht Club mit der Auflage, dass er von anderen Nationen herausgefordert werden könne. Die Amerikaner verteidigten den Pokal in einer unvergleichlichen Siegesserie 132 Jahre lang. 1983 siegte erstmals ein nicht amerikanisches Team.
Wie heißt der Wettbewerb?

Frage 1018

Seit wann ist Eishockey olympische Disziplin?

1920

1952

1936

1990

Frage 1019

Beim Schwimmen ist nicht nur die Fortbewegungstechnik wichtig. Auch die Wendetechnik spielt zumindest bei kürzeren Strecken eine Rolle. Wie nennt man die schnelle Wende, die Freistilschwimmer ausführen?

Frage 1020

Er galt als Enfant terrible des Fußballs. Seine Stationen waren Borussia Mönchengladbach, FC Bayern München, AC Florenz und der VfL Wolfsburg. Er war 1999, 2000 und 2001 deutscher Meister, 2000 DFB-Pokalsieger und 2001 Champions-League-Sieger. Bei der Fußball-WM 1994 sorgte er für einen Eklat. Wer ist gemeint?

Sport

Frage 1021

Autorennen gibt es nicht erst seit den 50er-Jahren. Der Start-schuss für die erste Formel-1-Weltmeisterschaft fiel allerdings tatsächlich erst am 13. Mai 1950. Wo fand das erste Rennen dieses Wettbewerbs statt?

Frage 1022

Seit 1903 wird die deutsche Fußballmeisterschaft der Männer ausgetragen. Die erste Meisterschaft gewann ein Verein, der 1946 aufgelöst, 1991 noch einmal reanimiert und 2004 wieder aufgelöst wurde.
Wie hieß er?

Frage 1023

Wie heißt der Spielzug im Schach, bei dem König und Turm gleichzeitig ziehen dürfen, um den König in Sicherheit und zugleich den Turm in eine gute Stellung zu bringen?

Springer	Remis
Rochade	Patt

Frage 1024 💡

Sie ist eine der erfolgreichsten Sportlerinnen überhaupt. Um Platz 1 in der Weltrangliste musste sie immer wieder gegen eine Gabriela Sabatini oder Monica Seles kämpfen. Die beliebte Ehefrau eines Tennisstars ist nicht nur als Gründerin und Vorsitzende der wohltätigen Stiftung „Children for Tomorrow" häufiger Gast des Fernsehens.
Wer ist es?

Frage 1025 💡💡💡

Wie nennt man beim Dressurreiten eine Disziplin, bei der das Pferd auf der Stelle trabt – also jeweils das diagonale Beinpaar gemeinsam angehoben wird?

Volte	Plaffe
Pirouette	Kapriole

Frage 1026 💡

Es gibt viele Cups, Pokale, Schalen – jede Sportart, die etwas auf sich hält, hat einen Top-Preis, der Jahr für Jahr ausgelobt wird. In welcher Sportart wird der Davis Cup ausgetragen?

Richtig oder falsch?

„Der Gefoulte sollte im Fußball nie einen Elfmeter schießen."

Statistisch gesehen, trifft der Gefoulte beim Elfmeter sogar etwas öfter als andere Schützen.

Sport

Frage 1027

„They never come back!", sagt eine alte Boxerregel. Doch ihm gelang es. 1974 als Weltmeister überraschend entthront, wurde er 1994 über vierzigjährig noch einmal Weltmeister im Schwergewicht. Wer ist es?

Muhammad Ali

Bubi Scholz

George Foreman

Sugar Ray Robinson

Frage 1028

Mit welchem Verein wurde Michael Ballack, der seit 2004 Kapitän der deutschen Fußballnationalmannschaft ist, zum ersten Mal deutscher Fußballmeister?

Frage 1029

Am 23. 10. 1940 wurde in Três Coraçoes in Brasilien Edson Arantes do Nascimento geboren. Er sollte der vielleicht beste Fußballer aller Zeiten werden. Unter welchem Namen wurde er berühmt?

Frage 1030

Dieser Wettkampf findet auf einer 400 Meter langen oval-förmigen Bahn statt, auf der zwei Laufspuren abgeteilt sind. Es laufen immer zwei Teilnehmer mit hoher Geschwindigkeit abwechselnd auf der Innen- und Außenbahn. Im Verlauf des Wettkampfs wechseln die Läufer nach jeder halben Runde die Bahn. Damit wird die Länge der gelaufenen Strecke ausgeglichen. Um welchen Sport geht es hier?

Frage 1031

Judokas tragen eine knöchel-lange weiße Baumwollhose und darüber eine halblange weiße Jacke aus Baumwolle, die durch einen farbigen Gürtel zusammengehalten wird. Am Gürtel erkennt man den Ausbildungsstand des Judoka. Was signalisiert ein weißer Gürtel?

Frage 1032

Lange Zeit war Squash in Deutschland „in". Vielen war be-kannt, dass der kleine Gummiball erst warm gespielt werden muss, damit er seine volle Sprungfähigkeit erreicht. Welche Bedeutung hat die farbige Markierung auf dem Ball?

Sie gibt Auskunft über die Schnelligkeit des Balls.

Sie gibt Auskunft über die Größe des Balls.

Sie gibt Auskunft über den Hersteller des Balls.

Sie erlaubt eine bessere Kontrolle des Balls.

Sport

Frage 1033 💡

Military nennt sich eine Vielseitig-
keitsprüfung im Reitsport. Dabei
müssen Pferd und Reiter drei
Disziplinen absolvieren. Welche gehört nicht dazu?

Dressur

Voltigieren

Geländeritt

Springen

Frage 1034 💡

Wegen einer Ohrfeige ging er nicht zu 1860 München, son-
dern zu den Bayern. Mit 20 war er Nationalspieler und nahm
an drei Weltmeisterschaften als Spieler teil. 1972 wurde er
Europameister, 1974 als Kapitän der deutschen Mannschaft
Weltmeister. Er wurde viermal deutscher Meister, viermal
Pokalsieger und dreimal Sieger im Europapokal. Als Teamchef
der deutschen Nationalmannschaft wurde er 1990 noch einmal
Weltmeister.
Welche Fußball-Ikone ist gemeint?

Frage 1035 💡

Wenn fünf Feldspieler und ein Torwart auf unsicherem Terrain
um eine kleine Hartgummischeibe kämpfen, entsteht die
schnellste Mannschaftssportart der Welt.
Wie heißt sie?

Frage 1036

Monoposto ist im Rennsport der Begriff für einsitzige Rennwagen. Gab es jemals auch zweisitzige Rennwagen?

Frage 1037

Was ist die „Nordische Kombination"?

Eine Eislauffigur

Eine Wintersportart

Ein Skianzug

Eine skandinavische Eishockeymannschaft

Frage 1038

Mit Zeiten jenseits des Vorstellungsvermögens eines Breiten-
sportlers sorgen vor allem Sprinter immer wieder für Staunen –
und bringen Weltrekorde zum Purzeln. Ein Leichtathletikweltre-
kord besteht jedoch schon seit 1983 und ist somit der älteste
noch bestehende Freiluftweltrekord.
Wie heißt die Frau, deren 800-Meter-Zeit von 1:53,28 bis heute
Bestand hat?

Sport

Frage 1039

In der Leichtathletik gibt es eine Reihe von Laufdisziplinen. Einige gehören zur Kategorie Sprint. Die meisten dieser Disziplinen werden auf der in einem großen Oval verlaufenden Stadionbahn ausgetragen.
Wie lang ist eine ganze Runde im Stadion?

Frage 1040

Im Eisschnelllauf fand 1996 eine technische Revolution statt. Wie heißt der neuartige Schlittschuh, ohne den im Hochleistungssport keine vorderen Plätze mehr zu erzielen sind?

Klappschlittschuh	Spreizschlittschuh
Knickschlittschuh	Rennschlittschuh

Frage 1041

Sportliche Trophäen und Pokale sind zwar oft Kunstwerke, über ihre Schönheit wird aber bisweilen diskutiert.
Welche hart umkämpfte Meisterschale wird despektierlich „Salatschüssel" genannt?

Frage 1042

Vor dem Wind – also mit Rückenwind – segelnd, wird der Antrieb durch den Widerstand erzeugt, den die Segel dem Wind bieten. Je mehr Luftmasse abgebremst wird, desto mehr Vortrieb wird gewonnen. Eine hohle Halbkugel, wie sie beispielsweise der geöffnete Fallschirm bildet, erzielt 25 Prozent mehr Luftwiderstand als eine gleich große ebene Platte. Am besten eignen sich dafür bauchig geschnittene Segel. Wie heißen sie?

Spinnaker	Großsegel
Bermudasegel	Toppsegel

Frage 1043

Der kopfballstarke Mittelstürmer zählt zu den großen Persönlichkeiten des deutschen Fußballs. Er war 1960 deutscher Meister, 1963 DFB-Pokalsieger, 1966 Vizeweltmeister und dreimal „Fußballer des Jahres". Insgesamt hat er an vier Weltmeisterschaften teilgenommen. Trotz lukrativer Auslandsangebote, u. a. von Inter Mailand, blieb er seinem Heimatverein treu.
Wer ist der Sportler?

Richtig oder falsch?

„Stierkampf kommt aus Spanien."

Frage 1044

Der Zehnkämpfer ist der König der Leichtathletik. Seit 1912 ist der Wettkampf Bestandteil der Olympischen Spiele. An zwei Tagen müssen jeweils fünf Einzeldisziplinen absolviert werden. Oft entscheidet der abschließende 1.500-Meter-Lauf über Sieg und Niederlage. Womit beginnt der Wettkampf?

Hinweise auf Stierkämpfe v.a. in Form von Wandmalereien, findet man schon in der Antike, bei Römern, Ägyptern und Chinesen.

Sport

Frage 1045

Einer deutschen Leichtathletin gelang ein sensationelles Comeback: Zwölf Jahre nach ihrem Olympiasieg von 1972 in München gewann sie 1984 in Los Angeles noch einmal die Goldmedaille im Hochsprung. Wer ist die Sportlerin?

Frage 1046

Das „Sommermärchen 2006", die Fußballweltmeisterschaft, ist uns allen noch in guter Erinnerung.
Wie oft war Deutschland in der Geschichte der FIFA Fußballweltmeister?

Frage 1047

Im internationalen Fechtsport haben sich drei Waffenarten durchgesetzt, die nochmals in Hieb- und Stoßwaffen unterschieden werden. Welche der hier aufgeführten gehört nicht dazu?

Florett	Säbel
Degen	Lanze

Frage 1048

Man nannte ihn wegen seines Laufstils die „tschechische Lokomotive". Bei den Olympischen Spielen 1948 in London wurde er Olympiasieger über 10.000 Meter. Bei der Europameisterschaft 1950 in Brüssel gewann er über 5.000 und über 10.000 Meter die Goldmedaille. Bei den Olympischen Spielen 1952 in Helsinki gewann er Gold über 5.000 Meter, 10.000 Meter und im Marathonlauf. Um wen geht es?

Frage 1049

Wie nennt man im Baseball den Lauf des Schlagmanns um das Spielfeld, bei dem er alle vier Bases abläuft und mit dem Erreichen der Home Plate einen Punkt erzielt?

Home Run

Fair Ball

Base Stealing

Foul Ball

Frage 1050

Der Marathonlauf ist mittlerweile zum Volkssport geworden. Nach der Legende soll ein Läufer nach dem Sieg der Athener in der Schlacht von Marathon über diese Distanz nach Athen gehetzt und dort nach der Verkündung seiner Botschaft „Wir haben gesiegt!" tot zusammengebrochen sein. Wie lang ist heute die Marathonstrecke?

Sport

Frage 1051

Das Thema Doping ist im Sport omnipräsent. Oft sagen die Athleten, sie hätten nicht gewusst, dass eine Substanz verboten ist. Welche Substanz ist kein Doping-Mittel?

Adrenaline	Actinoide
Amphetamine	Cocaine

Frage 1052

Fechten hat in Deutschland große Tradition. Zahlreiche Olympia- und Weltmeistertitel gehen auf das Konto von Anja Fichtel und Co.
In welcher deutschen Stadt befindet sich das Zentrum des deutschen Fechtsports?

Frage 1053

Ein finnischer Langstreckenläufer gewann zwischen 1920 und 1928 bei Olympischen Spielen insgesamt neun Goldmedaillen und lief bis 1931 insgesamt 24 Weltrekorde. Damit ist er zusammen mit Carl Lewis der erfolgreichste Leichtathlet aller Zeiten.
Wie hieß der Sportler?

Frage 1054

Es gibt einige Karrierehöhepunkte für einen Tennisspieler. In jedem Fall gehört dazu der Gewinn des „Grand Slam" – des großen Wurfs.
Was versteht man darunter?

Frage 1055

Gesucht wird eine olympische Wurfdisziplin, bei der ein kurzer Anlauf gestattet ist. Der Wurfbereich ist ein Kreissektor mit 29 Grad Öffnungswinkel und einer Länge von 95 Metern. Er wird an der Abwurfstelle durch einen 4 Meter langen bogenförmigen Abwurfbalken begrenzt, der vom Werfer nicht berührt oder überschritten werden darf. Das Gerät muss in der Mitte gefasst werden.
Um welchen Sport handelt es sich?

Frage 1056

Beim Reitpferd unterscheidet man drei Hauptgangarten, die alle dem natürlichen Bewegungsablauf entsprechen. Welche der hier aufgeführten gehört nicht dazu?

Passgang

Trab

Galopp

Schritt

Sport

Frage 1057

Durch die Weltmeisterschaft im eigenen Land 2007 ist Hallen-handball wieder sehr populär geworden. Dennoch ist das ständige Auswechseln von Spielern für Laien ungewohnt. Jede Mannschaft besteht aus sechs Feldspielern und einem Torwart. Wie viele weitere Mitspieler können als Auswechsel-spieler auf der Wechselbank Platz nehmen?

Sieben	Acht
Zwölf	Vierzehn

Frage 1058

„Latte" und „Pfosten" – zwei wichtige Partner, die bei be-stimmten Sportarten spielentscheidend mitwirken können. Für die einen bedeuten sie Pech, für die anderen Glück. Wo befinden sie sich?

Frage 1059

Wie heißt die 1975 geborene amerikanische Sprinterin, die ihre fünf bei den Olympischen Sommerspielen 2000 in Sydney ge-wonnenen Medaillen wegen Dopingvergehen zurück gegeben hat?

Frage 1060

Beim Trabrennen ziehen Pferde
im Trab einen zweirädrigen Wagen mit einem Fahrer.
Wie heißt dieses Fahrzeug?

Frage 1061

Wie heißt der Sport, bei dem vier wenig bekleidete Damen
oder Herren darum kämpfen, einen Ball über ein Netz und
beim Gegner in den Sand zu setzen?

Frage 1062

Was passiert beim
Fußball, wenn der
Ball durch einen
Einwurf – ohne
Fremdberührung –
ins gegnerische Tor
geht?

Das Tor wird gezählt und es gibt Anstoß.

Das Tor wird nicht gezählt und es gibt Abstoß.

Das Tor wird nicht gezählt und es gibt eine Wiederholung.

Das Tor wird nicht gezählt und es gibt Ecke.

Richtig oder falsch?

„Das olympische
Feuer stammt aus der
Antike."

Tatsächlich wurde es
zum ersten Mal 1928
bei den Spielen in
Amsterdam entzündet.

Sport

Frage 1063

Beim Golf muss ein Ball mit möglichst wenig Schlägen in ein Loch gespielt werden. Eine Golfrunde besteht in der Regel aus 18 Spielbahnen, die nacheinander auf einem Golfplatz absolviert werden. Warum wurde Golfspielen ausgerechnet vom schottischen Parlament 1457 verboten?

Frage 1064

Die Kampfbahn, auf der sich die Fechter bewegen, ist 14 Meter lang und 1,50 bis 2 Meter breit. Der Boden besteht aus einem Metallgeflecht. Es soll verhindern, dass bei einem Gefecht Bodentreffer gezählt werden. Wie heißt diese Kampfbahn?

Richtig oder falsch?

„Ein Schachspiel endet immer mit Schachmatt."

Loipe	Piste
Court	Planche

Eigentlich enden die meisten Profi-Schach-begegnungen mit Remis. Stellt ein Spieler außerdem vor Ablauf einer Partie fest, dass er aussichtslos zurückliegt, gibt er meist vorher auf.

Frage 1065

Er war der „Bomber der Nation", obwohl sein Trainer ihn „kleines, dickes ..." nannte. Immer noch hält er den Torrekord in der Bundesliga und mit 68 Toren in 62 Länderspielen weist er bis heute die mit Abstand beste Torquote aller deutschen Nationalspieler auf.
Von wem ist hier die Rede?

Frage 1066

Auf einem Boot gibt es nicht links und rechts, sondern steuer-
bord und backbord. Auch die Lage zum Wind wird benannt.
Wie heißt die dem „Wind abgekehrte" Seite in der Seemanns-
sprache?

Frage 1067

Snowboardfahren hat sich von einer angesagten Randsportart
zu einer olympischen Disziplin gemausert.
Welche der folgenden Disziplinen wird von den Snowboardern
nicht betrieben?

Snowboardcross	Riesenslalom
Abfahrt	Halfpipe

Frage 1068

Kraft zu sparen kann bei
einem langen Tennis-
match äußerst wichtig
sein. Deswegen sind
schnelle Punkte dem
Spieler oft die liebsten.
Wie nennt man einen
Punkt, der durch einen
für den Gegner uner-
reichbaren Aufschlag
erzielt wird?

Sport

Frage 1069

Die Rugby-Union-Weltmeister-
schaft ist neben der Fußballweltmeisterschaft und den
Olympischen Sommerspielen
eines der großen internationalen Sportturniere. Dennoch
geht sie an Deutschland ziemlich unbemerkt vorbei.
Wer wurde im Oktober 2007 in
Paris Weltmeister?

England	Australien
Südafrika	Neuseeland

Frage 1070

Die dunkelhäutige Tochter einer Deutschen und eines Ameri-
kaners wurde in Frankfurt geboren. Sie war mehrfache Europa-
meisterin, Weltmeisterin bei der WM 2003 und eine der ersten
Deutschen, die als Profifußballerinnen einige Zeit in den USA
spielten.
Um wen geht es?

Frage 1071

Golf wird häufig als
elitärer Sport ange-
sehen. Gibt es bei
dieser Sportart auch
so etwas wie den
„Ironman" – also eine
Art Marathonturnier?

Frage 1072

Wo fand die allererste Fußballweltmeisterschaft statt?

1908 in England	1920 in Belgien
1930 in Uruguay	1936 in Deutschland

Frage 1073

In der Südsee war diese Bootstechnik seit über 2000 Jahren bekannt: zwei Einbäume, die durch Balken oder eine Plattform starr miteinander verbunden und überbrückt sind. Auf dieser Brücke ist ein Segel angebracht. In den USA wurden 1876 erstmals solche Boote nachgebaut. Heute gehören sie zu den Sportseglern.
Wie nennt man sie?

Frage 1074

Der britische Earl Roberts of Kandahar stiftete einen Pokal und wurde Namensgeber für ein berühmtes sportliches Ereignis. Um was für eine Sportart handelt es sich?

Windhundrennen	Skifahren
Hahnenkampf	Ohne-Kandare-Reiten

Musik

Frage 1075

Die ersten großen Hits des „Man in Black" Johnny Cash waren „Ring of Fire" (1963) und „I Walk the Line" (1964). In welchem Countrysong besingt er das Schicksal eines jungen Mannes, der mit einem Mädchennamen aufwachsen muss?

Frage 1076

Eines der ältesten Instrumente der Kulturmusik war schon den Ägyptern um 4000 v. Chr. bekannt. Das Saiteninstrument wird mit den Fingern gezupft. Es hat meist 47 Saiten und kann in der Konzertausführung bis zu 40 Kilogramm wiegen. Wie heißt es?

Frage 1077

Zur Zeit der Wiener Klassiker, also zur Zeit Mozarts, Haydns, Beethovens, wurde dem Solisten eines Solokonzerts gegen Schluss der schnellen Sätze häufig die Möglichkeit gegeben, durch kunstvolle Improvisation seine Virtuosität zu zeigen. Wie nennt man diese Solonummer?

Kadenz	Intermezzo
Interpretation	Intonation

Frage 1078

Den Text zum „Lied der Deutschen", das 1922 zur deutschen National-hymne erklärt wurde, schrieb August Heinrich Hoffmann von Fallers-leben 1841. Die dritte Strophe ist seit 1952 offizielle Hymne der Bundesrepublik. Wer schrieb die Musik?

Frage 1079

Seine Version der amerikanischen Nationalhymne („Star Spangled Banner") gilt als radikale Abrechnung mit dem US-amerikanischen Lebensstil. Mit nur 27 Jahren starb Jimi Hendrix 1970 an den Folgen von Medikamentenmissbrauch. Wie heißt sein erstes Album?

All Along the Watchtower	Are You Experienced
Voodoo Child	Star Spangled Banner

Frage 1080

Seinen ersten Hit, „17 Jahr, blondes Haar", komponierte der Klagenfurter mit österreichischem und schweizerischem Pass in München. Inzwischen kann er längst „Mit 66 Jahren" sin-gen. 1992 spielte er auf der Donauinsel in Wien vor 220.000 Zuschauern. Wer ist der Künstler?

Musik

Frage 1081

Schon zu Lebzeiten genoss er Weltruhm. Etwa 1.100 Geigen und andere
Saiteninstrumente hat er gebaut.
Davon gibt es heute weltweit ungefähr noch 650. Er wurde ausgebildet
bei Nicola Amati, der ebenfalls zu
den größten Geigenbauern aller
Zeiten zählt. Seinen Geigen wird eine
unnachahmliche klangliche Fülle
und Resonanz bescheinigt und man
bemüht sich noch heute umsonst,
das Geheimnis seiner Lackierung zu
lüften.
Wer war der Meisterkonstrukteur?

Frage 1082

Die Ursprünge dieses weiterentwickelten Singspiels liegen um
1900 in New York. Besonderer Ausgangspunkt der neuen Gattung war der Broadway, heute gehört auch das Londoner West
End dazu. Zu den ersten Beispielen gehört „Showboat" (1927),
zu den berühmtesten „West Side Story" (1957).
Wie nennt man eine solche Theaterproduktion mit Tanz und
Gesang?

Frage 1083

Ende des 16. Jahrhunderts entwickelten sich in Italien tänze-
rische und musikalische Kurzformen, die zwischen den Akten
einer höfischen Oper aufgeführt wurden. In der Musik allgemein wird so auch ein Teil in einem Musikstück bezeichnet,
der zwei andere Teile harmonisch miteinander verbindet. Wie
nennt man ein solches Zwischenspiel?

Intermezzo	Intervall
Interpretation	Improvisation

Frage 1084

Ludwig van Beethovens Sinfonien bekamen meist erst von
der Nachwelt bestimmte Namen
zugeordnet. Die 3. Sinfonie in
Es-Dur, op. 55, entstanden in
den Jahren 1803 bis 1804, hatte
Beethoven als ein begeisterter
Anhänger der Revolution ursprünglich Napoleon gewidmet.
Wie wird sie genannt?

Pastorale	Pathétique
Eroica	Schicksalssinfonie

Frage 1085

Am 1. Mai 1769 stellte ein 13-Jähriger in Salzburg mit „La finta
semplice" (Die verstellte Einfalt) seine erste Oper vor. Schon
zwei Jahre zuvor hatte der gerade Zehnjährige, der bis dahin
bereits drei Sinfonien und mehrere Violinsonaten geschrieben
hatte, Interesse daran gezeigt, für die Bühne zu komponieren.
Wer war das geniale Talent?

Frage 1086

Der österreichisch-slowenische Komponist zog sich 1888 in
das Landhaus eines Freundes bei Wien zurück und vertonte in
einem einzigen Frühling 43 Mörike-Gedichte, manchmal drei
an einem Tag. Die Folge dieses Ausbruchs war völlige Erschöpfung. Er komponierte weiter in solchen Schüben: Goethe-
Lieder, Eichendorff-Lieder, das Spanische und das Italienische
Liederbuch. Schließlich versank er in unheilbarem Wahnsinn,
von dem ihn nach fünf Jahren der Tod erlöste.
Wer starb 1903 in Wien?

Musik

Frage 1087

Mit der Romanschriftstellerin George Sand verband ihn eine Liebesaffäre, die zu einer zehnjährigen Beziehung wurde. 1849 starb er an der Lungenschwindsucht, an der er schon seit langem litt, in seiner Wohnung an der Place Vendôme in Paris. Wer war der Musiker?

Frage 1088

Wie bezeichnet man einen über einen langen Zeitraum immer wieder gern gehörten und vor allem auch in den Medien gespielten Schlager?

Kunstlied	Oldie
Evergreen	Chanson

Frage 1089

Johann Sebastian Bach und Georg Friedrich Händel, die beiden größten Komponisten ihrer Zeit, kamen im gleichen Jahr (1685) in Sachsen zur Welt.
Warum sind sie sich dennoch nie begegnet?

Frage 1090 💡

Die „Sologesangsnummer mit Instrumentalbegleitung" entstand um 1600 in Italien zunächst als kleine symmetrische Liedform. Bald hielt sie in die aufblühende Opernmusik Einzug und im 17. und 18. Jahrhundert hatte sie schließlich einen vollkommenen Sieg über das dramatische Geschehen der Oper davongetragen, man ging oft nur ihretwegen in das Operntheater.
Wie heißt diese Art von Gesangsstück?

Frage 1091 💡💡

Wie heißt das Zupfinstrument mit einem langen Hals und vier bis sechs Saiten, das vor allem in Dixieland und Jazz eingesetzt wird?

| Banjo | Mandoline |
| Mandola | Gitarre |

Frage 1092 💡💡

Das Tasteninstrument war im 14. bis 18. Jahrhunderts populär. Die Saiten wurden angerissen. Es war praktisch ein „Zupfinstrument mit Klaviatur". Es wurde sowohl als Soloinstrument als auch im Orchester für vielfältige Aufgaben eingesetzt.
Wie heißt der Vorläufer des heutigen Klaviers?

Musik

Frage 1093

Courtney Love, Ehefrau von Kurt Cobain, der 1992 Selbstmord beging, war einige Jahre Frontfrau ihrer eigenen Grunge-Band. Wie hieß die Band mit dem Debütalbum „Pretty on the Inside" (1991)?

Hole	Nirvana
L7	Blind Melon

Frage 1094

Die Kurzbezeichnung „Met" steht für ein führendes Opernhaus. Der Neubau wurde 1966 eingeweiht. Wo steht er?

Richtig oder falsch?

„Das Englischhorn ist ein Blechblasinstrument."

Frage 1095

Anfangs verstand man unter dem gesuchten Begriff lediglich ein Instrumentalstück im Gegensatz zur „cantata", dem Gesangsstück. Im 17. Jahrhundert bezeichnete man auch Kompositionen für Saiteninstrumente mit Klavierbegleitung so. Die heutige Form wurde unter anderem durch Carl Philipp Emanuel Bach und Haydn geprägt. Welches ist der gesuchte Begriff?

Joseph Haydn

Das Englischhorn gehört nicht zu den „echten" Hörnern, die Blechblasinstrumente sind. Es ist ein Holzblasinstrument aus der Familie der Oboen.

Frage 1096

Der tschechische Komponist wurde zehn Jahre vor seinem Tod völlig taub und starb in geistiger Umnachtung. In dem Zyklus „Mein Vaterland" feierte er Geschichte und Natur seiner Heimat. Am populärsten daraus wurde vor allem der „Lebenslauf" eines Flusses von den beiden Quellen bis zur Begegnung mit der Prager Burg.
Wer war der Komponist?

Frage 1097

Seine Urform ist die Pantomime. Mit der Entwicklung der Oper hat es eine eigene und oft avantgardistische Existenz entfaltet. Es ist eine von Musik begleitete Tanzvorführung, die als geschlossenes Tanzwerk oder als getanzte Einlage in einer Oper vorkommt.
Von welcher Kunstform ist die Rede?

Frage 1098

Wie nennt man den schwermütigen, afroamerikanischen Gesang, der als eigene Stilform in die moderne Popmusik einging?

Gospel	Blues
Jazz	Beat

Musik

Frage 1099

Vermutlich war er einer der besten Geiger, die jemals gelebt haben. Wo immer er auftrat, geriet das Publikum bei seinem melodramatischen Spiel und wegen seines unheimlichen Äußeren aus dem Häuschen. Wahrscheinlich war aber auch vieles von dem, was an seiner Spielweise sensationell anmutete, Effekthascherei: Es ging das Gerücht, dass er bestimmte Saiten so präpariert habe, dass sie während der Vorstellung rissen, um ihm die Gelegenheit zu geben, nach diesem „Unglück" sein großartiges Spiel trotz des Handicaps fortzusetzen. Wer war der Virtuose?

Frage 1100

Wie oft wurde die sogenannte Semper-Oper in Dresden wieder aufgebaut?

Frage 1101

Als der Schneidersohn aus Parma die italienische Uraufführung von Wagners „Götterdämmerung" als Erster auswendig dirigiert hatte, wurde er musikalischer Leiter der Mailänder Scala. Auch die Metropolitan Opera in New York profitierte von seinem Können. Zudem prägte er maßgeblich die Salzburger Festspiele. Nach Konflikten mit den Faschisten wurde er 1931 in Bologna tätlich angegriffen, verließ Italien und kehrte erst nach dem Krieg zurück. Er ist in Mailand begraben.
Wer war der Dirigent?

Frage 1102

Seine Karriere begann er als Mitglied einer Boygroup. Nach zunächst erfolgloser Solokarriere schaffte er mit „Angels" 1997 den Durchbruch. Heute ist er ein berühmter Popstar. Um wen geht es?

Frage 1103

Unter Instrumentalmusik versteht man eine allein durch Instrumente ausgeführte Musik.
Wie heißt die Musik, die nur von der menschlichen Stimme ausgeführt wird?

Frage 1104

Von den 26 Verdi-Opern basieren vier auf Dramen Friedrich Schillers. Welche gehört nicht dazu?

„Otello"	„Don Carlos"
„Luisa Miller"	„Giovanna d'Arco"

Musik

Frage 1105

Weshalb musste Georg Friedrich Händel Ende Mai 1737 sein Opernensemble in London auflösen?

- Die Pest raffte viele Sänger dahin.
- Sein Star, der Kastrat Senesino, verließ ihn.
- Er ging pleite, weil die Konkurrenz zu groß wurde.
- Er wollte nach Italien auswandern.

Frage 1106

Der Heilige Gral, in Sage und Legende des Mittelalters ein geheimnisvolles Heiligtum. In vielen Filmen wird er zum Thema („Indiana Jones und der letzte Kreuzzug", „Das Vermächtnis der Tempelritter", „Der Da Vinci Code – Sakrileg").
In welcher Oper spielt das sagenumwobene Heiligtum eine wichtige Rolle?

Frage 1107

Rasche Tonläufe und Triller in hoher Stimmlage sind eine Art Ziergesang, der vor allem weiblichen Stimmen – früher auch Kastraten – vorbehalten ist. Die Opernliteratur ist reich an berühmten Partien für Sopranistinnen.
Wie nennt man diese Technik?

Musik

Frage 1108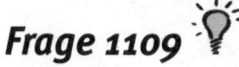

Wie nennt man das Erfinden und Einstudieren von rhythmisch festgelegten Bewegungen, meist in Zusammenhang mit Tanz oder Aerobic?

Frage 1109

Ursprünglich war mit dem Begriff eine „Kinderbewahranstalt" gemeint. Da in Waisenhäusern stets auch Musikunterricht erteilt wurde, entstand daraus eine „Musiklehranstalt". Heute meint man damit eine hochschulartige Ausbildungsstätte für alle Sparten der musikalischen Berufs- und Laienausbildung. Wie heißt sie?

Konservatorium	Kollegium
Kongregation	Konsistorium

Frage 1110

Die erste Oper überhaupt erklang 1598 in Florenz im Palazzo Corsi.
Wie heißt sie?

Richtig oder falsch?

„Der Reggae wurde von Bob Marley entwickelt."

Reggae setzt sich aus unterschiedlichsten Einflüssen zusammen. Den ersten Hit hatte Desmond Dekker mit „Israelites".

399

Musik

Frage 1111

Ursprünglich bestand der religiöse Gesang der Afroamerikaner aus Zurufen der Gläubigen während der Auslegung des Evangeliums. Diese Zurufe nahmen den Charakter von auf Melodien aufgebauten Aufschreien an, die sich dann zu gesungener Ekstase und sogar zum Tanz steigerten. Die Kunstmusik bemächtigte sich dieser Erscheinung und bekannte Sänger brachten sie ins internationale Konzertgeschäft.
Wie heißt diese Gesangsform?

Frage 1112

Damit der Dirigent das musikalische Geschehen auf einen Blick überschauen kann, bekommt er in Notenschrift eine untereinander angeordnete Zusammenstellung aller Einzelstimmen einer Komposition oder eines Arrangements. Sie ist in der Regel gedruckt.
Wie nennt man diese Vorlage?

Richtig oder falsch?

„Beethoven schrieb ‚Für Elise' für seine gleichnamige große Liebe."

Frage 1113

Die klassische Form der Kammermusik besteht aus zwei Violinen, einer Viola und einem Cello.
Wie nennt man eine solche Gruppierung?

Die Angebetete des Komponisten hieß nicht Elise, sondern Therese. Die Verwechslung ist der unleserlichen Widmung zu verdanken.

Frage 1114

Wie heißt das russische Nationalinstrument – ein Zupfinstrument mit drei Saiten und einem dreieckigen Klangkörper?

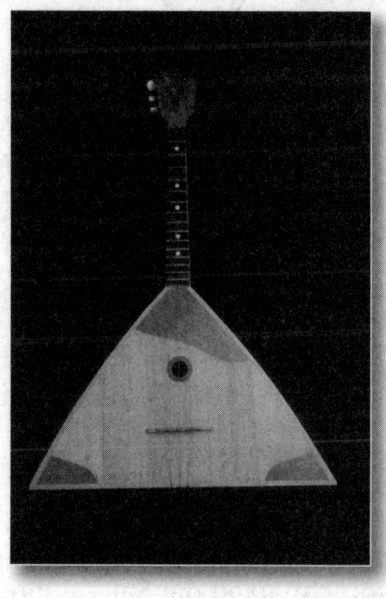

Frage 1115

Wie nennt man das Schwingen oder Beben von Singstimmen oder von Saiten bei Streichinstrumenten zur Erzeugung eines besonderen Tons?

Stentorstimme	Triade
Vibrato	Kadenz

Frage 1116

Carl Orff vertonte 1936 24 Texte aus der Sammlung „Carmina Burana". Dabei setzte er Stilmerkmale des Mittelalters ein. Warum heißt die Sammlung so? Die Texte stammen aus ...

dem Kloster Beuron	dem Kloster Benediktbeuren
Burgdorf in der Schweiz	Bernau in Bayern

Musik

Die Schalmei war ursprünglich ein Hirteninstrument. Sie wurde meist im Zusammenwirken mit Trommeln und Trompeten gespielt, später aber auch mit Fidel und anderen Saiteninstrumenten kombiniert. Sie taucht im Mittelalter in Europa auf. Zu welcher Instrumentengattung gehört sie?

Blechblasinstrument	Holzblasinstrument
Saiteninstrument	Schlagzeug

Frage 1118

Die früheren Klaviere besaßen hölzerne Rahmen, die der Beanspruchbarkeit der Saiten und damit der Tonschönheit und dem Klangvolumen des Instruments enge Grenzen setzten.

Dieses Problem wurde gelöst, als man um 1824 in den USA gusseiserne Rahmen entwickelte. Ein solcher erlaubte die Verwendung von Saiten, die einem „Zug" von 25.000 Kilogramm standhalten können – eine Beanspruchung, unter der ein Klavier mit Holzrahmen schon vor Beendigung der Besaitung zusammengebrochen wäre. Als dieser Rahmen dann waagerecht gelegt wurde, entstand ein neues Instrument. Wie heißt es?

Frage 1119

Die Beatles (gegründet 1959, aufgelöst 1970) waren sicher die erfolgreichste und bis heute einflussreichste Band der Popgeschichte. Text und Musik verfasste überwiegend das Duo John Lennon und Paul McCartney. Wie heißt der Schlagzeuger?

Frage 1120 ☀

In welcher italienischen Stadt finden regelmäßig Opernfestspiele in einer antiken Arena statt?

Frage 1121 ☀☀☀

Martin Opitz übersetzte das Libretto der italienischen Oper „La
Dafne favola drammatica" (der ersten Oper der Musikgeschich-
te überhaupt) aus dem Italienischen ins Deutsche.
Wer komponierte eine neue Musik dazu und gilt seitdem als
„Vater der deutschen Oper"?

Frage 1122 ☀

Andrew Lloyd Webber gehört zu den berühmtesten Musical-
Komponisten. Welches der folgenden Musicals ist nicht von
ihm?

Phantom der Oper	Evita
Starlight Express	West Side Story

Musik

Frage 1123

Wie nennt man die Einrichtung eines musikalischen Werks für eine andere Besetzung als im Original vorgesehen, z. B. die Orchesterfassung eines Klavierwerks oder den Klavierauszug einer Oper?

Arrangement	Notation
Skript	Phonographie

Frage 1124

Felix Mendelssohn Bartholdy führte am 11. März 1829 in Berlin ein nahezu 100 Jahre lang vergessenes Meisterwerk von Johann Sebastian Bach mit einem Chor von ca. 150 Sängern auf. Seitdem gehört es zum unverzichtbaren Bestandteil des Konzertrepertoires.
Wie heißt es?

Frage 1125

Wie heißt das Broadway-Musical, das Oscar Hammerstein mit englischen Texten zur Musik von Georges Bizets „Carmen" geschrieben hat?
Tipp: Die Broadway-Aufführung wurde später auch verfilmt.

Frage 1126 💡💡💡

Jacques Offenbach war der Sohn eines Synagogensängers und Musiklehrers aus Köln. Fast rechtzeitig zur Weltausstellung 1855 wurde sein eigenes Theater in Paris fertig, in dem er viele Operetten zur Aufführung brachte. Einen Tag vor seinem Tod am 5. Oktober 1880 stellte er den Klavierauszug mit sämtlichen Instrumentationsangaben für seine zweite und letzte Oper fertig. Nach diesen Angaben und in Kenntnis der Offenbach'schen Musik besorgte Ernest Guiraud postum die Fertigstellung der Oper.
Wie lautet ihr Name?

Frage 1127 💡

Ihr Name stammt aus dem Arabischen und bedeutet „das Holz". In der Renaissance galt sie als die Königin der Instrumente. Sie hat bis zu elf Saiten, in der Bassversion können es mehr als zwanzig sein.
Wie heißt das Zupfinstrument?

Frage 1128 💡💡💡

Welches berühmte Opernhaus steht eigentlich in einem Klostergarten?

Musik

Frage 1129

1805 erschien die Erstfassung von Beethovens einziger Oper unter dem Titel „Leonore". Die Endfassung gelangte erst nach mehrfacher Umarbeitung 1815 zur Aufführung.
Wie hieß sie dann?

Frage 1130

Sie gehört zu den Schnabelflöten und ist aus Ton, Holz oder Terrakotta.
Wie heißt das einteilige Blasinstrument, das ursprünglich aus der italienischen Emilia Romagna stammt?

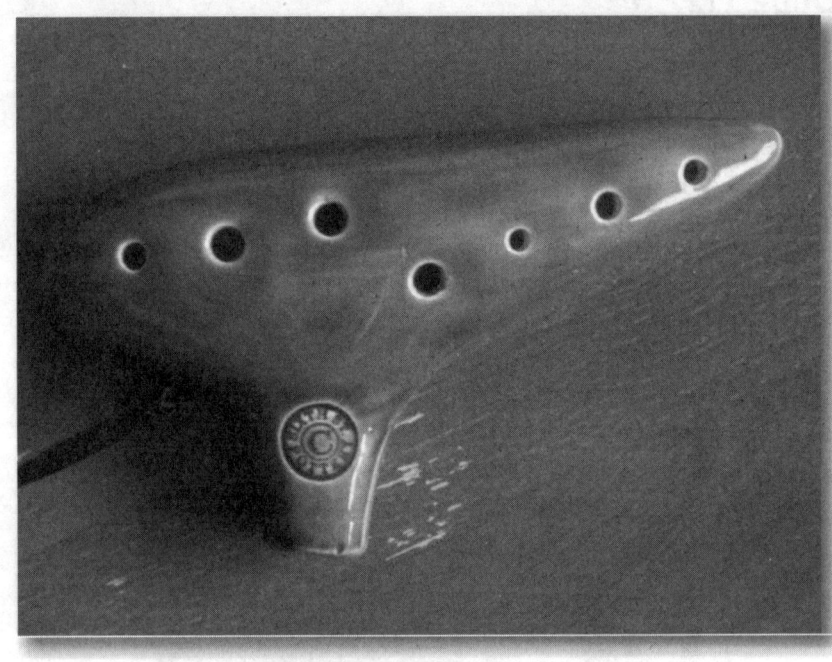

Richtig oder falsch?

„Oh du fröhliche' ist ein Weihnachtslied."

Ursprünglich war es als universal einsetzbares Festlied geschrieben worden, weitere Strophen behandelten Ostern und Pfingsten. Diese fielen später weg und zwei weitere weihnachtliche Strophen wurden hinzugedichtet.

Frage 1131

Für welche Musikform neben Opern war Georg Friedrich Händel noch bekannt?

Frage 1132 ☀

Beim Hexentanz in der Oper „Hänsel und Gretel" setzt Humperdinck ein Schlaginstrument ein, das aus einer Reihe von Holzplättchen unterschiedlicher Länge besteht. – Diese werden mit Klöppeln geschlagen. Das Instrument kann auch aus Glas- bzw. Metallplättchen oder -stäben bestehen. Es stammt aus Asien. Wie heißt es?

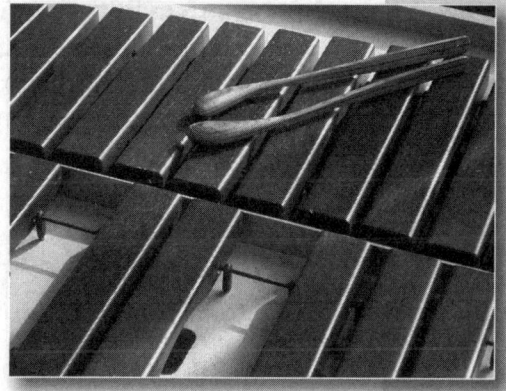

Xylograph	Xylophon
Xenion	Xanthophyll

Frage 1133 ☀☀☀

Er war ein „Meistersänger" und Dramatiker. Seine erfolgreichste Zeit hatte er im zweiten Drittel des 16. Jahrhunderts in Nürnberg. Bis heute hat seine protestantische Fassung des „Salve Regina" überlebt.
Wer war der bedeutendste Vertreter seiner Zunft?

Frage 1134 ☀

1968 erreichte er im Grand Prix Eurovision de la Chanson mit dem Lied „Tausend Fenster" den vierten Platz für Österreich. Neben Liedern wie „In mir klingt ein Lied" und „Weißt du, wohin" sang er auch „In einem unbekannten Land", den Titelsong zur Zeichentrickserie „Biene Maja". Wie heißt die „Goldene Stimme aus Prag"?

Musik

Frage 1135 ☀️

Schon seit dem Ende der Antike war es in Italien üblich, Knaben zu operieren, um ihre Sopranstimme zu bewahren. Die Heranwachsenden entwickelten virtuose gesangliche Fähigkeiten und erlangten Ruhm und Reichtum.
Wie nannte man sie?

Frage 1136 ☀️☀️☀️

Paul Hindemith (1895–1963) schrieb sowohl die Sinfonie „Mathis der Maler" (Uraufführung 1934 unter Wilhelm Furtwängler in Berlin) als auch eine Oper gleichen Titels (Uraufführung 1938 in Zürich). Auf welches berühmte Kunstwerk bezieht sich die Sinfonie?

Frage 1137 ☀️☀️☀️

Beethoven, Mozart, Haydn – drei große Komponisten, drei sogenannte Klassiker, die bisweilen zur gleichen Zeit in Wien lebten. Können Sie sie chronologisch nach ihrem Alter einordnen?

Frage 1138 💡

Er heißt mit Vornamen Herbert Arthur Wiglev Clamor. Tausende sangen seine Hymne zur Fußballweltmeisterschaft 2006.
Wie heißt der deutsche Sänger und Schauspieler mit Nachnamen?

Frage 1139 💡💡

Im Programmheft zur Uraufführung in New York stand: „Man stelle sich einen Amerikaner vor, der Paris besucht. Er schlendert an einem milden, sonnigen Morgen im Mai oder Juni die Champs-Elysées herunter, und im Takt des ersten musikalischen Motivs, das voll unbeschwerter gallischer Fröhlichkeit ist, kommt er schnell in Schwung ..." Es handelt sich eindeutig um „An American in Paris".
Wer schrieb die Musik?

Cole Porter	George Gershwin
Leonard Bernstein	Oscar Hammerstein

Frage 1140 💡

„Oops! ... I Did It Again" hieß ihr zweites Album, das 2000 erschien. Inzwischen scheint der Titel zur Lebensdevise der US-amerikanischen Popsängerin geworden zu sein, die kurze Zeit mit dem Tänzer Kevin Federline verheiratet war. Von wem ist die Rede?

Richtig oder falsch?

„Den ‚Minutenwalzer' hat Chopin geschrieben."

Chopin hat das Stück geschrieben, aber unter dem Titel „Petit chien". Die Bezeichnung „Minutenwalzer" erhielt das Werk erst viel später.

Geschichte

Frage 1141

„Babylonien" ist die griechische Bezeichnung für das wald-
lose Steppenland in Mittel- und Südmesopotamien. Um das
4. Jahrtausend v. Chr. existierte dort, im heutigen Irak, eine der
frühesten bekannten Stadtkulturen der Welt. Wie heißt sie?

Uruk	Ubien
Utika	Umbria

Frage 1142

Die Hauptstadt ihres Reiches lag im Hochtal von Cuzco. Sie be-
herbergte den reichsten Sonnentempel Amerikas. Nach Osten
wurde Cuzco durch die Festung Machu Picchu geschützt. 1533
wurde Cuzco vom spanischen Konquistador Francisco Pizarro
erobert, 1535 zum Teil niedergebrannt. Wie heißt das Volk, das
die Stadt erbaute?

Frage 1143

Wer oder was ist ein Shogun?

Frage 1144

Wie hieß in der römischen Armee der Befehlshaber einer Hundertschaft (zumindest dem Namen nach)? Zeichen seines Rangs war die „Vitis", der Weinstock; er stand für das Recht des Befehlshabers, seine Untergebenen auszuzeichnen und zu bestrafen.

Frage 1145

In Konstantinopel wurde im 7. Jahrhundert n. Chr. eine im Einzelnen nicht mehr genau bekannte Form des Schießpulvers erfunden, die in Bomben gefüllt und mit Schleudergeschützen verschossen wurde und auch auf dem Wasser brannte. Wie wurde diese Mischung genannt?

Schwarzpulver

Griechisches Feuer

Chinesisches Feuer

Pyropulver

Frage 1146

Wie heißt die zum Weltkulturerbe gehörende Ruinenstadt in Kambodscha, die seit 1907 freigelegt wird? Ursprünglich war sie ein Teil der Hauptstadt der Khmer.

Geschichte

Frage 1147

Die französische National-
hymne wurde 1792 während der
Kriegserklärung an Österreich
im elsässischen Straßburg komponiert. Sie war als „Kriegslied
für die Rheinarmee" dem Ober-
befehlshaber und Gouverneur
von Straßburg, dem Grafen
Luckner, gewidmet.
Wie heißt sie heute im
Sprachgebrauch?

Frage 1148

Als Sultan Saladin 1187 Jerusalem zurückeroberte, wurde der
Dritte Kreuzzug ausgerufen. Ein deutscher Kaiser im Greisen-
alter führte im Frühjahr 1189 den Zug an, erkämpfte einen
glänzenden Sieg bei Ikonion, nahm die Stadt und zog nach
Kilikien. Dort ertrank er am 10. Juni im heutigen Göksu, der
damals Saleph hieß.
Wie wurde der Kaiser genannt?

Frage 1149

Bayern, Sachsen, Preußen und Württemberg blieben nach dem
Wiener Kongress 1814/15 Königreiche. Hinzu kam ein neues
deutsches Königreich. Welches?

Das Kurfürstentum Hannover	Das Großherzogtum Hessen
Die Provinz Westfalen	Das Elsass

Frage 1150

Von wem stammt der Ausspruch: „Ich kenne keine Parteien mehr, ich kenne nur noch Deutsche!"

Kaiser Wilhelm II.	Bismarck
Hitler	Goebbels

Frage 1151

Der Tod John F. Kennedys am 22. November 1963 in Dallas erschütterte nicht nur Amerika.
Welcher amerikanische Präsident wurde am 14. April 1865 angeschossen und erlag am Tag darauf seinen schweren Verletzungen?

Frage 1152

An die Stelle des früheren Heiligen Römischen Reichs Deutscher Nation trat ab 1815 der Deutsche Bund, gebildet von 34 souveränen Fürsten und vier freien Städten. Zweck des Bundes war die Erhaltung der äußeren und inneren Sicherheit Deutschlands, die Unabhängigkeit und Unverletzbarkeit der einzelnen deutschen Staaten.
Wie hießen die Repräsentanten dieses Bundes?

Geschichte

Frage 1153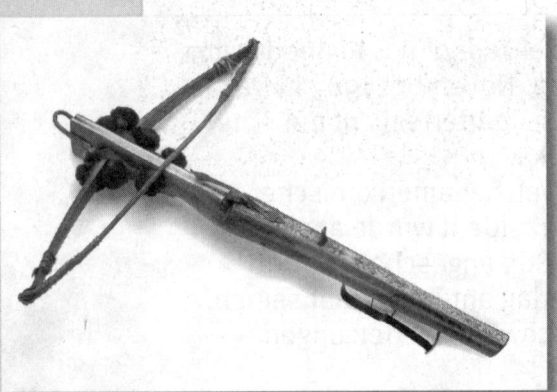

1948 lief ein Hilfsprogramm der USA im Umfang von 80 Milliarden Dollar an, um Europa vor „einem wirtschaftlichen, sozialen und politischen Verfall" zu retten. Im Spannungsfeld des zunehmenden Ost-West-Konflikts sollten so die freien europäischen Länder gegen den Zugriff des Kommunismus gesichert werden.
Wie nannte man das „Europäische Wiederaufbauprogramm" noch?

Frage 1154

Wie heißt der Schweizer Nationalheld, der der Legende nach an der Wende vom 13. zum 14. Jahrhundert mit einer Armbrust seinem Sohn einen Apfel vom Kopf schoss?

Frage 1155

1946 hatte der amerikanische Außenminister Byrnes die „wirtschaftliche Vereinigung Deutschlands" gefordert und konsequent den Zusammenschluss der amerikanischen Zone mit der britischen zum „Vereinigten Wirtschaftsgebiet" vorangetrieben. Wie hieß dieses Gebiet?

Byrnes-Land	AmBrit-Zone
Bizone	Doppel-Zone

Frage 1156

Er war 38 Jahre lang König
von England. Getrieben
von der Hoffnung auf
einen männlichen Thron-
folger, brach er sogar mit
der römisch-katholischen
Kirche, gründete die an-
glikanische Kirche und
setzte sich selbst als deren
Oberhaupt ein. Außerdem
ging er wegen seiner sechs
Ehefrauen in die Geschichte ein, von denen er zwei
enthaupten ließ.
Wer war der Herrscher?

Frage 1157

Aus welchem berühmten Dokument stammt der folgende
Anfangssatz?
„Wir halten diese Wahrheiten für ausgemacht, dass alle
Menschen gleich erschaffen wurden, dass sie von ihrem
Schöpfer mit gewissen unveräußerlichen Rechten begabt
wurden, worunter Leben, Freiheit und das Streben nach
Glückseligkeit sind."

Frage 1158

1608 wurde mit der „Protestantischen Union" ein Verteidigungsbündnis aus protestantischen Fürsten und Städten des
Heiligen Römischen Reichs unter dem Direktorium Friedrichs
des IV., des Kurfürsten der Pfalz, gegründet. 1609 bildete sich
daraufhin ein Gegenbündnis zwischen Herzog Maximilian I.
von Bayern und den süddeutschen Bischöfen. Diese Konstellation nahm die Fronten des Dreißigjährigen Kriegs vorweg.
Wie hieß die katholische Vereinigung?

Geschichte

Frage 1159 💡

Buchenwald, Dachau, Ravensbrück, Flossenbürg, Sachsen-
hausen, Bergen-Belsen, Mauthausen – was haben diese Orte
für eine gemeinsame Geschichte?

Frage 1160 💡💡

Die Französische Revolution machte am 10. August 1793 aus
dem heruntergekommenen Festungsgebäude und Palais das
erste öffentliche Museum Frankreichs. Napoleon nutzte das
Gebäude dann wieder als Residenz. Sein Neffe, Napoleon III.,
vollendete den Bau – der mittlerweile wieder ein Museum ist –
weitgehend in seiner heutigen Form.
Wie heißt er?

Frage 1161 💡💡

Theodor Fontane schrieb 1895: „Diese Mischung von Übermensch und Schlauberger, von Staatengründer und Pferde-
stall-Steuerverweigerer, von Heros und Heulhuber, der nie
ein Wässerchen getrübt hat ..., lässt eine reine, helle Bewun-
derung in mir nicht aufkommen." Wie hieß der Mann mit der
„eisernen" Seite?

Richard Wagner

Bismarck

Kaiser Wilhelm II.

Napoleon

Theodor Fontane

Frage 1162

Der erste bundesdeutsche Verkehrsminister war von 1949 bis 1966 im Amt. Er weist bis heute die längste ununterbrochene Amtszeit als Bundesminister auf. Wie hieß der Politiker?

Jakob Kaiser

Franz Blücher

Hans-Christoph Seebohm

Thomas Dehler

Frage 1163

Der Erste Kreuzzug war ein Kreuzzug der Franzosen. Nach drei Jahren im „Heiligen Land" erstürmten sie Jerusalem und richteten ein furchtbares Blutbad an. Das christliche Königreich Jerusalem wurde als Lehnsstaat nach französischem Vorbild eingerichtet. Wie hieß sein erster Regent?

Gottfried von Bouillon

Bernhard von Clairvaux

Heinrich Löwenherz

Robert Guiscard

Richtig oder falsch?

„Die Hexenverfolgungen begannen im Mittelalter."

Frage 1164

Er starb am 11.11.2004, fast genau elf Jahre nach der Unterzeichnung der Osloer Verträge zum Nahost-Friedensprozess. Seine Ruhestätte in Ramallah sieht aus wie ein Würfel – jeweils elf Meter lang, hoch und tief. Das Grab selbst steht auf einem Gleis – zum Zeichen, dass es später an einer anderen Stelle stehen soll: in Jerusalem.
Wer ist gemeint?

Verfolgungen vermeintlicher Hexen hat es schon im antiken Rom gegeben.

Geschichte

Frage 1165

Bei einem Geheimtreffen zwischen US-Präsident Franklin D. Roosevelt und dem britischen Premierminister Winston Churchill wurde erstmals die „Bedingungslose Kapitulation des Deutschen Reichs, Italiens und Japans" als Kriegsziel formuliert. Zudem beschlossen die Westalliierten die Verstärkung der Luftangriffe auf deutsche Städte. Wo fand diese Konferenz statt?

In Casablanca

In Westminster

In Potsdam

In Jalta

Frage 1166

„Der Tag, der Deutschland veränderte", heißt ein Buch. 8.000 Polizisten und Soldaten standen bereit, in Krankenhäusern orderte man zusätzliche Blutkonserven. Doch trotz aller Drohgebärden kamen 70.000 Demonstranten. Nun blieb den Oberen „nur noch die Wahl zwischen blutigem oder friedlichem Abgang", heißt es in dem Buch.
Welcher Tag ist gemeint?

Frage 1167

Am 28. September 1969 konnte die SPD unter Willy Brandt zum ersten Mal in der Geschichte der Bundesrepublik die Regierung bilden.
Wie hieß sein Partner von der FDP?

Frage 1168

Als berühmtestem Vertreter absolutistischer Herrschaft wird ihm das Zitat „L'État c'est moi!" zugeschrieben. Der Verherrlichung dieses Monarchen dienten der Bau des Schlosses von Versailles und ein überbordendes Hofzeremoniell.
Wer war der „Sonnenkönig"?

Des Herrschers Schlafgemach im Schloss von Versailles

Frage 1169

Sieben Jahre nach dem Ende des Zweiten Weltkriegs, am 10. September 1952, unterzeichneten der deutsche Bundeskanzler Konrad Adenauer, der israelische Außenminister Mosche Scharett und der Präsident der „Jewish Claims Conference", Nachum Goldman, im Luxemburger Rathaus ein Abkommen. Unter welchem Schlagwort wurde dieses Luxemburger Abkommen bekannt?

Wiederaufrüstung	Wiedergutmachung
Ben-Gurion-Vertrag	Frieden von Luxemburg

Frage 1170

Manche Geschichtszahl hat man sich mit Reimen gemerkt. Beispielsweise: Drei, drei, drei – bei Issos Keilerei.
Doch wer hat sich damals gekeilt?

Geschichte

Frage 1171

Aus welchem berühmten Dokument stammt der folgende Anfangssatz?

„Aus Liebe und rechtem Fleiß, die Wahrheit an den Tag zu bringen, wird ... über folgende Sätze disputiert werden: ... 1. Da unser Herr und Meister Jesus Christus spricht: Tut Buße etc., will er, dass das ganze Leben seiner Gläubigen auf Erden eine Buße sei."

Frage 1172

Schon im 1. Jahrhundert n. Chr. wurde der Ort von den Römern wegen seiner heißen, schwefelhaltigen Kochsalzquellen aufgesucht. Seit Pippin war er Königshof, seit 794 fast ständige Residenz Karls des Großen, der vor der Pfalz das aus Ravenna herbeigeschaffte eherne Reiterstandbild Theoderichs des Großen aufstellen ließ.
Wie heißt der Ort?

Richtig oder falsch?

„Die ersten Einwanderer kamen 1620 mit der ‚Mayflower' nach Amerika."

Frage 1173

843 wurde in Verdun das Reich Karls des Großen unter seinen drei Enkeln aufgeteilt. Diese Teilung wurde für das weitere Schicksal Europas und im Besonderen für das Verhältnis zwischen Deutschland und Frankreich schicksalhaft. Welcher der Fürsten gehörte nicht zu den Erben?

Karl II., der Kahle	Lothar I.
Heinrich der Löwe	Ludwig der Deutsche

Bereits 1565 gründeten Spanier eine Siedlung im heutigen Florida.

Frage 1174

Aus welchem berühmten Dokument stammt der folgende Anfangssatz? Artikel 1:
„Die Menschen werden frei und gleich an Rechten geboren und bleiben es. Soziale Unterschiede dürfen nur im allgemeinen Nutzen begründet sein."

Frage 1175

Nach der Schlacht bei Asculum 279 v. Chr. rief der König von Epirus: „Noch ein solcher Sieg über die Römer, und wir sind verloren." Wie hieß der König, dessen Name seither für solche verlustreichen Siege steht?

- Alexander
- Waterloo
- Pyrrhus
- Issos

Frage 1176

Welche war die letzte europäische Kolonialmacht, die ihre Kolonien nach langen Guerillakämpfen in die Unabhängigkeit entließ?

Geschichte

Frage 1177

Im Zeitalter der Entdeckungen brachten die Europäer einen Kontinent nach dem anderen in ihre Abhängigkeit. Welche Kolonie trennte sich im 18. Jahrhundert als erste von ihrem Mutterland?

Frage 1178

Wie nennt man die Periode zwischen 1870 und 1914 in Deutschland, die durch die Gründung des Kaiserreichs 1871 eingeleitet wurde und durch den sprunghaften Übergang zur industriellen Produktionsweise und Herausbildung des Industriekapitalismus gekennzeichnet war?

Frage 1179

Die Währungsreform vom 20. Juni 1948 hat den Deutschen in den Westzonen das „Wunder der D-Mark" beschert. Am Tag danach waren die Schaufenster mit den lange entbehrten Waren gefüllt. Wie viel D-Mark bekam jeder Deutsche an diesem Tag ausgehändigt?

40 DM	60 DM
100 DM	500 DM

Frage 1180

Frankreich hatte große Probleme bei der Aufgabe seines Kolonialreichs. In Südostasien wurden die französischen Kolonialherren bei Dien Bien Phu 1954 vernichtend geschlagen. Es entstand ein Staat, der in ein kommunistisches und ein nicht kommunistisches Gebiet geteilt wurde.
Wie heißt er?

Vietnam	Laos
Kambodscha	Korea

Frage 1181

Am 14. Juli 1789 begann mit dem Sturm auf die Bastille die Französische Revolution.
Welche drei Schlagworte haben sich als Grundidee der Demokratie bis heute erhalten?

Frage 1182

Am 23. März 1933 stärkte ein neues Gesetz entscheidend die Stellung des Reichskanzlers Adolf Hitler, der damit unabhängig vom Reichspräsidenten und von der Zustimmung des Kabinetts wurde. Dem Gesetz stimmten alle Parteien mit Ausnahme der SPD zu.
Unter welchem Schlagwort ging es in die Geschichte ein?

Geschichte

Frage 1183 ⅔

Als Folge der Kreuzzüge entstanden die Ritterorden, so auch die „Bruderschaft des Hospitals des heiligen Johannes von Jerusalem", die sich als Ritterorden „Johanniter" nannte. Der Orden wurde 1291 nach Zypern verlegt, 1309 nach Rhodos und anschließend wieder auf eine Mittelmeerinsel, nach der er heute noch genannt wird.
Welche Insel war's?

Frage 1184 ⅔⅔

Ursprünglich konnte ein englischer König im Mittelalter nicht beschränkte – und oft willkürliche – Haftbefehle erlassen. Bereits 1679 wurde diese Macht jedoch per Gesetz eingegrenzt: Inhaftierte mussten nun innerhalb von drei Tagen einem Richter vorgeführt werden und durften unter keinen Umständen außer Landes gebracht werden. Wie nannte sich dieses Gesetz?

Habeas Corpus Act	Petition of Right
Magna Charta	Bill of Rights

Frage 1185 ⅔⅔

Die amerikanische Atombombe, die von dem Flugzeug „Enola Gay" abgeworfen und in 600 Metern Höhe über Hiroshima gezündet wurde, zerstörte fast 80 Prozent der Stadt. An welchem Tag fand der erste kriegerische Kernwaffeneinsatz statt?

Frage 1186

Beim „Gang nach Canossa"
musste sich ein Deutscher
vor Papst Gregor VII. bittend
auf die Knie werfen, um vom
Kirchenbann gelöst zu werden. Wer war es?

- Heinrich VIII., der Blaubart
- Martin Luther
- Kaiser Friedrich II., der Staufer
- Kaiser Heinrich IV., der Salier

Frage 1187

Wie nennen die Palästinenser ihre Aufstände gegen die israelische Besatzung, aus denen sich durch heftige Vergeltungs-
maßnahmen eine permanente Gewaltspirale entwickelt hat?

Frage 1188

Friedrich II., der Staufer, war ein Mann von höchster staatsmännischer Begabung. Energisch und skrupellos, aber ausgestattet mit einem universalen Geist, beschäftigte er sich inten-
siv mit dem mathematisch-naturwissenschaftlichen Wissen
seiner Zeit. Außerdem war er der Autor eines Buches über eine
spezielle Jagd. Welche?

Richtig oder falsch?

„Die erste Atlantik-
überquerung gelang
Charles Lindbergh."

*Lindbergh überquerte
den Atlantik als erster
Pilot allein. Vor ihm
hatten schon über
60 Menschen diese
Strecke zurückge-
legt, allerdings mit
Zwischenstopps oder
eben zu zweit.*

Geschichte

Frage 1189

Die Aufnahme erfolgte durch Riten, in deren Mittelpunkt kultische Kämpfe mit blutigen Tieropfern standen.
Wie nannte sich ein kenianischer Geheimbund der Kikuyu, der in den Jahren 1952 bis 1956 den Aufstand gegen die englische Kolonialmacht probte?

Frage 1190

Welcher deutsche Landesherr wurde der „Große Kurfürst" genannt?

Kurfürst Friedrich August I. von Sachsen

Herzog Maximilian I. von Bayern

Friedrich Wilhelm, Kurfürst von Brandenburg

Kurfürst Friedrich V. von der Pfalz

Frage 1191

Der Zweite Weltkrieg forderte mehr als 50 Millionen Todesopfer. Ein Land hatte dabei den Verlust von mehr als 20 Millionen Menschenleben zu beklagen.
Welches Land war das?

Frage 1192

Im Jahr 1820 kaufte eine Gesellschaft von weißen US-Amerika-
nern, die gegen die Sklaverei waren, einen Küstenstreifen in
Afrika, um dort freigelassene ehemalige Sklaven anzusiedeln.
Im April 1980 wurde das Land durch einen Putsch ins Chaos
gestürzt, das bis heute nicht beseitigt werden konnte.
Wie heißt der Staat?

Frage 1193

2008 wäre er 80 Jahre alt geworden. „Ziel gut und schieß',
du wirst einen Mann töten", soll er seinem Henker zugerufen
haben, als der ihn am 9. Oktober 1967 tötete. Der Satz ist Teil
seiner umfangreichen Legende, genauso wie: „Ich sterbe lieber aufrecht, als dass ich auf Knien lebe."
Wer war der Revolutionär?

Frage 1194

1878 trafen sich auf Einladung Bismarcks die Vertreter der
damaligen Großmächte, um über eine Neuordnung auf dem
Balkan zu verhandeln. Das Ergebnis ist bis heute spürbar: Die
Fürstentümer Rumänien, Serbien und Montenegro wurden
für souverän erklärt und Bulgarien als souveräner Staat anerkannt. Unter welchem Namen ging diese Konferenz in die
Geschichte ein?

Berliner Kongress	Rapallovertrag
Cobden-Chevalier-Vertrag	Potsdamer Konferenz

Geschichte

Frage 1195 ☀☀☀

Durch die Veröffentlichung des „Processus contra Templarios" im Herbst 2007 im Vatikan wurde eine wichtige Urkunde bekannt, die beweisen soll, dass der Templerorden Anfang des 14. Jahrhunderts zu Unrecht der Ketzerei angeklagt war – und Papst Clemens V. sogar versucht hatte, den Orden zu retten. Wie heißt das Dokument?

Pergament von Chinon	Diskos von Phaistos
Il Cantico di Frate Sole	Carmina Burana

Frage 1196 ☀

Richtig oder falsch?

„Als Cäsar ermordet wurde, sagte er: ,Auch du, mein Sohn Brutus.'"

Bereits in vorchristlicher Zeit entstanden auf freiwilliger Basis jüdische Wohnviertel. Zu Beginn der Zeitrechnung dienten sie dem Schutz vor Judenverfolgung. Seit dem 13. Jahrhundert wurden sie zwangsweise von der christlichen Bevölkerung durch Mauern und Tore abgetrennt. In der Zeit des Faschismus waren sie dann Stätten der Isolierung mit dem Ziel der vollständigen Ausrottung der Juden.
Wie nannte man diese Viertel?

Frage 1197 ☀

Am 18. Januar 1919 – zwei Monate nach Ende des Ersten Weltkriegs – versammelten sich die Vertreter von 27 Siegerstaaten zur Friedenskonferenz im Außenministerium in Paris. Deutschland und seine Verbündeten waren nicht zugelassen. Die Konferenz selbst stand im Zeichen der Geheimdiplomatie. Alle wichtigen Beschlüsse wurden von den Großmächten hinter verschlossenen Türen getroffen.
Unter welchem Namen ging der Vertrag in die Geschichte ein?

Schon antike Historiker schrieben, der Imperator sei zu schwer verwundet gewesen, um noch sprechen zu können.

Frage 1198

Eine kleine baskische Stadt nördlich von Bilbao wurde am 24. April 1937 von der deutschen „Legion Condor" zerstört. Es war der erste große Verstoß der nationalsozialistischen Luftwaffe gegen das Kriegsvölkerrecht. Im gleichen Jahr malte Pablo Picasso ein Bild, das die Gräuel dieser Bombardierung anprangerte.
Wie heißt die Stadt?

Frage 1199

1876 kam es zu einer Schlacht, in deren Verlauf eine Abteilung der amerikanischen Kavallerie unter General Custer von Sioux-Indianern vernichtend geschlagen wurde. An welchem Ort fand dieser Kampf statt?

- Little Bighorn
- Appomattox
- Gettysburg
- Tipecanoe

Frage 1200

Am 23. Mai 1618 ergriffen Protestanten die Statthalter des katholischen Kaisers Matthias und einen Schreiber und warfen sie aus einem Fenster des Hradschin 17 Meter in die Tiefe. Welcher Krieg, der ganz Europa überzog, brach daraufhin aus?

Geschichte

Frage 1201

Am 14. August 1941 trafen sich auf dem britischen Schlachtschiff „Prince of Wales" in der Placentia Bay vor Neufundland der Präsident der Vereinigten Staaten von Amerika, Franklin D. Roosevelt, und der britische Premierminister Winston Churchill. Sie verabschiedeten ein Dokument, in dem sie Vorstellungen von einer neuen Weltordnung nach dem Zweiten Weltkrieg präzisierten. Wie heißt dieses Dokument?

Charta der Vereinten Nationen	Magna Charta
Atlantik-Charta	Neufundland-Abkommen

Frage 1202

Deutsch-Südwestafrika war von 1884 bis 1914 deutsche Kolonie. Die Kolonialherrschaft ging mit der Vernichtung der Hereros unter Generalleutnant Lothar von Trotha unrühmlich in die Geschichte ein. Wie heißt das Land heute?

Swakopmund	Namibia
Angola	Togo

Frage 1203

Nach dem Ersten Weltkrieg wurde auf Anregung des amerikanischen Präsidenten Wilson eine Staatenorganisation gegründet, die den Frieden unter den Völkern sichern sollte. Ihr Sitz war Genf. Ihr gehörten zunächst nur die Siegerstaaten und neutralen Länder an. Deutschland konnte 1926 eintreten. 1946 erlosch diese Institution.
Wie war ihr Name?

Frage 1204

Er verdammte das weltliche Rittertum als verderblich und plädierte
für die Verbindung von Mönch-
tum und Rittertum. Nur Krieger im
Namen des Christentums – die
sogenannten Tempelritter – seien
ehrenwerte Krieger. Beim Zweiten
Kreuzzug überredete er den
deutschen König Konrad III. zur
Teilnahme. Wer war's?

König Balduin	Bernhard von Clairvaux
Hugo von Payens	Wilhelm von Tyros

Frage 1205

Sueton überlieferte der Nachwelt Biografien römischer Kaiser,
die auch den heutigen Leser fesseln können. Welcher frühe
Historiker gilt als „Vater der Geschichtsschreibung"?

Tacitus	Herodot
Fabius Pictor	Zenon von Rhodos

Frage 1206

Zar Alexander I. entwarf 1815 ein Manifest der Monarchen
an die Völker. Das Bündnis kam zustande, obwohl alle drei
beteiligten Monarchen unterschiedlichen Konfessionen angehörten: Der russische Zar war orthodox, Kaiser Franz I. von
Österreich römisch-katholisch und König Friedrich Wilhelm III.
von Preußen evangelisch. Alle europäischen Mächte mit Ausnahme des Papstes und der Türkei traten bei.
Unter welchem Namen ist es bekannt?

Geschichte

Frage 1207

Das Kürzel „D-Day" bezeichnet im Englischen einen Tag, an dem eine größere militärische Operation durchgeführt wird. Es gibt einen für Deutschland ganz entscheidenden D-Day. Was geschah am 6. Juni 1944?

Frage 1208

Der Deutsche Bund hatte durch die europäischen Umschichtungen einige – aus heutiger Sicht – merkwürdige Mitglieder. Welcher der hier Aufgeführten gehörte aber nicht dazu?

Der König von England als König von Hannover

Der König von Dänemark als Herzog von Holstein und Lauenburg

Der König von Frankreich als Herzog von Lothringen

Der König der Niederlande als Großherzog von Luxemburg

Frage 1209

Papst Innozenz VIII. veröffentlichte 1484 eine Bulle, in der er offiziell die Existenz der Hexerei bestätigte. Er ermächtigte die beiden in Deutschland tätigen Inquisitoren Heinrich Kramer (Henricus Institor) und Jacob Sprenger, gegen die Zauberer und Hexen gerichtlich vorzugehen. Institor veröffentlichte unter dem Titel „Malleus Maleficarum" ein Buch, das bis ins 17. Jahrhundert hinein in 29 Auflagen erschien.
Wie ist der deutsche Name des Buches?

Frage 1210

Was verbindet Philipp von Schwaben, jüngster Sohn Friedrich Barbarossas, mit Otto IV. von Braunschweig, Sohn Heinrichs des Löwen, in der deutschen Geschichte?

Sie führten zusammen einen Kreuzzug an.

Sie waren beide Mündel von Papst Innozenz III.

Sie starben im Duell auf einem Ritterturnier in Speyer.

Sie waren von 1198 bis 1208 zeitgleich römisch-deutsche Könige.

Frage 1211

Eine Gruppe, an der auch Studenten der Münchener Universität beteiligt waren, verfasste und verteilte während der Zeit des Nationalsozialismus unter Lebensgefahr Flugblätter, in denen zum Widerstand aufgerufen wurde. Sie wurden vom Hausmeister entdeckt und die meisten Mitglieder hingerichtet.
Wie war der Name der Gruppe?

Frage 1212

Aus welchem berühmten Dokument stammt der folgende Anfangssatz?
„Ein Gespenst geht um in Europa – das Gespenst des Kommunismus. Alle Mächte des alten Europa haben sich zu einer heiligen Hetzjagd gegen dies Gespenst verbündet, der Papst und der Zar, Metternich und Guizot, französische Radikale und deutsche Polizisten."

Geschichte

Frage 1213 💡

Um sie ranken sich viele Theorien und Spekulationen. Der Mythos könnte sich auf eine vorgeschichtliche Flutkatastrophe gründen oder auch von vulkanischen Ereignissen herrühren. Wie heißt die sagenhafte versunkene Stadt, die in verloren gegangenen Schriften der ägyptischen Priesterschaft und Solons erwähnt wird?

Frage 1214 💡💡

Sie war 1889 aus dem russischen Teil Polens geflohen, um an der Universität Zürich zu studieren. 1897 promovierte sie mit Auszeichnung. Durch die Schriften von Marx und Engels war sie zur Revolutionärin geworden: Sie wollte Menschlichkeit für die „armen Opfer der Gummiplantagen in Putumayo, die Neger in Afrika, mit deren Körpern die Europäer Fangball spielen". Wer war die Pazifistin, die 1919 ermordet wurde?

Richtig oder falsch?

„Marco Polo gelangte bis nach China."

Frage 1215 💡💡

Am 27. Februar 1933 bot sich den Nazis die Gelegenheit zu groß angelegten Verfolgungsmaßnahmen und dazu, den Ausnahmezustand auszurufen. Noch in der Nacht hatte Göring die Verhaftung der Abgeordneten und führender Funktionäre der KPD, das Verbot ihrer Presse und ein vierzehntägiges Verbot der sozialdemokratischen Presse angeordnet. Bis zum 15. März wurden 7.784 Personen verhaftet. Was war geschehen?

Militärputsch	Wahlsieg der NSDAP
Reichstagsbrand	Hindenburgs Tod

Vermutlich ist er auf seinen Reisen „nur" bis in die Mongolei vorgedrungen.

Frage 1216

Die „Entkolonialisierung" – also der Verzicht europäischer Staaten auf überseeische Kolonien – war ein schmerzhafter Prozess. 1947 begannen die Briten. Sie verzichteten auf Indien, ihren wertvollsten Kolonialbesitz und taten damit einen Schritt staatsmännischer Weitsicht und Vernunft. In der Frühphase der Unabhängigkeit war ein Mann die große Integrationsfigur des jahrzehntelangen gewaltlosen Befreiungskampfs.
Wer starb durch ein Attentat?

Frage 1217

Das Bild ging 1985 um die Welt: In Turnschuhen wurde Joschka Fischer als erster grüner Minister einer rot-grünen Landesregierung vereidigt.
In welchem Bundesland war das?

Frage 1218

Zwischen 1814 und 1815 fand eine Versammlung der Vertreter von rund 200 Staaten, Städten, Herrschaften und Körperschaften statt, um das europäische Staatensystem nach dem Ende Napoleons wieder zu ordnen.
Wie hieß diese Veranstaltung?

Geschichte

Frage 1219

Nach dem Ende des Kaiserreichs war die deutsche Nationalversammlung 1919 in einer kleinen Stadt zusammengekom-
men, um ohne den Druck der Straße debattieren und entschei-
den zu können. Hier war die Sicherheit der Abgeordneten viel
besser zu gewährleisten als in dem von revolutionären Provo-
kationen erschütterten Berlin.
Wie hieß die Stadt, die der jungen Republik ihren Namen gab?

Frage 1220

Auch vor Versailles war es üblich, Kriegsentschädigungen zu
zahlen, die einer Erstattung der Kriegskosten durch den Besiegten entsprachen. Ein allgemein verbindlicher Rechtsan-
spruch existierte aber nie. Deshalb forderten die Sieger von
Versailles auch Wiedergutmachung für private Schäden, für
Darlehen, für Renten und Pensionen.
Wie nennt man solche Zahlungen?

Frage 1221

Im Kampf gegen Napoleon
sind die fünf großen Mächte
in Europa wieder erstarkt.
England, Russland, Österreich,
Preußen und Frankreich. Wie
nannte man das Gleichgewicht
der fünf Großmächte?

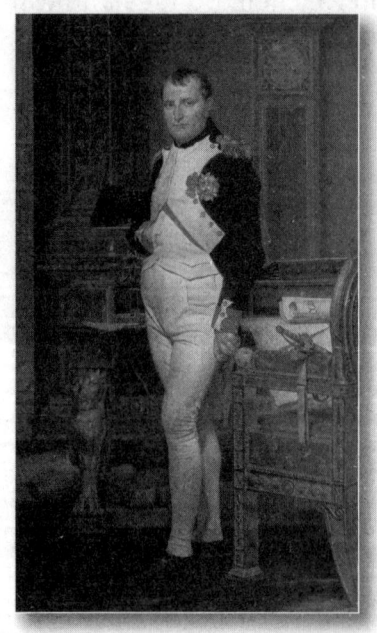

Pentagramm

Pentateuch

Pentarchie

Pentagon

Frage 1222

Am 11. November 1918 wurde in der Nähe von Compiègne der Waffenstillstand geschlossen, der den Ersten Weltkrieg beendete. Fast 22 Jahre später, am 22. Juni 1940, wurde am selben Platz der Waffenstillstand zwischen dem Dritten Reich und Frankreich unterzeichnet.
Wo trafen sich die Delegationen?

Frage 1223

„Wir sind reich an Wissen, aber arm an Weisheit, und wir suchen nach dem Schlüssel zum Überleben", schrieb schon 1991 eine Gruppe renommierter internationaler Wissenschaftler und Ökonomen am Ende ihres Umweltberichts. Wie heißt diese Gruppe, die schon damals auf die Grenzen des Wachstums aufmerksam gemacht hat?

Club of Rome

Greenpeace

New Club of Paris

Trans-Mediterranean Renewable Energy Cooperation

Frage 1224

Ende des 18. Jahrhunderts bestand Europa aus Nationalstaaten mit überseeischen Interessen, Souveränitätsansprüchen und Hegemoniekämpfen. Ein Zar führte auch Russland mit seinem riesigen asiatischen Hinterland in den Kreis dieser Mächte.
Wer war der Herrscher?

Geschichte

Frage 1225

Sie gingen auf „Fahrt", mit langen Fußmärschen, Selbstver-
pflegung und Strohlager. Erwachsene blieben ausgesperrt,
sofern sie nicht selbst früher dabei waren. 1907 wurden auch
Mädchen zugelassen. Die Gruppen trafen sich auf den „Gau-
und Bundestagen" und auch am Sonnwendfeuer. Volkslied,
Naturerlebnis und eine altersgemäße Kleidung standen im
Mittelpunkt. Das Liederbuch der Bewegung hieß „Zupfgeigen-
hansl". Wie hieß die Bewegung?

Wandervogel	CVJM
Bund deutscher Jugend	Pfadfinder

Frage 1226

Bei Plancenoit, einem Dorf südlich von Brüssel, errichtete
einst ein preußischer König ein eisernes Denkmal, das an
Generalfeldmarschall Blücher und seinen Beitrag zu einem
entscheidenden Sieg erinnert.
Welche Schlacht wurde hier 1815 geschlagen?

Frage 1227

1494 wurde im Vertrag von Tordesillas
nach einem Schiedsspruch des Papstes
Alexander VI. die Neue Welt zwischen
zwei Königreichen aufgeteilt. Alle bereits
entdeckten und noch zu entdeckenden
Gebiete wurden „auf ewige Zeiten"
entlang einer in Nord-Süd-Richtung verlaufenden Demarkationslinie vergeben –
ohne andere Interessenten zu fragen.
Wer waren die Nutznießer?

Frankreich und Niederlande	England und Dänemark
Spanien und Portugal	Italien und Spanien

Frage 1228

Welcher FDP-Politiker leitete 1982 die politische Wende ein und war an der Wahl Helmut Kohls zum Bundeskanzler beteiligt?

Helmut Kohl

Am 1. Oktober 1982 wurde Helmut Kohl nach konstruktivem Misstrauensvotum gegen Helmut Schmidt zum sechsten Bundeskanzler der Bundesrepublik Deutschland gewählt.

Mit 52 Jahren war er der bis dahin jüngste Inhaber dieses Amtes. Helmut Kohl wurde insgesamt vier Mal als Kanzler wiedergewählt und ging als „Kanzler der deutschen Einheit" in die Geschichte ein.

Frage 1229

Der Begriff „Dritte Welt" wurde 1952 von Alfred Sauvy, einem französischen Demografen, geprägt. 1955 übernahmen die afroasiatischen Länder auf der Bandung-Konferenz diesen Namen. Als ihre Hauptanliegen wurden die Entlassung aus der Kolonialherrschaft und gerechte Anteile an der Weltwirtschaft formuliert. Wie nannten sich diese Staaten damals auch?

„Entwicklungsländer"	„Dritter Block"
„Asean-Staaten"	„Afro-Asiaten"

Frage 1230

Eine große deutsche Tageszeitung schrieb: „Ein Politiker muss nicht immer mit dem Grundgesetz unter dem Arm herumlaufen, aber er sollte das ‚NGO-Handbuch' von Greenpeace schon in seinem Büro stehen haben." Was heißt „NGO"?

„Nichts geht ohne"	„Nothing goes over"
„Nichtregierungsorganisation"	„Natur. Gesellschaft. Ozon."

Antworten Allgemeinwissentrainer

1 Der blaue Engel. Gedreht wurde dieser deutsche Spielfilm von 1929 bis 1930 unter der Regie von Josef von Sternberg (1894–1969). Die Musik schrieb Friedrich Holländer (1896–1976).

2 „Einer flog über das Kuckucksnest". Die Hauptrolle hatte hier Jack Nicholson (* 1937)

3 „Clarence" hieß der schielende Löwe aus Daktari. Zusammen mit Judy, der Schimpansin, war er Anfang der 1970er-Jahre mit die populärste Tierfigur im deutschen Fernsehen.

Tabelle: Gewinner des Deutschen Filmpreises in der Kategorie „Bester Hauptdarsteller"

Jahr	Darsteller
2007	Josef Bierbichler („Winterreise")
2006	Ulrich Mühe („Das Leben der Anderen")
2005	Henry Hübchen („Alles auf Zucker")
2004	Birol Ünel („Gegen die Wand")
2003	Daniel Brühl („Elefantenherz", „Good Bye, Lenin!")
2002	Daniel Brühl („Nichts bereuen", „Vaya con Dios", „Das weiße Rauschen")
2001	Moritz Bleibtreu („Das Experiment", „Im Juli")
2000	Uwe Ochsenknecht („Fußball ist unser Leben")
1999	August Diehl („23 – Nichts ist so wie es scheint")
1998	Jürgen Vogel („Das Leben ist eine Baustelle")

4 Inszenierung (franz. „mise en scène") ist das Umsetzen des geschriebenen Textes in das darzustellende Endprodukt nach den Anweisungen des Regisseurs.

5 Das Parfum; kompletter Titel: „Das Parfum. Die Geschichte eines Mörders". Regisseur ist Tom Tykwer.

6 Julia Roberts (* 1967)

7 Psycho

8 Heiner Lauterbach (* 1953)

9 Georg Schramm (* 1949)

10 Günther Jauch (* 1956)

11 Sechs. 2006 kam „Rocky Balboa" in die Kinos.

12 Stefan Raab. Seit 1999 moderiert er die Sendung „TV total", eine der erfolgreichsten Comedyshows der letzten Jahre. Wohl auch durch sein untrügliches Gespür für Marktbedürfnisse wurde er zum Comedystar mit Kultstatus.

13 Remington Steele

14 Dieter Thomas Heck. Schnellsprecher Heck moderierte auch das Quizspiel „Die Pyramide" und die Show „Melodien für Millionen".

15 Mario Adorf (* 1930). Er ist ein Multitalent: Neben seinen Auftritten auf Bühne, Leinwand und Bildschirm gibt er Chansonabende und schreibt Bücher.

16 Herkules in New York. Heute ist Arnold Schwarzenegger Gouverneur von Kalifornien.

17 Sir Anthony Hopkins (* 1937)

18 Mickey Mouse trat 1930 in Erscheinung. Superman und Donald Duck erblickten 1938 das Licht der Welt.

19 Clint Eastwood (* 1930)

20 Für Inhalte der Tagesschau, der Tagesthemen, des Nachtmagazins und des Wochenspiegels ist die Redaktion ARD-aktuell verantwortlich. Sie ist beim Norddeutschen Rundfunk in Hamburg angesiedelt.

21 Die Seifenoper (engl. „soap opera"), bei uns häufig als Soap oder Daily Soap bezeichnet, wird ein- oder mehrmals wöchentlich gesendet. Diese Sendungen sind meist billig produziert und haben eine sehr lange Laufzeit.

22 Michael. Den Spitznamen „Bully" hat er seit seiner Kindheit, weil er in der Schule ein Trikot von Bayern München mit dem damaligen Werbeslogan „Die Bullen kommen" trug.

23 Ang Lee (*1954) ist ein taiwanesischer Filmregisseur und Drehbuchautor. Er studierte an der New York University Theater- und Filmproduktion.

24 Sandra Bullock (* 1964)

25 Robert Redford (* 1936)

26 Der wichtigste Preis der Internationalen Filmfestspiele von Cannes ist die Goldene Palme (Palme d'Or), mit der der beste Film des Wettbewerbs ausgezeichnet wird. Das Festival wird seit 1946 jährlich im Mai an der französischen Côte d'Azur veranstaltet.

27 Lauren Bacall. Verschiedene Filme mit Bogart und Bacall folgten, unter anderem „Tote schlafen fest" („The Big Sleep", 1946). Bogart starb 1957.

28 Marlon Brando (1924–2004)

29 George Clooney (* 1961)

30 John Travolta (* 1954) wurde im Jahr 1978 für einen Oscar als bester Hauptdarsteller nominiert. Für den Golden Globe Award wurden außerdem der Film als bester Film im Bereich Komödie oder Musical, der Hauptdarsteller, die Filmmusik und der Song „How Deep Is Your Love" von den Bee Gees nominiert.

31 Snoopy

32 Jack Nicholson (* 1937)

33 Hutmodell. Mit 15 Jahren begann Brigitte Bardot ihre Karriere als Fotomodell in Paris. Anfangs präsentierte sie dabei Hüte.

34 Helmut Dietl (* 1944). Er wird „Regisseur der Society" oder auch der „Al Pacino von Schwabing" genannt.

35 Ingrid Bergman (1915–1982) wurde 1939 für den Film „Intermezzo" in die USA geholt. Die junge Schwedin begeisterte das amerikanische Publikum vor allem durch ihre Natürlichkeit. 1949 drehte Bergman mit Roberto Rossellini in Italien den Film „Stromboli". Dabei verliebte sie sich in den Regisseur. Nachdem sie von Rossellini schwanger geworden war, verließ sie ihren Ehemann Petter Lindström.

36 Leonardo DiCaprio (* 1974)

37 Am laufenden Band. In den 80er-Jahren traf Carrell mit der „Tagesshow" wieder den richtigen, diesmal mit politischer Satire angereicherten Ton. Danach verlegte sich der vielseitige Holländer als Moderator der Flirtsendung „Herzblatt" auf die unterhaltsame Einfädelung von Liebesbanden.

38 Federico Fellini (1920–1993) zählte zu den wichtigsten Filmemachern und Regisseuren Italiens. Seine Frau, die Schauspielerin Giulietta Masina, spielte häufig in seinen Filmen mit. Berühmt wurden

u. a. „La Strada" (1954), „Die Nächte der Cabiria" (1957) und „Julia und die Geister" (1965).

39 Roger Moore (* 1927) spielte zwischen 1973 und 1985 insgesamt sieben Mal den James Bond. Sean Connery (* 1930) war nur sechs Mal im Dienste Ihrer Majestät unterwegs.

40 Dalli Dalli. Fester Bestandteil von „Dalli Dalli" war neben dem be-

Gracia Patricias Unfall

In den Vormittagsstunden des 13. September 1982 geschah der verhängnisvolle Unfall, der bis heute für Spekulationen sorgt. Der Wagen, in dem die ehemalige Hollywoodschauspielerin und ihre Tochter Stéphanie saßen, kam auf der steilen Serpentinenstrecke nach Monaco in einer Haarnadelkurve von der Straße ab. Mutter und Tochter stürzten 40 Meter tief einen Abhang hinunter. Gracia Patricia starb einen Tag später an ihren schweren Verletzungen. Sie war 52 Jahre alt geworden. Prinzessin Stéphanie überlebte. Die Beerdigung wurde weltweit live übertragen.

Mehrere Gerüchte ranken sich um den Tod der Schönheit. So soll Grace Kelly im Film „Über den Dächern von Nizza" durch dieselbe Kurve gefahren sein; dies ist jedoch nicht der Fall. Es kursieren auch immer noch Erzählungen, die im Autofahren ungeübte, damals 17-jährige Prinzessin Stéphanie habe bei der Todesfahrt am Steuer gesessen. Bestätigt wurde dies nie.

rühmten Luftsprung Rosenthals die Kulisse, eine Gitterwand, die aus sechseckigen Waben bestand.

41 Wayne Newton (* 1942)

42 Sie heißen beide Horst Köhler.

43 Til Schweiger (* 1963). 1991 war er erstmals in der TV-Serie „Lindenstraße" unter der Regie von Hans W. Geißendörfer zu sehen. Der Durchbruch gelang ihm mit der Beziehungskomödie „Der bewegte Mann" in der Rolle des Frauenhelden Axel, der versehentlich in der Homosexuellenszene landet.

44 Michael Douglas (* 1944)

45 Hans Peter Wilhelm Kerkeling (* 1964), bekannt als Hape Kerkeling, ist ein deutscher Schauspieler, Moderator, Komiker und Buchautor.

46 Grace Kelly wurde Gracia Patricia, Fürstin von Monaco, nachdem sie Rainier III. (1923–2005) von Monaco geheiratet hatte. Sie starb 1982 durch einen Autounfall.

47 FSK heißt Freiwillige Selbstkontrolle der Filmwirtschaft. Eine Pflicht zu einer Prüfung durch die FSK

Tabelle: Die erfolgreichsten Filme nach Einspielergebnis

Platz	Titel	Jahr	Einspielergebnis in Mio $
1	Titanic	1997	1.835,3
2	Der Herr der Ringe: Die Rückkehr des Königs	2003	1.129,2
3	Pirates of the Caribbean – Fluch der Karibik 2	2006	1.060,3
4	Harry Potter und der Stein der Weisen	2001	976,5
5	Pirates of the Caribbean – Am Ende der Welt	2007	961,0
6	Harry Potter und der Orden des Phönix	2007	938,5
7	Star Wars: Episode I - Die dunkle Bedrohung	1999	922,3
8	Der Herr der Ringe: Die zwei Türme	2002	921,6
9	Shrek 2	2004	919,8
10	Jurassic Park	1993	919,7
11	Harry Potter und der Feuerkelch	2005	892,2
12	Spider-Man 3	2007	890,5
13	Harry Potter und die Kammer des Schreckens	2002	866,3
14	Findet Nemo	2003	864,6
15	Der Herr der Ringe: Die Gefährten	2001	860,4
16	Star Wars: Episode III – Die Rache der Sith	2005	848,0
17	Independence Day	1996	811,0
18	Spider-Man	2002	806,7
19	Krieg der Sterne	1977	797,4
20	Shrek der Dritte	2007	796,0

besteht nicht, jedoch haben sich die Mitglieder der Spitzenorganisation der Filmwirtschaft (SPIO) dazu verpflichtet, nur von der FSK kontrollierte Produktionen zu veröffentlichen.

48 Wolfgang Lippert (* 1952)

49 Audrey Hepburn (1929–1993)

50 Der Goldene Löwe (ital. „Leone d'Oro") wird bei den Filmfestspielen von Venedig für den besten Spielfilm verliehen. Die Bezeichnung existiert seit 1949, als der Preis als „Goldener Löwe von San Marco" (ital. „Leone di San Marco") erstmals verliehen wurde.

51 Admiral von Schneider

Tabelle: Die erfolgreichsten Filme nach Oscars

Rang	Titel	Oscars
1	Titanic	11
2	Ben Hur	11
3	Der Herr der Ringe – Die Rückkehr des Königs	11
4	Vom Winde verweht	10
5	West Side Story	10
6	Der letzte Kaiser	9
7	Der englische Patient	9
8	Gigi	9
9	Verdammt in alle Ewigkeit	8
10	Die Faust im Nacken	8
11	My fair Lady	8
12	Amadeus	8
13	Gandhi	8
14	Cabaret	8
15	Die besten Jahre unseres Lebens	8
16	Shakespeare in Love	7
17	Der mit dem Wolf tanzt	7
18	Jenseits von Afrika	7
19	Der Weg zum Glück	7
20	Lawrence von Arabien	7

52 Bios Bahnhof. Schauplatz war die Halle eines alten Bahnhofs. Musik von Pop bis Klassik und Gespräche mit den Interpreten bildeten das Grundmuster der Show.

53 Baby Schimmerlos heißt der Reporter – im wahren Leben Michael Graeter. In seiner Rolle als Klatschreporter wurde Franz Xaver Kroetz (* 1946) einem größeren Publikum bekannt.

54 Ottfried Fischer (* 1953)

55 Uschi Glas (* 1944)

56 George Lazenby (* 1939). Nach dem Ausstieg von Sean Connery (* 1930) erschien 1969 der erste und einzige James Bond-Film mit Lazenby „Im Geheimdienst Ihrer Majestät". Craig feierte sein Debüt als Bond-Darsteller 2006 in „Casino Royale".

57 Fernandel (eigentlich: Fernand Joseph Désiré Contandin). Der französische Schauspieler (1903–71) wurde in der Rolle des aufsässigen Dorfpfarrers Don Camillo erst so richtig berühmt.

58 „Wetten dass..?".

59 Maria Furtwängler (* 1966)

60 „Ratatouille" ist ein Zeichentrickfilm von John Lasseter (* 1957), der in Hollywood als Genie und neuer Walt Disney gilt. Unter Lasseters Führung sind unter anderem „Toy Story", „Monster Inc.", „Cars" und „Findet Nemo" entstanden.

61 Thomas Chippendale (1718–1779). Als Material verwendete er vornehmlich Mahagoni, für das Ornament Motive des französischen Rokoko und Ostasiens.

62 Porzellan. Aus dem von August II. von Sachen für Tschirnhaus eingerichteten Labor ging 1710 die Meißner Porzellanmanufaktur hervor. Lange Zeit war die Wiederentdeckung des Porzellans irrtümlich Tschirnhaus' Gehilfen Böttger zugeschrieben worden.

63 Chac-Mool. Die Chac-Mool-Figuren waren in Mexiko vor, während und nach der toltekischen Kultur zu finden, besonders in Tula, Chichén Itzá, Costa Rica und El Salvador.

64 Actionpainting. Hauptvertreter dieser Methode ist Jackson Pollock, der schon um 1947 mit dem Farb-Dripping begann.

65 Der Torso wurde von modernen Bildhauern wie Rodin, Moore, Lehmbruck oder Maillol verwendet.

66 Henri Matisse. Der Schüler von G. Moreau begann um 1900 nach impressionistischen Anfängen unter dem Einfluss von Gauguin, Cézanne und Monet mit leuchtenden Farben zu malen.

67 Walter Gropius (1883-1969) war ein deutscher Architekt. Er gründete durch Zusammenschluss der Hochschule für Bildende Kunst und der Kunstgewerbeschule Henry van de Veldes (1863-1957) in Weimar das Bauhaus. Zur Gründung veröffentlichte Gropius ein Manifest, das eine Zusammenfassung der bildenden Künste unter Vorherrschaft der Architektur sowie „den neuen Bau der Zukunft" einforderte. Außerdem propagierte Gropius die Einheit von ästhetisch ansprechender Form und Funktion, womit er den wichtigsten Grundsatz des Bauhauses formulierte.

68 „Das Frühstück im Grünen" malte Claude Monet 1866. Als Vorbild für dieses Werk diente „Das Frühstück im Grünen" Manets aus dem Jahr 1863. Das Bild Manets zeigt eine nackte Frau zwischen zwei städtisch gekleideten Män-

„Das Frühstück im Grünen" von Edouard Manet aus dem Jahr 1863.

„Das Frühstück im Grünen" von Claude Monet aus dem Jahr 1866.

nern beim Picknick auf einer Waldlichtung. Es löste mit der nicht mythisch verknüpften Nacktheit einen Skandal aus. Monet war von diesem Werk Manets begeistert. Monet machte die Szene für das Bürgertum akzeptabler, indem er auch die Damen verhüllt zeigte.

69 Leonardo da Vinci (1452–1519). Der Sohn eines Notars studierte bei dem Maler Verrocchio in Florenz und brachte schließlich den klassischen Stil zur Vollendung. Typisch für ihn ist der perspektivische Bildaufbau und die weiche, stimmungsvolle Farbgebung. Seine berühmtesten Werke sind das Fresko „Das Abendmahl" und die „Mona Lisa".

70 Aquädukt (lat. „aqua" = Wasser und „ductus" = Führung, Leitung)

71 Chor

72 Caspar David Friedrich (1774–1840). Sein Geburtsort Greifswald an der Ostsee war damals noch schwedisch. Er studierte an der Kunstakademie Kopenhagen und ging dann, weil sein Geburtsort ihm keine Arbeitsmöglichkeiten bot, nach Dresden – damals eine Kunstmetropole. In Dresden blieb und arbeitete er bis an sein Lebensende.

73 Fresko

74 „Die Nachtwache" ist eines der bekanntesten und auch beliebtesten Gemälde Rembrandts. Es war für den Festsaal der Amsterdamer Schützengilde bestimmt und blieb dort bis 1715. Später kam es ins Amsterdamer Rathaus – wo es zur „Nachtwache" wurde: Als Motiv in hellem Mittagslicht konzipiert, erhielt es durch Rauch und Ruß des Kamins sowie durch durchgeschlagenen Firnis den nächtlich-düsteren Gesamteindruck, der vom Künstler nicht gewollt war.

75 „Impression, soleil levant" von 1872 heißt das Bild von Claude Monet, das dem Impressionismus seinen Namen gab. Der Impressionismus gilt als eine Gegenbewegung zum Naturalismus. Die Maler versuchten einen Gegenstand in seiner augenblicklichen, zufälligen Erscheinungsform zu erfassen statt in seiner inhaltlichen Bedeutung.

„Impression, soleil levant" aus dem Jahr 1872 von Claude Monet.

76 Passepartout (frz., bedeutet so viel wie „passt überall") bezeichnet in der Kunst eine Papier- oder Kartonumrahmung für Grafiken, Fotos und Gemälde.

77 Die Land-Art wollte ursprünglich kein neues Konsumgut liefern. Man schuf deshalb in abgelegenen Gebieten gigantische Erdbauwerke, die in keinem Museum, in keiner Galerie ausgestellt werden konnten, also weder transportabel, käuflich noch dauerhaft waren. Wenn jemand die Kunstwerke sehen wollte, musste er sich auf eine innere

und äußere Reise begeben und die Skulptur direkt in der Landschaft betrachten.

78 Art Déco

79 Joseph Beuys, niederrheinischer Maler und Objektkünstler (1921–1986)

80 Die Documenta wurde 1955 mit dem Ziel ins Leben gerufen, in der Kunstbetrachtung die Lücke zu schließen, die in Deutschland durch den Nationalsozialismus und die Nachkriegszeit entstanden war. Heute konzentriert sich die Ausstellung auf die jeweils zeitgenössische Kunst.

81 Edgar Degas, eigentlich Hilaire Germain de Gas (1834–1917), war ein französischer Maler und Bildhauer. Er wollte ursprünglich Jurist werden, gab aber das Studium in Paris schnell auf, um die Hochschule der Schönen Künste zu besuchen und Maler zu werden.

82 Apsis

83 Albrecht Dürer (1471–1528) lernte zunächst das Handwerk seines Vaters, Goldschmied, bevor er bei dem Nürnberger Maler

Michael Wolgemut in die Lehre gehen durfte. Danach war er von 1490 bis 1494 auf Wanderschaft am Oberrhein. 1494 heiratet er in seiner Heimatstadt Nürnberg die Tochter eines Rotschmieds. In den Jahren 1494/95 und 1505 bis 1507 hielt er sich zu Studienzwecken in Italien auf, von 1520 bis 1521 in den Niederlanden.

84 Isenheimer Altar. Es handelt sich um einen sogenannten Wandelaltar mit drei Schauseiten. Die erste Schauseite zeigt die Kreuzigung Christi. Das Schnitzwerk ist seit 1860 verschwunden. Die drei Schauseiten stehen heute getrennt in Colmar im Museum Unterlinden.

85 Das Kölner Wahrzeichen, der gotische Dom St. Peter und Maria, wurde erst in preußischer Zeit fertiggestellt.

86 Die Sixtinische Kapelle, die Hauskapelle der Päpste im Vatikan, wurde bereits 1473 unter Papst Sixtus IV. gebaut. Neben den Fresken enthält sie noch zwölf Wandgemälde, u. a. von Pietro Perugino und Sandro Botticelli.

87 Pablo Picasso (1881–1973). Nach seiner Blauen Periode, die eher schwermütig anmutete, folgten ab ca. 1905 in der Rosa Periode mehr heitere Darstellungen. 1907 fand er, angeregt durch afrikanische Kunst, zu einem expressionistischen Stil. 1908 entwickelte er mit seinem Freund Georges Braque den sogenannten analytischen Kubismus. Als erster Maler wurde er 1971 noch zu Lebzeiten mit einer Ausstellung im Louvre geehrt.

88 Antoni Gaudí (1852–1926), eigentlich Antoni Gaudí i Cornet, spanischer Architekt

89 Francisco de Goya (1746–1828)

„Die nackte Maja" von Francisco de Goya, für die sich der spanische Maler 1814 vor der Inquisition rechtfertigen musste.

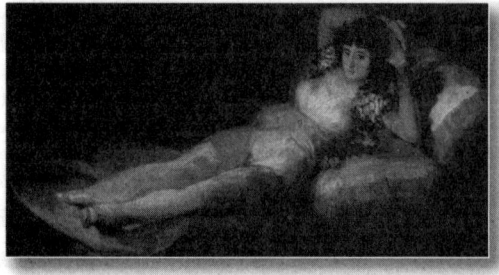

„Die bekleidete Maja" war ursprünglich durch ein Scharnier mit der „nackten Maja" verbunden.

90 Empore

91 In Ronchamp

92 Gotik. Gotisch (ital. „gotico"
= fremdartig und barbarisch). Die
Bezeichnung erinnert an den Einfall
der „barbarischen" Goten 488 in
Italien.

93 Arabeske. Sie entwickelte sich
aus dem assyrischen Rankenornament.

94 Rokoko

95 Arkade

96 Naive Malerei

97 Tizian (Tiziano Vecellio, ca.
1477–1576)

98 Venus von Willendorf. Öster-
reichs bekanntestes Fundstück aus
der jüngeren Altsteinzeit entstand
um 25.000 v. Chr. und wurde am
7. August 1908 bei Bauarbeiten in
Willendorf in der Wachau gefunden.

99 El Greco („Der Grieche") wurde um 1541 in Fodele auf Kreta

geboren. Er starb 1614 in Toledo.
Er war Maler, Bildhauer und Architekt – einer der größten seiner Zeit,
der ausklingenden Renaissance.

100 Englischer Garten

101 Raffael, auch Raffael da
Urbino, Raffaello Santi, Raffaello
Sanzio oder Raphael (1483–1520).
Seine Madonnen-Darstellungen
– zum Beispiel seine „Sixtinische
Madonna" – waren einzigartig und
wurden in ihrer Ausdruckskraft
auch vom Volk verstanden.

102 Die Uffizien sind ein von 1559
bis ca. 1581 in Florenz errichteter
Gebäudekomplex. Die Architekten
waren Giorgio Vasari, Bernardo
Buontalenti und Alfonso Parigi d. J.

103 Romanik

104 Biedermeier

105 Atrium

106 Der Spanier Salvador Dalí

107 Sandro Botticelli aus Florenz
(1444–1510)

Das Triptychon ist ein dreiteiliges Gemälde, das aus einer Mitteltafel und zwei meist schmaleren Flügeln besteht. Hier zu sehen „Der Garten der Lüste" (um 1500) von Hieronymus Bosch.

108 Franz Marc (1880–1916) gilt als einer der bedeutendsten Maler des 20. Jahrhunderts und als Mitbegründer des Expressionismus in Deutschland. Viele seiner Werke tragen das Pferd im Namen, z. B. „Grasende Pferde", „Weidende Pferde I", „Blaues Pferd I" und „Der Turm der blauen Pferde".

109 Triptychon (griech. „triptychos" = dreifach)

110 Der Lettner (lat. „lectorium" = Lesepult, Kanzel)

111 Arena

112 Hieronymus Bosch (um 1450–1516)

113 Empire

114 Freitreppe

115 Giebel

116 Putto. Ursprünglich vom lateinischen Wort „putus" = Knabe stammend, wurde es in seiner italienischen Form „putto" auch im deutschen Sprachraum gebräuchlich.

117 Deutscher Werkbund. Er wurde 1934 von den Nationalsozialisten aufgelöst und 1947 neu gegründet.

118 Die „Mona Lisa" (ital. „La Gioconda", frz. „La Joconde") ist ein Ölgemälde von Leonardo da Vinci.

Die „Mona Lisa" (um 1503) von Leonardo da Vinci.

119 Krypta (griech. „kryptos" = verborgen, geheim)

120 Henry Moore (1898–1986), englischer Bildhauer

121 Jugendstil. Die Zeitschrift hieß „Die Jugend".

122 Fernando Botero (* 1932 in Medellín/ Kolumbien)

123 1968 hat Wolf D. Prix das Himmelblau-Label als eine Art Antithese zur bürgerlichen „Wüstenrot AG" gegründet. Mittlerweile ist er selbst höchst etabliert.

124 Georg Baselitz, eigentlich Hans-Georg Kern (* 1938 in Deutschbaselitz)

125 Das Relief vereinigt die dreidimensionalen Eigenschaften der Plastik mit den perspektivischen Gesetzmäßigkeiten und Möglichkeiten der flachen Zeichnung.

126 Eklektizismus (griech. „eklektós" = ausgewählt)

127 Anekdote

128 Kreuzreim oder auch Wechselreim. Er wirkt auflockernd und wird oft in der Volkslyrik verwendet.

129 Der Gleichklang der Vokale in mehreren Wörtern. Die Assonanz wird oft auch als unreiner Reim bezeichnet. Ein Beispiel: Ebenen – Wegen.

130 „ "

131 Faust. Johann Wolfgang von Goethes „Faust. Der Tragödie erster Teil" wurde 1808 veröffentlicht.

132 Distichon. Verwendet werden Distichen besonders in Elegien und Epigrammen.

133 Linguistik. Die anderen drei Begriffe bezeichnen Teilgebiete der Sprachwissenschaft. Die Syntaktik untersucht die Aufeinanderfolge der Zeicheneinheiten, die Semantik deren Bedeutung, die Pragmatik die Rolle der Zeichen im Kommunikationsprozess.

134 Im Ersten Weltkrieg die übliche Erwiderung kriegsmüder Soldaten auf jede Art von Frage. Der „Bahnhof" symbolisierte für sie die lang ersehnte Fahrt in die Heimat. Mit der Antwort „Ich verstehe nur Bahnhof" machten sie dem Fragenden deutlich, dass sie an keinem anderen Gesprächsthema als dem Heimreisetermin interessiert waren.

135 Abraham a San(c)ta Clara (1644–1709) war auch Verfasser satirisch-pädagogischer Schriften, die sich durch die Kraft und Farbigkeit des Ausdrucks und ihre erbarmungslose, kritische Schärfe auszeichnen.

136 Alliteration

137 Piktogramme

138 Im 17. Jahrhundert begann man, Jacke wie Hose aus demselben Stoff zu schneidern. Zwischen den Kleidungsstücken gibt es seit damals, was den Stoff betrifft, keine Unterschiede mehr.

139 ɸ

140 Laotse (6. Jahrhundert v. Chr.)

141 Sie bezieht sich auf das „Buch der Bücher", die Bibel, als Vorgabe für das rechte Leben.

142 Die Vorvergangenheit

143 Gotthold Ephraim Lessing (1729–1781)

144 Skipass

145 Lucius Annaeus Seneca

146 sub|s|tan|zi|ell

147 Johann Wolfgang von Goethe (1789–1832). Der Satz ist aus dem „Faust", 1. Akt, 1. Szene.

148 Die Redewendung bezieht sich auf den gepflasterten Fahrdamm, dessen Verlassen ein Risiko für das Reittier bzw. das Fuhrwerk bedeutete und das Vorankommen erheblich erschwerte.

149 unermesslich

150 Pointe

151 Eine große altindische Fabelsammlung

152 Eine stark vereinfachte Mischsprache aus Englisch und einheimischen, regional verschiedenen Sprachelementen. Wird oft als Behelfssprache eingesetzt.

153 Jiddisch, Französisch, Italienisch

154 Ironie

155 Sie bezieht sich auf das Aufgehen speziell von Hefeteig im Ofen, der am Ende schon mal über die Form hinausragt.

156 Das Umfassende, Alles

157 Dieser Ausdruck geht auf eine Fabel des römischen Dichters Phaedrus (ca. 20 v. Chr. – 50 n. Chr.) zurück. Eine eitle Krähe schmückte sich mit Pfauenfedern und mischte sich unter die bunten, glänzenden Vögel. Als die Pfaue sie erkannten, hieben sie mit ihren Schnäbeln auf sie ein und rissen ihr die „fremden" Federn aus.

158 Im Fechtduell – aber nicht nur dort – half ein unfairer Kämpfer seinem Sieg auf die Sprünge, indem er Erde oder Sand aufnahm und dies dem Gegenüber ins Gesicht warf, sodass dieser nicht mehr klar sehen konnte und verlor.

159 ;

160 Ein Reim, der mit einer Hebung endet

161 Schwarze Schafe waren bei Schäfern unbeliebt, da ihre Wolle nicht gefärbt und nicht mit der Wolle weißer Schafe vermischt werden konnte.

162 Pars pro Toto

163 Ein auf dem Kopf stehendes Fragezeichen

164 Julius Cäsar (100–44 v. Chr.), als er den Rubikon überschritt. Mit den Truppen in das römische Staatsgebiet einzumarschieren stellte eine Gesetzesübertretung dar, die Cäsar zum endgültigen Feind des Senats machte.

165 Vor langer Zeit, von jeher, immer schon

166 Der Daumen als stärkster Finger steht in zahlreichen Redensarten für die gesamte Hand. Bis heute ist die Geste üblich, die Hand von jemandem, dem man Glück wünscht, aufmunternd zu drücken. Kann man dies aufgrund der räumlichen Distanz nicht, drückt man stellvertretend sich selbst die Hand bzw. den Daumen.

167 Tierhaut

168 Tipp

169 Leibniz' Werke

170 Der Nachbar wird den Rasenmäher wohl nie mehr zurückgeben.

171 Sie kommt aus dem Handwerk und bezieht sich darauf, dass der Schmied das glühende Eisen schnell bearbeiten muss, bevor es erkaltet, wobei buchstäblich die Funken fliegen.

172 Tautologie

173 Ägyp|ten

174 Ein Pechvogel; die Märchennovelle handelt von einem Mann, der seinen Schatten verkauft.

175 Wortpalindrom: z. B. Anna, Hannah, Lagerregal, Otto, Reittier, Reliefpfeiler, Rotor. Satzpalindrom: z. B. Ein Neger mit Gazelle zagt im Regen nie.

176 „Aase" gilt als standardsprachliche Pluralform für „Aas" in der Bedeutung von „verwesende Tierleiche, Kadaver".

177 Sie geht auf eine Fabel des römischen Dichters Phaedrus (ca. 20 v.–50 n. Chr.) zurück, in der sich ein eitler Frosch mit einem Ochsen messen will, wofür er sich aufbläst, bis er platzt.

178 Rhythmus

179 Sir Peter Ustinov (1921–2004)

180 Als Haustiere gehaltenen Vögeln stutzte man früher die Schwungfedern, damit sie nicht davonfliegen konnten. Man beschränkte also ihre Reichweite und ihre Möglichkeiten.

181 Kalligraphie

182 Antonomasie

183 auf Deutsch

184 Hirten- und Schäferleben

185 Aus dem Dreißigjährigen Krieg. Die Gitter schwedischer Gefängnisse waren aus schwedischem Stahl gefertigt, der als besonders unverwüstlich galt.

186 Die geheime Zeichenschrift der Landstreicher und Bettler

187 Hieroglyphen

188 26

189 Aposiopese

190 Laut Duden schreibt man behände mit „ä", weil es „zu Hand gestellt wird".

191 Wesfall

192 Vermutlich steht in dieser Redewendung das „Gift" für Medikamente und Heiltinkturen. Diese kann man ohne Sorge einnehmen, wenn es auf einem Rezept angeordnet wird.

193 Friedrich Schiller (1759–1805)

194 Wiewort

195 Schneider arbeiteten schon im Mittelalter im Sitzen und hatten bei der Ausübung ihrer Tätigkeit – bei der sie zudem wenig Muskelmasse aufbauten – kaum Bewegung.

196 Aus der griechischen Sprache. Die Synagoge ist der Versammlungsort der Gemeinde und dient dem Gebet und der Belehrung.

197 Buchstabe

198 Fürsten und Edelleute hatten früher ein Begnadigungsrecht. Als sichtbares Zeichen der Begnadigung und des Schutzes legten sie dem Betroffenen ihren Mantel um – sie nahmen ihn unter ihren Deckmantel.

199 Sie leitet sich vom in der Fastenzeit den Altar verhüllenden „Hungertuch" ab. Der Brauch, das Altarbild zwischen Aschermittwoch und Ostersonntag mit einem oft mit Passionsbildern verzierten Tuch zu verhängen und so die Zeit des Fastens und der Buße anzuzeigen, stammt aus dem 11. Jahrhundert.

200 Metapher

201 Das E

202 Hamlet

203 Caligula (12–41 n. Chr.)

204 Vermutlich auf den Boden eines Geldkästchens, das durch die gelagerten Münzen glatt gerieben wurde. Konnte man den Boden des Kästchens erkennen, hatte man kein Geld mehr.

205 „Auf etwas erpicht sein", also auf etwas begierig sein, bedeutete eigentlich „wie mit Pech an etwas festgeklebt sein". Die Wendung bezieht sich auf die Technik des Vogelfangs mit Leimruten, von der sich zahlreiche andere Redensarten herleiten, z. B. „jemandem auf den Leim gehen".

206 Sokrates (469–399 v. Chr.)

207 K

208 Personifikation

209 Pakistan

210 Schlechtes, verballhorntes Latein

211 Im Mittelalter wurde Abfall nicht entsorgt, sondern durch das Fenster einfach auf die Straße hinausgeworfen, wo er im schlimmsten Fall lag, bis der nächste Regen ihn fortwusch. Wer mit seinem Geld ebenso freigebig umgeht wie mit seinem Müll, der wirft es redensartlich zum Fenster hinaus.

212 Ungarisch

213 Apostrophe. Darunter versteht man auch andere Formen der Anrede wie die Anrufung von Musen etc.

214 Zeichensetzung

215 Mehrsprachig, vielsprachig

216 Unverständliche, fremdartige oder verworrene Sprache

217 Hyperbel

218 P.S.

219 Kleinbuchstabe

220 Acht Milliarden Mal

221 Spiegeleier

222 Die grammatikalische Beugungsform des Nomens

223 Vom mittelhochdeutschen Wort „Bar", das so viel wie Last oder Gewicht bedeutete.

224 Lothar Matthäus (* 1961)

225 eu

226 ... die Kombination von Buchstaben und Dezimalziffern

227 Abgegriffene Redewendung, Phrase

228 Reineke Fuchs

229 frankophil

230 Orange

231 Jemand drückt sich in einem amtlichen und umständlichen Sprachstil aus.

232 Ei des Kolumbus. Um 1500 wurde Christoph Kolumbus angeblich bei einem Gastmahl gefragt, ob er ein Ei, ohne es abzustützen, auf die Spitze stellen könne. Kolumbus verblüffte die Anwesenden, indem er kurzerhand die Eispitze eindrückte und das Ei aufrecht darauf stellte.

233 Die Bezeichnung für die norddeutschen Mundarten

234 Apre's Ski

235 Sir V. S. Naipaul (* 1932). Das V. S. steht für Vidiadhar Surajprasad. 1990 wurde er von Königin Elisabeth II. geadelt.

236 Knut Hamsun (1859–1952). In „Segen der Erde" wird Hamsuns Aufruf, sich an die Erde und die Natur zu halten, zur Hymne. Hauptfigur des Romans ist Isak Sellanraa, der auf eigene Faust in die Wildnis zieht und dort Land urbar macht.

237 Die rückblickend erzählte Familiensaga „The Gathering" (dt. „Das Familientreffen") ist Anne Enrights (* 1962) sechstes Buch.

238 Agatha Christie (1890–1976). Unter dem Pseudonym „Mary Mallowan" verfasste sie auch Liebesromane.

239 „Middlesex". Für seinen Roman erhielt Eugenides (* 1960) 2003 den Pulitzerpreis.

240 Doris Lessing (* 1919). In der Begründung des Komitees hieß es, Lessing sei „die Epikerin weiblicher Erfahrung, die sich mit Skepsis, Leidenschaft und visionärer Kraft eine zersplitterte Zivilisation zur Prüfung vorgenommen hat".

241 Johann Wolfgang von Goethe (1749–1832) und Justus Christian Loder (1753–1832) wiesen 1784 im Anatomieturm in Jena nach, dass das bei Tieren bereits bekannte Zwischenkieferbein auch beim Menschen vorhanden ist. Damit lieferten sie ein wichtiges Indiz für die Verwandtschaft zwischen Tier und Mensch und somit für die Evolutionstheorie.

242 Romeo und Julia

243 „Vom Winde verweht" erschien 1936. Margaret Mitchell (1900–1949) erhielt für diesen Südstaatenroman den Pulitzerpreis. Der gleichnamige Film aus dem Jahr 1939 mit Vivien Leigh und Clark Gable in den Hauptrollen ist einer der erfolgreichsten Filme aller Zeiten.

244 Marion Zimmer Bradley (1930–1999)

245 „Das Parfum – Die Geschichte eines Mörders" ist der Titel eines 1985 erschienenen Romans von Patrick Süskind (* 1949). Das Buch basiert wesentlich auf Annahmen über den Geruchssinn und die emotionale Bedeutung von Düften, Gerüchen und deren Nachahmung in Form von Parfüms.

246 Götz von Berlichingen

247 „Lederstrumpf". Sie waren ursprünglich nicht als Reihe geplant. Erst aufgrund der außerordentlich positiven Aufnahme, die die Romane bei den Lesern fanden, schrieb der Autor die einzelnen Fortsetzungen.

248 Rudyard Kipling (1865–1936)

249 William Shakespeare (1564–1616) gilt als einer der bedeutendsten Dramatiker der Weltliteratur. Miguel de Cervantes y Saavedra (1547–1616), der Autor des „Don Quijote", ist der spanische Nationaldichter. Beide starben am 23. April 1616.

250 „Der zerbrochene Krug", entstanden 1803 bis 1806. Die Uraufführung fand am 2. März 1808 im Hoftheater in Weimar statt.

251 Michael Ende (1929–1995)

252 Harry Potter. Band 7 erschien am 21. Juli 2007 auf Englisch und ist seit dem 27. Oktober 2007 auf Deutsch erhältlich. Nach dem Willen der Autorin J. K. Rowling (* 1965) ist es der letzte Band der Reihe.

253 Epilog

254 Stendhal. Beyles Pseudonym Stendhal leitet sich nach allgemeiner Auffassung von Stendal im heutigen Sachsen-Anhalt her.

255 „Madame Maigret"

256 Luigi Pirandello (1867–1936) war ein italienischer Schriftsteller und einer der bedeutendsten Dramatiker des 20. Jahrhunderts. 1934 erhielt er den Nobelpreis für Literatur.

257 Gotthold Ephraim Lessing (1729–1781) war der wichtigste deutsche Dichter der Aufklärung. Mit seinen Dramen und seinen theoretischen Schriften hat er die weitere Entwicklung der deutschen Literatur wesentlich beeinflusst.

258 König Lear

259 Heinrich Böll (1917–1985)

260 Fjodor Michailowitsch Dostojewski (1821–81) war wegen seiner Beteiligung am Kreis von M. W. Petraschewski, der den „utopischen Sozialismus" diskutierte, 1849 zum Tode verurteilt, dann aber zur Zwangsarbeit in Sibirien begnadigt worden. Seine Romane behandeln religiös-philosophische Fragen. Hauptwerke: „Schuld und Sühne" (1866), „Der Idiot" (1868/69), „Die Dämonen" (1873), „Die Brüder Karamasow" (1879/80)

261 Karen Blixen (1885–1962). Tania Blixen ist ihr Pseudonym auf dem deutschen Buchmarkt.

262 Theodor Mommsen (1817–1903) war als Rechts- und Geschichtsprofessor an den Universitäten von Leipzig, Zürich, Breslau und Berlin tätig. Mommsen gilt als einer der besten Kenner und Darsteller der altrömischen Geschichte und des römischen Staatsrechts. 1902 erhielt er für seine „Römische Geschichte" als erster Deutscher den Nobelpreis für Literatur. Sein Werk gilt bis heute als Meisterleistung der Geschichtsschreibung.

263 Shylock

264 „Don Karlos, Infant von Spanien". Friedrich Schiller schrieb das Drama in den Jahren von 1783 bis 1787. Es behandelt die Anfänge des Achtzigjährigen Kriegs, in dem die niederländischen Provinzen ihre Unabhängigkeit von Spanien erkämpften und zeigt Intrigen und Machtkämpfe am Hof von König Philipp II. (1556-1598).

265 Sherlock Holmes. Sir Arthur Conan Doyle (1859–1930) schuf diese fiktive Detektivfigur aus der Zeit des späten 19. und frühen 20. Jahrhunderts.

266 Die Abkürzung P.E.N. steht für die englischen Begriffe „Poets, Essayists, Novelists", also Dichter, Essayisten, Romanschriftsteller. Ein deutsches P.E.N.-Zentrum wurde 1949 in Göttingen gegründet. Es spaltete sich 1951 in das Deutsche P.E.N.-Zentrum der Bundesrepublik und das P.E.N.-Zentrum der Deutschen Demokratischen Republik.

1998 schlossen sich die beiden zusammen zum P.E.N.-Zentrum Deutschland.

267 „Wallensteins Tod". Der erste Teil bzw. das Vorspiel heißt „Wallensteins Lager", dann folgt „Die Piccolomini".

268 Herzogin Anna Amalia Bibliothek, benannt nach Anna Amalia, Herzogin von Sachsen-Weimar-Eisenach (1739–1807)

269 Enid Blyton (1900–1968), englische Jugendschriftstellerin

270 William Shakespeare (1564–1616). Da kaum biografi-sche Dokumente existieren, ist das Leben Shakespeares nur unzuverlässig und bruchstückhaft zu rekonstruieren. Er wurde vermutlich am 23. April 1564 in Stratford-upon-Avon (Warwickshire) geboren und war bereits 1592 als Schauspieler und Bühnenautor ein Begriff.

271 Sonett

272 Gulliver. „Gullivers Reisen" ist das bekannteste Werk des irischen Schriftstellers, Priesters und Politikers Jonathan Swift (1667–1745).

273 Daisy Duck

274 Pippi Langstrumpf

275 „Maria Stuart" von Friedrich Schiller ist ein Drama in fünf Akten. Es wurde am 14. Juni 1800 im Weimarer Hoftheater uraufgeführt. Bereits 1783 begann Schiller mit ersten Plänen und Skizzen, ließ sie dann aber liegen und nahm den Stoff erst 1799 wieder auf.

276 „Berlin Alexanderplatz" von Alfred Döblin (1878–1957) erschien 1929. Rainer Werner Fassbinder verfilmte den Roman mit Günter Lamprecht 1978 erfolgreich fürs Fernsehen.

277 Marcel Reich-Ranicki (* 1920)

278 „Der gestiefelte Kater" gehört zu den Kinder- und Hausmärchen der Brüder Grimm.

279 „Der Prozess" von Franz Kafka (1883–1924), entstanden 1914, veröffentlicht 1925. Kafkas Werk wurde zum größten Teil erst postum, gegen seinen testamentarischen Willen, von seinem Freund und Biografen Max Brod (1884–1968) veröffentlicht.

280 „Doktor Faustus. Das Leben des deutschen Tonsetzers Adrian Leverkühn, erzählt von einem Freunde" ist ein Roman von Thomas Mann (1875–1955). Er entstand zwischen Mai 1943 und Januar 1947. Zwei Jahre später hat Mann „Die Entstehung des Doktor Faustus: Roman eines Romans" akribisch dokumentiert und kritisch reflektiert. Den Literatur-Nobelpreis erhielt er vorrangig für „Die Buddenbrooks".

281 Othello, der Mohr von Venedig

282 Ystad

283 Die Mutter von Gregor Gysi (* 1948) war die Schwester von Gottfried Lessing, einem deutschen Kommunisten, mit dem Doris Lessing von 1944 bis 1949 in zweiter Ehe verheiratet war. Der Name Lessing war übrigens auch nur zu Ehren des deutschen Aufklärers Gotthold Ephraim Lessing (1729–1781) angenommen worden.

284 „Die Räuber". Das Stück wurde 1781 anonym veröffentlicht und am 13. Januar 1782 in Mannheim uraufgeführt.

285 Unter dem Pseudonym Mark Twain wurde Samuel Langhorne Clemens (1835 –1910) weltbekannt. „Tom Sawyers Abenteuer" (1876) und „Die Abenteuer des Huckleberry Finn" (1884) hießen seine Bestseller. Von 1891 bis 1900 reiste er durch Europa. Als Wohnsitz wählte er anfangs für einige Monate Berlin, das ihm so gut gefiel, dass er später seine beiden Töchter zum Studium nach Berlin schickte.

286 Science-Fiction (engl. „science" = Wissenschaft und „fiction" = Erfindung, Dichtung)

287 Winston Churchill (1874–1965)

288 Dante Alighieri (1265–1321) war ein italienischer Dichter und

Philosoph. Die „Göttliche Komödie" ist Dantes bekanntestes Werk. Das Wort Komödie bedeutet eigentlich „Geschichte mit einem guten Ende". Die „Göttliche Komödie" wird heute auch als dichterisches Symbol der Scholastik gesehen.

289 Molière, eigentlich Jean-Baptiste Poquelin (1622–1673), war ein französischer Schauspieler, Theaterdirektor und Dramatiker. Ihm war es gelungen, die Komödie zu einer der Tragödie gleichwertigen Gattung zu machen und das Theater zumindest für einige Jahre zum Diskussionsforum auch für gesellschaftliche Probleme zu erheben. Das Stück, von dem hier die Rede ist, heißt „Tartuffe".

290 „Zu Dionys, dem Tyrannen, schlich / Damon, den Dolch im Gewande, / Ihn schlugen die Häscher in Bande ..."

291 François Villon (1431 – 1463). Er gilt als bedeutendster Dichter des französischen Spätmittelalters. In seinen Liedern und Balladen verarbeitet er die Erlebnisse seines abenteuerlichen Lebens als Scholar, Vagant und Krimineller.

292 Die Ring-Parabel

François Villon (1431 – 1463)

293 „Das Glasperlenspiel. Versuch einer Lebensbeschreibung des Magister Ludi Josef Knecht samt Knechts hinterlassenen Schriften" ist Hermann Hesses (1877–1962) letztes Werk. Es wurde 1931 begonnen und erschien 1943 in Zürich. Hesse entwirft darin eine Utopie der Humanität und des Geistes, warnt aber zugleich davor, Gelehrtenwelt und Alltag zu trennen.

294 Sinuhe der Ägypter

295 Leo Tolstoi (1828–1910).

296 „Draußen vor der Tür". Das 1947 in nur acht Tagen entstandene

Drama wurde außer als Bühnenstück auch als Hörspiel umgesetzt.

297 Jambus

298 „Don Quijote". Das Buch war ursprünglich als Satire auf die damals grassierende Begeisterung für Ritterromane gedacht, weitete sich aber schließlich zu einem lebendigen Sittenbild des zeitgenössischen Spanien und einem der facettenreichsten philosophischen Romane der Weltliteratur aus.

299 „Viel Wunderdinge melden". Im Original: „Uns ist in alten mæren / wunders vil geseit / von helden lobebæren, / von grôzer arebeit ..." – Heute glauben Sprachforscher, dass die bekannte Eingangsstrophe erst später als Einleitung hinzugefügt wurde.

300 Heinrich von Kleist (1777–1811) war ein deutscher Dramatiker, Erzähler, Lyriker und Publizist.

301 Rahmenerzählung. Das „Decamerone" von Giovanni Boccaccio (1313–1375) besteht aus 100 Novellen, die durch eine Rahmenhandlung verbunden sind. Im 19. Jahrhundert war diese Form sehr beliebt. Bekannte Beispiele: Goethes „Unterhaltungen deutscher Ausgewanderten" (1795), Jeremias Gotthelfs „Die schwarze Spinne" (1842) und Theodor Storms „Der Schimmelreiter" (1888)

302 Brants „Narrenschiff" ist 1494 zum ersten Mal in Basel erschienen. Seine 112 Kapitel umfassende Narrenrevue traf den Nerv der Zeit.

303 Minna von Barnhelm

304 Alexandre Dumas (Vater, 1802–1870) und Alexandre Dumas (Sohn, 1824–1895)

305 Johann Christoph Friedrich von Schiller (1759–1805) wurde 1802 geadelt. Er gilt als der bedeutendste deutsche Dramatiker und ist neben Goethe, Wieland und Herder der wichtigste Vertreter der Weimarer Klassik. Viele seiner Theaterstücke gehören zum Standardrepertoire der deutschsprachigen Theater. Seine Balladen zählen zu den beliebtesten deutschen Gedichten.

306 Jean-Paul Sartre (1905–1980), französischer Schriftsteller und Philosoph

307 Sie sind Hobbits.

308 Die „Odyssee" und die „Ilias"

309 Lotta

310 Macbeth

311 Julia Franck erhielt die Auszeichnung für ihren Roman „Die Mittagsfrau", einen in vielen Details erzählten Familienroman, der im Wesentlichen zwischen den beiden Weltkriegen spielt.

312 „Ulysses" von James Joyce (1882–1941)

313 Publius Ovidius Naso (43 v. Chr. – ca. 18 n. Chr.)

314 Jules Verne (1828–1905), französischer Schriftsteller

315 Raymond Chandler (1888–1959); Werke u. a.: „Der große Schlaf" (1950), „Das hohe Fenster" (1943) und „Der lange Abschied" (1954)

316 Wilhelm Busch (1832–1908)

317 Simplicius Simplizissimus

318 Anthologie (griech. „anthología" = Blumenlese)

319 Alexander Sergejewitsch Puschkin (1799–1837) gilt als russischer Nationaldichter und Begründer der modernen russischen Literatur. Im Winter des Jahres 1836/37 duellierte er sich mit dem französischen Gardeoffizier Georges-Charles d'Anthès und wurde dabei durch einen Bauchschuss schwer verletzt. Am 29. Januar 1837, zwei Tage später, starb er.

Die Leiden des jungen Werthers" von Johann Eolfgang von Goethe

320 Es heißt in der Tat „Publikumsbeschimpfung". Das Stück wurde am 8. Juni 1966 im Frankfurter Theater am Turm unter der Regie von Claus Peymann uraufgeführt.

321 Johann Wolfgang von Goethe (1749–1832) schuf den Briefroman „Die Leiden des jungen Werther(s)".

322 „Die Blechtrommel" heißt der Roman von Günter Grass (* 1927). Er erschien 1959 als Teil der Danziger Trilogie und gehört zu den wichtigsten Romanen der deutschen Nachkriegsliteratur.

323 Johanna, die Jungfrau von Orléans

Johanna, die Jungfrau von Orléans

324 „Robinson Crusoe" wurde eines der berühmtesten Werke der Weltliteratur.

325 „Tod eines Handlungsreisenden" ist von Arthur Miller (1915–2005).

326 „Geschlossene Gesellschaft"

327 „A Long Day's Journey into Night" (Eines langen Tages Reise in die Nacht) ist von Eugene Gladstone O'Neill (1888–1953).

328 Heinrich von Kleist (1777–1811). Die Buchausgabe erschien 1810.

329 Guido Brunetti

330 „Jedermann" ist ein Stoff aus dem Mittelalter über das letzte Gericht, das über einen wohlhabenden, aber sündigen Mann gehalten wird.

331 Odin, auch Wodan oder Wotan genannt

332 Hera

333 Das Glück aller (Vertreter: John Stuart Mill)

334 René Descartes (1596–1650)

335 Venus

336 Dem französischen Existenzialismus. 1942 wurde Camus durch seine Werke „L'étranger" und „Le mythe de Sisyphe" berühmt. Zentral in seinem Werk ist der Aspekt des „Absurden" der menschlichen Existenz. 1957 erhielt er den Nobelpreis für Literatur.

337 Anthroposophie (griech. „anthropos" = Mensch und „sofia" = Weisheit)

338 Oswald Spengler (1880–1936)

339 Hades ist der Bruder von Zeus und Poseidon und teilt sich mit ihnen die Weltherrschaft: Poseidon regiert das Meer, Zeus Himmel und Erde und Hades die Unterwelt.

340 Thomas Hobbes (1588–1679), englischer Mathematiker, Staatstheoretiker und Philosoph. Im „Leviathan" begründete er die Theorie des Gesellschaftsvertrags.

341 Pragmatismus

342 Herbert Marcuse (1898–1979), deutsch-amerikanischer Soziologe und Philosoph jüdischer Herkunft

343 Zerberus

344 Yin

345 Danaergeschenk. Danaer oder auch Achaier ist bei Homer eine Bezeichnung für die Griechen.

346 Paralogismus

347 Helena

348 Jean-Paul Sartre

349 Europa

350 Unter Hedonismus versteht man eine philosophische Lehre, die die Lust als höchstes Gut und Bedingung für Glückseligkeit und gutes Leben ansieht.

351 Kategorischer Imperativ

352 Pantheismus (griech. „pan" = alles, ganz und „theós" = Gott)

353 Utopia

354 Prometheus

355 Ästhetik

356 Pythagoras von Samos lebte 150 Jahre früher (um 570–510 v. Chr.).

357 Prokrustes

358 Determinismus (lat. „determinare" = abgrenzen, bestimmen)

359 Mykene

360 Thales von Milet

361 Martin Heidegger (1889–1976)

362 Menhire

363 Dialektischer Materialismus

364 Karl Jaspers lehrte in Heidelberg und in seinen letzten Lebensjahren in Basel.

365 Das „Kommunistische Manifest" von Karl Marx und Friedrich Engels, erschienen unter dem Titel „Manifest der kommunistischen Partei" im Jahr 1848.

366 Parzen

367 Materialismus

Mykene war früher eine der bedeutendsten Städte Griechenlands.

368 Das Sein und das Nichts (1943)

369 Platonische Liebe

370 Protagoras (um 485–415 v. Chr.)

371 Sokrates (469–399 v. Chr.) war ein für das abendländische Denken grundlegender griechischer Philosoph, der in Athen lebte und wirkte. Seine herausragende Bedeutung zeigt sich u. a. darin, dass alle griechischen Denker vor ihm als „Vorsokratiker" bezeichnet werden. Sokrates' Philosophieren äußerte sich in der Form des mündlichen Dialogs. Schriftliches hat er selbst nicht hinterlassen.

372 Logik

373 Metaphysik (griech. „meta physika" = hinter der Physik)

374 Äskulap

375 Atriden

376 Epikur (um 341–270 v. Chr. in Athen) war ein griechischer Philosoph und Begründer des Epikureismus.

377 Pygmalion

378 Moses Mendelssohn (1729–1786)

379 Stoa. Der Name geht auf eine Säulenhalle auf der Agora, dem Marktplatz von Athen, zurück, in der Zenon von Kition um 300 v. Chr. seine Lehrtätigkeit aufnahm.

380 Penelope

381 Theseus

382 „Zur Geschichte des Urchristentums" ist von Friedrich Engels (1820–1895).

383 Fatalismus (lat. „fatalis" = vom Schicksal bestimmt)

384 Friedrich Nietzsche

385 Arthur Schopenhauer (1788–1860)

386 Agamemnon

387 Dialektik (Kunst der Unterredung)

Tabelle: Die griechischen und römischen Götter

griechische Götter	römische Götter	Bedeutung
Aphrodite	Venus	Göttin der Liebe und Schönheit
Apollon	Apollo	Gott der Poesie, des Lichtes; Musenführer
Ares	Mars	Gott des Krieges
Artemis	Diana	Göttin der Jagd und des Mondes
Athene	Minerva	Göttin der Weisheit und des Friedens
Demeter	Ceres	Erdgöttin, Fruchtbarkeitsgöttin
Dionysos	Bacchus	Gott des Weines und der Ekstase
Hades	Pluto	Herrscher der Unterwelt
Hephaistos	Vulcanus	Gott des Feuers und der Schmiedekunst
Hera	Juno	Göttin der Familie
Herakles	Hercules	Gott des Orakels, der Sportstätten und Paläste
Hermes	Merkur	Gott der Diebe und des Handels; Götterbote
Hestia	Vesta	Göttin des Herdfeuers und der Familie
Poseidon	Neptun	Gott des Meeres
Zeus	Jupiter	Göttervater, Gott des Blitzes und Donners

388 Orestes

389 Positivismus

390 Karl Jaspers (1883–1969)

391 Ikarus

392 Aglaia

393 Philosophie (Liebe zur Weisheit, zur Wahrheit)

394 Telemachos

395 Kentauren oder Zentauren

396 Yggdrasil

397 „Du sollst deinen Nächsten lieben wie dich selbst." (3. Buch Mose 19,18, auch Mat. 22,36)

398 Initiation. Auch die christliche Taufe sowie Konfirmation und Firmung haben aufgrund ihres Symbolcharakters initiierenden Charakter. Im Judentum entspricht das der Bar Mizwa für 13-jährige Jungen bzw. der Bat Mizwa für Mädchen.

399 Verweltlichung und damit Enteignung

400 Ökumenische Konzile (griech. „oikoumene" = ganze bewohnte Erde)

401 Schiiten

402 Sie werden alle zu den monotheistischen Religionen gerechnet. Monotheismus bezeichnet Religionen, die einen allumfassenden, einzigen Gott verehren. Damit werden diese in der Religionswissenschaft vom Polytheismus unterschieden, der viele Götter kennt und verehrt.

403 Scientology. In den Vereinigten Staaten ließ Hubbard 1953 die „Church of Scientology" als Markenzeichen eintragen.

404 Franziskus oder auch Franz von Assisi (1181–1226), eigentlich Giovanni Battista Bernardone (lat. Franciscus de Assisi oder Franciscus Assisiensis)

405 Der Pentateuch ist ein griechischer Ausdruck für die fünf Bücher Mose. Er stammt von den Krügen, in denen Schriftrollen aufbewahrt wurden. Der Pentateuch wurde etwa 440 v. Chr. fertiggestellt. Zugleich begann seine Übersetzung aus dem Althebräischen in die griechische (Septuaginta) und aramäische Sprache (Targum).

406 Bartholomäusnacht. Sie folgt auf den Bartholomäustag, der am 24. August gefeiert wird und an die Anspülung der Gebeine des Apostels Bartholomäus an den Strand der Insel Lipari erinnert.

407 Das Edikt von Nantes wurde am 13. April 1598 vom französischen König Heinrich IV. unterzeichnet. Es sicherte den protestantischen Hugenotten im katholischen Frankreich Toleranz zu, setzte aber den katholischen Glauben als Staatsreligion fest und unterband eine weitere Ausdehnung des kalvinistischen Bekenntnisses.

408 Die Kreuzzüge wurden durch einen Aufruf Papst Urbans II. im

Jahr 1095 ausgelöst, der zur Befreiung Jerusalems und des „Heiligen Landes" aus der Hand der Muslime aufforderte.

409 Totem. Das Wort entstammt der Sprache kanadischer Ureinwohner und bedeutet „Verwandtschaft" oder „Schutzgeist".

410 Penaten. Da sie die Seelen verstorbener Vorfahren waren, blieben sie an ihre Familie gebunden und folgten ihren Angehörigen, wenn die Familie umzog. Der Herd war ihr Altar.

411 Abrahams Schoß wird erst im Neuen Testament erwähnt. Nach christlicher Vorstellung ist es ein Ehrenplatz beim Mahl der Seligen am Ende der Zeit (Luk. 16, 22): „Es begab sich aber, dass der Arme starb und ward getragen von den Engeln in Abrahams Schoß ...".

412 Auguren. Sie waren zum Opfern berechtigte und zu diesem Beruf angestellte Beamte.

413 Exegese (griech. „exegesis" = Auslegung)

414 Nein. Der Begriff „Protestanten" ist historisch zu erklären. 1521 war über Luther und seine Anhänger die Reichsacht verhängt worden. 1529, auf dem Reichstag in Speyer, wurde die Beachtung der Reichsacht wiederum eingefordert. Einige Fürsten verließen aus Protest den Saal. Diese Aktion nannte man die „Protestation zu Speyer". Den Begriff „Protestanten" sind die Evangelischen nie mehr losgeworden.

415 Das Schaf. Es war das wichtigste Herdentier der damaligen Zeit, gab Wolle, Milch, Fleisch und Fell. Es diente als Tauschobjekt und Mitgift.

416 Der Schintoismus ist die Urreligion Japans.

417 Papst Gregor VII. wollte die Unterordnung der weltlichen Gewalt unter die geistliche, also des Kaisers und der Könige unter den Papst. Als Heinrich IV. aus dem Wormser Konzil 1076 den Papst zur Abdankung aufforderte, antwortete Gregor mit dessen Bannung. Erst der Gang nach Canossa beendete 1077 diesen Streit mit dem Sieg des Papsttums.

418 Beim Augsburger Religionsfrieden wurde die Formel Reichsgesetz. Dieses wurde am 25. September 1555 vom Reichstag zu Augsburg zur Beilegung der seit der Reformation bestehenden konfessionellen Konflikte verabschiedet.

419 Kaiser Haile Selassie (1892–1975). Rastafari leitet sich von seinem Geburtsnamen, Ras Tafari Makonnen, ab.

420 Petrus. „Ich aber sage dir: Du bist Petrus und auf diesen Felsen werde ich meine Kirche bauen ..." (Mt 16,18)

421 Quäker (engl. „to quake" = zittern, beben)

422 „... und das Los fiel auf Matthias; und er wurde zugeordnet zu den elf Aposteln." (Apg. 1,26)

423 Dogma (griech. dógma = Meinung, Lehrsatz)

424 „Thomas aber, der Zwilling genannt wird, einer der Zwölf, war nicht bei ihnen, als Jesus kam. Da sagten die andern Jünger zu ihm: Wir haben den Herrn gesehen. Er aber sprach zu ihnen: Wenn ich nicht in seinen Händen die Nägelmale sehe und meinen Finger in die Nägelmale lege und meine Hand in seine Seite lege, kann ich's nicht glauben." (Joh. 20, 24-25)

425 Nach der Überlieferung des Propheten Mohammed müssen die Gläubigen am Ende des achten Monats nach der Mondsichel Ausschau halten. Zwei Zeugen müssen sie gesehen haben, dann kann am nächsten Morgen der Ramadan beginnen. In Saudi-Arabien gibt es einen Preis für den Ersten, der die Sichel entdeckt. Allerdings können Wolken eine Sichtung erschweren. Deshalb sind Abweichungen möglich.

426 Häretiker

427 Stigmatisation (griech. „stigma" = Stich)

428 Esoterik ist ursprünglich die Bezeichnung für heiliges Wissen und Kultpraktiken. In der Umgangssprache ist Esoterik inzwischen zum Oberbegriff für spirituelle Aufbrüche und Neubelebungen okkulter Praktiken wie Astrologie und Magie geworden.

429 Pantheon

430 Veden (Sanskr. „Veda" = Wissen bzw. Buch des Wissens)

431 Die mormonische Kirche

432 Johannes Paul II.

433 Der Papst. Der erste Bischof von Rom, der sich Pontifex maximus nannte, war Papst Leo der Große (440–461). Seither ist der Begriff der inoffizielle Titel der Päpste der römisch-katholischen Kirche.

434 Die Gesamtheit aller christlichen Kirchen. Die Ökumene strebt eine weltweite Zusammenarbeit der Christen an.

435 Orthodox bedeutet rechtgläubig, d. h. die rechte Lehre Gottes vertretend.

436 Papst Pius IX.

437 In der hebräischen Bibel steht nur: „.... aber von den Früchten des Baumes mitten im Garten hat Gott gesagt: Esset nicht davon, rühret sie auch nicht an, dass ihr nicht sterbet!" Es gibt keinen Hinweis auf eine bestimmte Obstart. Den Apfel haben erst spätere Generationen erfunden.

438 Mose. In der neueren historischen Forschung wird Mose als Volks- oder Religionsgründer, als Gesetzgeber und Reformator verstanden.

439 Nero Claudius Caesar Augustus Germanicus (37–68 n. Chr.) war von 54 bis 68 n. Chr. Kaiser des Römischen Reichs. Obwohl damals abwesend, ging er als Brandstifter Roms in die Geschichte ein.

440 Diaspora ist die aus dem Griechischen stammende Bezeichnung für eine religiöse oder ethnische Minderheit und ihre Lebensbedingungen außerhalb ihrer Heimat.

441 Scholastik (mittellat. „scholasticus" = Schulmeister) ist eine wissenschaftliche Denkweise und Methode, die in der mittelalterlichen lateinischsprachigen Gelehrtenwelt entwickelt wurde.

442 Befreiungstheologie oder Theologie der Befreiung

443 Prädestination ist eine religiöse Glaubensvorstellung, nach der das Schicksal eines Menschen allein von Gott bestimmt wird.

444 Vermutlich nicht. Sicher ist, dass er 1517 seine 95 Thesen gegen den Missbrauch des Ablasses in lateinischer Sprache an kirchliche Würdenträger verschickte. In Wittenberg lud er durch Anschlag öffentlich zu einer Universitätsdisputation ein.

Die Thesen wurden bald von Freunden Luthers durch den Druck verbreitet und erregten großes Aufsehen.

445 Die katholische Kirche glaubt, dass sich Brot und Wein tatsächlich in das Fleisch und Blut Christi wandeln. Luther lehrte, dass die Stoffe Wein und Brot bleiben, dass aber Christus in, mit und unter den Abendmahlselementen gegenwärtig ist. Zwingli ging davon aus, dass Wein und Brot nur Symbole seien, nach Calvin ist Christus lediglich geistig beim Abendmahl gegenwärtig. Die katholische Kirche reicht den Laien überwiegend nur das Brot, die protestantische Kirche Brot und Wein.

446 Apokryphen

447 Die Amtszeit von Benedikt XV., eigentlich Giacomo della Chiesa, währte von 1914 bis 1922, damit fielen die ersten Jahre in die Zeit des Ersten Weltkriegs.

448 Katakomben

449 Schisma

450 Erasmus von Rotterdam (1466–1536), auch Erasmus Desiderius, war ein niederländischer Theologe.

451 Purgatorium. Die katholische Kirche lehnt die Bezeichnung „Fegefeuer" als missverständlich ab und bevorzugt das Wort „Reinigungsort".

452 Hadsch

453 Die Vulgata (in etwa: die überall Verbreitete) ist eine lateinische Bibelübersetzung, die auf den Kirchenlehrer und Heiligen Hieronymus zurückgeht. Sie wurde ab 382 n. Chr. geschrieben und 1546 auf dem Trienter Konzil für authentisch erklärt.

454 Die Flucht Mohammeds von Mekka nach Medina im Jahr 622 markiert den Beginn des Mondkalenders der islamischen Zeitrechnung.

455 Methodisten

456 Amenophis IV. (ca. 1370–1352 v. Chr.) gab sich selbst den Namen Echnaton. Seine Nachfolger machten jedoch diesem Versuch des Monotheismus ein jähes Ende. Tutanchamun gliederte Aton wieder in den Götterhimmel der Ägypter ein und rehabilitierte die anderen ägyptischen Götter.

457 Es sind Soldaten der UN, genauer gesagt, Angehörige der Friedenstruppen.

458 Sie können völlig frei abstimmen. Unter einem imperativen Mandat versteht man das Mandat eines Abgeordneten, das ihn direkt an den Willen seiner Wähler bindet, wie dies z. B. bei den Wahlmännern der US-amerikanischen Präsidentschaftswahl der Fall ist.

459 Diäten (lat. „dies" = Tag). Im Abgeordnetengesetz in der Fassung vom 21.02.1996 sind sämtliche Geld- und Sachleistungen als Entschädigung und Aufwendungsersatz sowie Altersentschädigung und Hinterbliebenenversorgung geregelt. Diäten sind steuerpflichtige Einkommen.

460 Addis Abeba. Die Stadt wurde 1887 von Kaiser Menelik II. an einer heißen Quelle gegründet. Der Name Addis Abeba heißt so viel wie „neue Blume". Zur Hauptstadt Äthiopiens wurde sie im Jahr 1889.

461 Am 1. November 1995 begannen nahe Dayton/Ohio formelle Friedensverhandlungen zwischen den Präsidenten der drei am Bosnienkrieg beteiligten Staaten.

462 Aung San Suu Kyi tritt in Myanmar für die von der Militärregierung missachteten Menschenrechte ein und proklamiert den gewaltlosen Widerstand.

463 Grundlagenvertrag ist die Bezeichnung für den am 21.12.1972 unterzeichneten und am 21.06.1973 in Kraft getretenen Vertrag über die Grundlagen der Beziehungen zwischen der Bundesrepublik Deutschland und der ehemaligen Deutschen Demokratischen Republik. Der Vertrag sah vor, dass BRD und DDR gutnachbarliche Beziehungen auf der Grundlage von Gleichberechtigung entwickeln, dass sie sich von den in der UN-Charta niedergelegten Zielen und Prinzipien leiten lassen, ihre Streitfragen ausschließlich mit friedlichen Mitteln lösen und sich der Drohung mit Gewalt oder der Anwendung von Gewalt enthalten.

464 Mazedonien. Die Bezeichnung „Former Yugoslav Republic of Macedonia" oder „F.Y.R.O.M." muss Mazedonien weiter tragen, weil Griechenland die Bezeichnung „Republik Mazedonien" nicht anerkennt.

465 Grönland gehört politisch zu Dänemark, besitzt jedoch innere Autonomie.

466 Enklave (lat. „clavis" = Schlüssel)

467 Der Dow Jones Industrial Average (DJIA) – in Europa auch kurz Dow-Jones-Index genannt – bewertet ständig eine Gruppe ausgewählter Aktien, um die wirtschaftliche Entwicklung zu messen. Erfunden haben das Prinzip die Gründer des Wall Street Journal und des Unternehmens Dow Jones, Charles Henry Dow (1851–1902) und Edward David Jones (1856–1920). Der Dow-Jones-Index an der New York Stock Exchange setzt sich heute aus 30 der größten US-Unternehmen zusammen.

468 Palestine Liberation Organisation

469 Der Bundesratspräsident ist offiziell die Nummer zwei im Staat und vertritt den Bundespräsidenten in allen Belangen.

470 OSZE (Organisation für Sicherheit und Zusammenarbeit in Europa)

471 „GEZ" heißt „Gebühreneinzugszentrale der öffentlichrechtlichen Rundfunkanstalten in der Bundesrepublik Deutschland". Sie sitzt in Köln und zieht die Rundfunkgebühren für Radio und Fernsehen von allen Rundfunkteilnehmern ein.

472 „Sperrklausel" nennt man die Bestimmung in einem Wahlgesetz, dass Mandate nur zugeteilt werden, wenn die Partei einen gewissen Prozentsatz der Stimmen errungen hat. Für den Bundestag sind das 5 Prozent der gültigen Zweitstimmen.

473 Konrad Adenauer war von 1949 bis 1963 erster Bundeskanzler der Bundesrepublik Deutschland.

474 Greenpeace ist eine internationale, unabhängige Organisation, die gewaltfrei auf weltweite Umweltprobleme hinweist und versucht, Lösungen durchzusetzen.

475 Konstruktives Misstrauensvotum. Es soll verhindern, dass ein Bundeskanzler abtritt, ohne dass es einen Nachfolger gibt.

476 George Bush, der Vater (* 1924)

477 Am 1. Mai 2004 wurde Polen Mitglied der Europäischen Union.

478 Menachem Begin war bereits 1992 in Jerusalem gestorben. Er war Wortführer einer extrem nationalistischen Politik. Nach dem Wahlsieg des rechten Likud-Blocks war er von 1977 bis 1983 Ministerpräsident einer Koalitionsregierung. Begin ging 1977 auf das Verhandlungsangebot des ägyptischen Präsidenten Anwar as-Sadat ein und unterzeichnete am 26.03.1979 den Friedensvertrag mit Ägypten. Er erhielt zusammen mit Sadat bereits 1978 den Friedensnobelpreis.

479 EU-Osterweiterung

480 Kuna ist die kroatische Währungseinheit. Eine Kuna entspricht 100 Lipa. Die internationale Abkürzung ist HRK. In Kroatien selbst wird meistens die Abkürzung kn verwendet. Ein Euro ist etwa 7 Kuna wert. Die Kuna besitzt internationale Konvertibilität, das heißt, sie ist überall rücktauschbar.

Tabelle: Deutsche Bundesländer

Bundesland	Stimmen im Bundesrat	km²	Einw. in Mio.	Einw./km²	Hauptstadt
Baden-Württemberg	6	35.752	10,739	300	Stuttgart
Bayern	6	70.552	12,488	177	München
Berlin	4	892	3,395	3.807	-
Brandenburg	4	29.479	2,559	87	Potsdam
Bremen	3	404	0,663	1.641	-
Hamburg	3	755	1,774	2.309	-
Hessen	5	21.115	6,075	289	Wiesbaden
Mecklenburg-Vorpommern	3	23.180	1,707	74	Schwerin
Niedersachsen	6	47.624	7,997	168	Hannover
Nordrhein-Westfalen	6	34.085	18,029	530	Düsseldorf
Rheinland-Pfalz	4	19.853	4,053	204	Mainz
Saarland	3	2.569	1,050	409	Saarbrücken
Sachsen	4	18.416	4,250	232	Dresden
Sachsen-Anhalt	4	20.446	2,470	121	Magdeburg
Schleswig-Holstein	4	15.799	2,833	179	Kiel
Thüringen	4	16.172	2,335	144	Erfurt

481 Bundesversammlung

482 „Organization of the Petroleum Exporting Countries"; zu Deutsch „Organisation Erdöl exportierender Länder"

483 Sejm

484 Im Verteidigungsfall geht die Befehls- und Kommandogewalt über die Bundeswehr auf den Bundeskanzler über. Die Feststellung des Verteidigungsfalls obliegt dem Bundestag, der Bundesrat muss zustimmen. Der entsprechende Antrag muss von der Bundesregierung gestellt werden.

485 Wahlmänner

486 Rudolf Augstein (1923–2002) war ein deutscher Journalist und Verleger. Er war Besitzer und Herausgeber des Nachrichtenmagazins „Der Spiegel".

487 1973. Der Boykott dauerte von November 1973 bis März 1974.

488 Kurt Schumacher war in der Zeit von 1945 bis 1949 maßgeblich am Wiederaufbau der SPD in Westdeutschland beteiligt. In den ersten Jahren der Bundesrepublik war Schumacher der große Gegenspieler Konrad Adenauers.

489 Der Vertrag über die Europäische Union wurde am 07.02.1992 im niederländischen Maastricht vom Europäischen Rat unterzeichnet. Mit seinem Inkrafttreten wurden die bis dahin größten Änderungen der Verträge seit der Gründung der Europäischen Gemeinschaft wirksam.

490 Storting

491 Im niederländischen Den Haag

492 Zwei: Michelle Bachelet regiert in Chile und Cristina Kirchner in Argentinien.

493 Die ersten Münzen sollen in der nordwestasiatischen Landschaft Lydien verwendet worden sein.

494 Die Quellensteuer wird gewissermaßen an der Quelle abgeschöpft. Das heißt, Banken müssen durch Dividenden erzielte Gewinne versteuern und an das Finanzamt weiterleiten.

495 Legislaturperiode oder Wahlperiode ist die Amtsperiode einer gesetzgebenden Volksvertretung. In vielen demokratischen Staaten beträgt ihre Dauer vier (siehe Deutschland) oder fünf (siehe Großbritannien) Jahre.

496 OECD (Organisation for Economic Cooperation and Development); zu Deutsch: Organisation für wirtschaftliche Zusammenarbeit und Entwicklung

497 Von „inauguratio". So hieß im antiken Rom die Amtsübertragung von einem Auguren auf seinen Nachfolger.

498 Quorum (lat., in etwa: „von denen"). Im Deutschen Bundestag muss mindestens die Hälfte der Abgeordneten anwesend sein, damit dieses Verfassungsorgan Beschlüsse fassen kann.

499 Ingrid Matthäus-Maier. Als Chefin der staatlichen Förderbank (Kreditanstalt für Wiederaufbau KfW) war sie die erste Frau an der Spitze einer deutschen Großbank. Sie belegt in der Liste von „Fortune" Platz 31.

500 Gazprom hält an der in der Schweiz registrierten Gesellschaft NEGP mit 51 Prozent die Mehrheit und bestimmt deshalb auch den Aufsichtsratsvorsitzenden. Der Rest verteilt sich zu gleichen Teilen auf E.ON und BASF. Schröders Berufung erfolgte somit auf Wunsch von Gazprom bzw. des russischen Präsidenten Putin, mit dem Schröder das Projekt in seiner Amtszeit als Bundeskanzler politisch unterstützt und durchgesetzt hatte.

501 Mit Inflation bezeichnet man den kontinuierlichen Anstieg des gesamtwirtschaftlichen Preis-

Tabelle: Bundespräsidenten der Bundesrepublik Deutschland

	Name	Beginn der Amtszeit	Ende der Amtszeit	Partei
1	Theodor Heuss	13. September 1949	12. September 1959	FDP
2	Heinrich Lübke	13. September 1959	30. Juni 1969	CDU
3	Gustav Heinemann	1. Juli 1969	30. Juni 1974	SPD
4	Walter Scheel	1. Juli 1974	30. Juni 1979	FDP
5	Karl Carstens	1. Juli 1979	30. Juni 1984	CDU
6	Richard von Weizsäcker	1. Juli 1984	30. Juni 1994	CDU
7	Roman Herzog	1. Juli 1994	30. Juni 1999	CDU
8	Johannes Rau	1. Juli 1999	30. Juni 2004	SPD
9	Horst Köhler	1. Juli 2004	im Amt	CDU

Tabelle: Bundeskanzler der Bundesrepublik Deutschland

	Name	Amtsantritt	Ende der Amtszeit	Partei
1	Konrad Adenauer	15. September 1949	16. Oktober 1963	CDU
2	Ludwig Erhard	16. Oktober 1963	1. Dezember 1966	CDU
3	Kurt Georg Kiesinger	1. Dezember 1966	21. Oktober 1969	CDU
4	Willy Brandt	21. Oktober 1969	7. Mai 1974	SPD
5	Helmut Schmidt	16. Mai 1974	1. Oktober 1982	SPD
6	Helmut Kohl	1. Oktober 1982	27. Oktober 1998	CDU
7	Gerhard Schröder	27. Oktober 1998	22. November 2005	SPD
8	Angela Merkel	22. November 2005	im Amt	CDU

niveaus, der anhand einer regelmäßigen Überprüfung der Kosten verschiedener Güter und Dienstleistungen gemessen wird (Preisindex). Wiederholte Preissteigerungen untergraben die Kaufkraft des Geldes und anderer Finanzanlagen mit festem Wert und führen zu wirtschaftlicher Destabilisierung.

502 Ostverträge

503 Eine Verfassungsänderung ist nur mit Zustimmung von zwei Dritteln der Mitglieder des Bundestags und zwei Dritteln der Stimmen des Bundesrats möglich. Einige Verfassungsprinzipien wie Rechtsstaatlichkeit und Demokratie oder die Achtung der Menschenwürde können sogar durch eine Verfassungsänderung nicht abgeschafft werden.

504 Österreich trat erst 1995 bei.

505 Fragestunde

506 Bundesverband der Deutschen Industrie (BDI)

507 Fraktion

508 Die Deutsche Bundesbank

509 CEO heißt „Chief Executive Officer" und bedeutet im englischsprachigen Raum „alleiniger Geschäftsführer" oder „alleiniger Vorstand" eines Unternehmens. Auch der Vorsitzende der Geschäftsführung oder des Vorstands kann so bezeichnet werden.

510 Mindestens 5 Prozent der Abgeordneten können eine aktuelle Stunde durchsetzen.

511 Die Lohnsteuer. In der volks-
wirtschaftlichen Gesamtrechnung
bildet die Lohnsteuer den höchsten Einnahmefaktor. Die Tatsache,
dass der Anteil der Lohnsteuer im
Gegensatz zu den direkten Unter-
nehmenssteuern zugenommen
hat, wird auch als „Marsch in den
Lohnsteuerstaat" bezeichnet.

Tabelle: Staaten der Europäischen Union

	Land	Beitritt	Hauptstadt	Einw. in Mio.	Fläche in km²
1.	Belgien	1957	Brüssel	10,4	30.510
2.	Bulgarien	2007	Sofia	7,3	110.994
3.	Deutschland	1957	Berlin	82,4	357.021
4.	Dänemark	1973	Kopenhagen	5,4	43.094
5.	Estland	2004	Tallinn	1,4	45.226
6.	Finnland	1995	Helsinki	5,2	337.030
7.	Frankreich	1957	Paris	59,6	547.030
8.	Griechenland	1981	Athen	11,0	131.940
9.	Irland	1973	Dublin	4,0	70.280
10.	Italien	1957	Rom	57,3	301.320
11.	Lettland	2004	Riga	2,3	64.589
12.	Litauen	2004	Wilna	3,5	65.200
13.	Luxemburg	1957	Luxemburg	0,4	2.586
14.	Malta	2004	La Valletta	0,4	316
15.	Niederlande	1957	Amsterdam	16,2	41.526
16.	Österreich	1995	Wien	8,1	83.858
17.	Polen	2004	Warschau	38,2	312.685
18.	Portugal	1986	Lissabon	10,5	92.931
19.	Rumänien	2007	Bukarest	22,5	238.391
20.	Schweden	1995	Stockholm	8,9	449.964
21.	Slowakei	2004	Bratislava	5,4	48.845
22.	Slowenien	2004	Ljubljana	2,0	20.253
23.	Spanien	1986	Madrid	41,6	504.782
24.	Tschechien	2004	Prag	10,2	78.866
25.	Ungarn	2004	Budapest	10,1	93.030
26.	Vereinigtes Königreich	1973	London	59,3	244.820
27.	Zypern	2004	Nikosia	0,7	9.250

512 Das deutsche „Gesetz gegen Wettbewerbsbeschränkungen" (GWB) – kurz Kartellgesetz – soll einen funktionierenden, ungehinderten und möglichst vielgestaltigen Wettbewerb aufrecht halten. Es reglementiert und bekämpft daher vor allem die Häufung und den Missbrauch von Marktmacht.

513 Malta

514 1971 erhielt Willy Brandt (*1913–1992) den Friedensnobelpreis.

515 Schengen, bekannt durch das Schengener Abkommen

516 Am 9. November 1989

517 Legislative (lat. „lex" = Gesetz)

518 In Brüssel

519 Cohabitation

520 Deflation nennt man die kontinuierliche Abnahme des gesamtwirtschaftlichen Preisniveaus, wie z. B. während der großen Depression in den 1930er-Jahren. Sie ist meist mit einer weitgehenden Zerstörung der wirtschaftlichen Aktivität und mit hoher Arbeitslosigkeit verbunden.

521 Demokratie (griech. „demos" = Volk und „kratía" = Macht, Herrschaft, Kraft, Stärke) bezeichnete im antiken Griechenland die direkte Volksherrschaft. Heute wird Demokratie meistens als allgemeiner Sammelbegriff für Staatsformen gebraucht, deren Grundlage von der Volksherrschaft abgeleitet wird, z. B. direkte Demokratie, repräsentative Demokratie, Radikaldemokratie oder Basisdemokratie.

522 Bruttoinlandsprodukt (BIP)

523 Gletscherzunge. Die Öffnung, aus der der Gletscherbach austritt, ist oft sehr groß und wird Gletschertor genannt.

524 Die Lüneburger Heide. Geprägt wird das Bild der Lüneburger Heide durch die dort weidenden Heidschnucken, eine Schafart, und natürlich durch das Heidekraut.

525 Eine feuchte Flusslandschaft. Flussauen sind häufig mit dem so genannten Auenwald bewachsen. Die Pflanzen sind speziell angepasst an den dauerhaft mit Wasser gesättigten Boden der Flussauen. Auenwälder sind der Lebensraum vieler Tierarten (z. B. Biber).

526 Springflut. Stehen Sonne und Mond dagegen im rechten Winkel zueinander, wirken die Anziehungskräfte von Sonne und Mond gegeneinander. Daraus ergibt sich eine niedrigere Flut, auch Nippflut genannt.

527 El Salvador

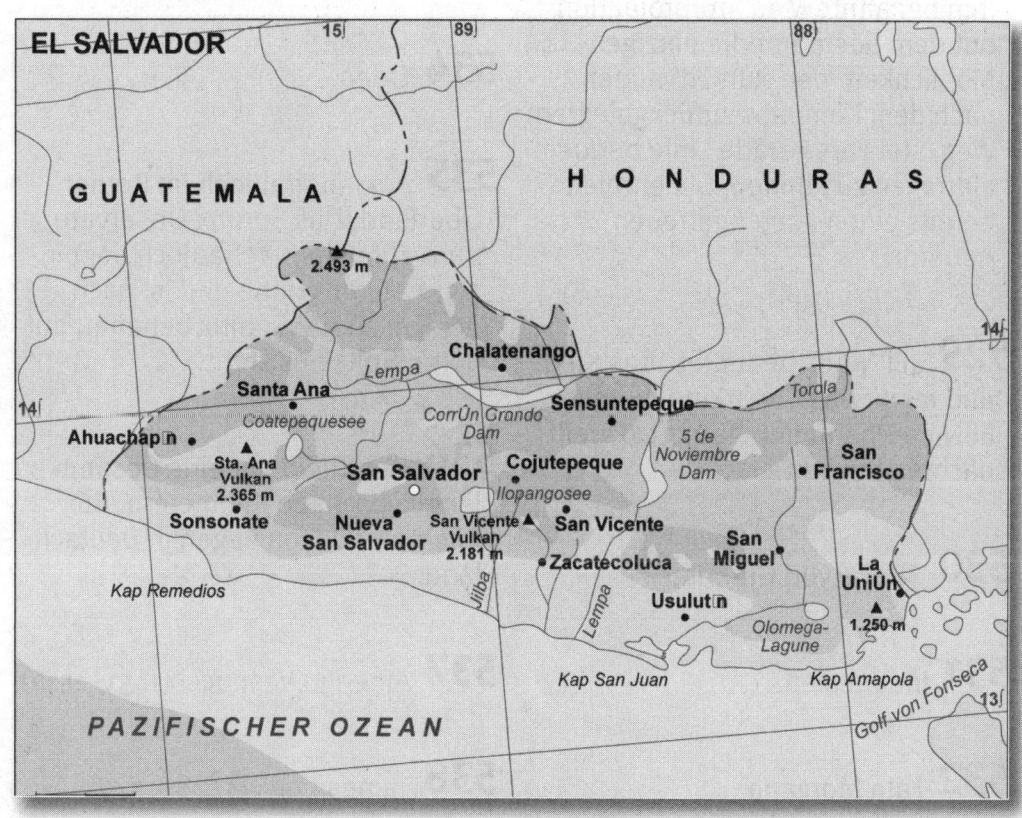

Tabelle: Die größten Süßwasser-Seen der Welt

Rang	See	Fläche in km²	Tiefe	Land
1	Oberer See	82.414 km_	405 m	USA, Kanada
2	Victoriasee	68.870 km_	85 m	Tansania, Kenia, Uganda
3	Huronsee	59.596 km_	229 m	USA, Kanada
4	Michigansee	58.016 km_	281 m	USA
5	Tanganjikasee	32.893 km_	1.470 m	Zaire, Tansania, Sambia, Burundi
6	Großer Bärensee	31.792 km_	88 m	Kanada
7	Baikalsee	31.492 km_	1.741 m	Russland
8	Großer Sklavensee	28.438 km_	614 m	Kanada
9	Eriesee	25.745 km_	64 m	USA, Kanada
10	Winnipegsee	24.341 km_	18 m	Kanada

528 Gerhard Mercator. Die nach ihm benannte Mercatorprojektion bot dem Seefahrer die einzige Möglichkeit, den Kurs, d. h. den nach dem Kompass zurückgelegten Weg, stets als gerade Linie bequem eintragen zu können. Sie enthielt bereits einen längengetreuen Äquator.

529 „El Niño" bedeutet „das Kind" und meint das Christkind, da das El-Niño-Phänomen häufig an Weihnachten beginnt.

530 Straße von Gibraltar

531 Indonesien

532 Fata Morgana

533 Im Pazifik

534 Oder

535 Am Jungfraujoch im Berner Oberland. Das Sphinx-Observatorium auf dem Jungfraujoch liegt in 3.571 Metern Höhe und ist nach der Felskuppe Sphinx benannt, auf deren Spitze es steht.

536 Der Rhein hat eine Gesamtlänge von 1.320 Kilometern. 865 Kilometer davon liegen in Deutschland.

537 Amerigo Vespucci (1451–1512)

538 James Cook (1728–1779)

539 Ozeanien

540 Irland. Die gut 84.000 Quadratkilometer große Insel hat den Beinamen „Grüne Insel".

541 Rätoromanisch

542 Grönland ist ca. 2.175.000 Quadratkilometer groß. Darin eingerechnet sind mehrere weitere von einer Eisdecke bedeckte Inseln, ohne die Grönland „nur" 1.680.000 Quadratkilometer groß wäre. Damit wäre sie aber immer noch die größte Insel.

543 Borneo

544 Der schiefste Turm steht nicht in Italien, sondern in Ostfriesland. In Suurhusen im Landkreis Aurich behauptet man, über den schiefsten Turm der Welt zu verfügen. Der Neigewinkel des örtlichen Kirchturms beträgt 5,19 Grad. Damit ist der etwa 650 Jahre alte Kirchturm von Suurhusen wesentlich schiefer als der Campanile von Pisa, der es nur auf 4,19 Grad bringt. Der Kirchturm von Bad Frankenhausen in Thüringen neigt sich um 4,5 Grad.

545 Mount Everest, benannt nach Sir George Everest (1790–1866).

546 Passatwinde. Man unterscheidet nach ihrer Hauptwindrichtung den Nordost-Passat auf der Nordhalbkugel und den Südost-Passat auf der Südhalbkugel.

547 Blizzard. Möglicherweise stammt der Begriff von dem deutschen Wort „blitzartig" ab.

548 Gracht ist der niederländische Begriff für „Wassergraben". Im engeren Sinn werden die Kanäle in Amsterdam so bezeichnet. Besonders bekannt sind die Herengracht, die Keizersgracht und die Prinsengracht. Grachten wurden im 17. Jahr-

Luftbild von Borneo, der drittgrößten Insel der Welt.

hundert zum bequemen An- und Abtransport von Waren, zur Entwässerung und auch zur Verteidigung angelegt.

549 Scirocco bzw. Schirokko

550 Magellan, eigentlich Fernando de Magellanes (um 1480–1521)

551 Brasilien

552 Wadi

553 Alfred Wegener (1880–1930)

554 In Nordamerika
A) Oberer See
B) Michigansee
C) Huronsee
D) Eriesee
E) Ontariosee

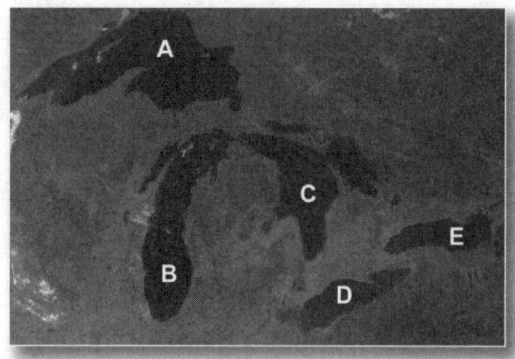

555 Christmas Island ist eine 135 Quadratkilometer große Insel im Indischen Ozean, die zu Australien gehört.

Tabelle: Die längsten Flüsse der Welt

Rang	Name	Länge in km	Kontinent	mündet in
1	Nil	6.671	Afrika	Mittelmeer
2	Amazonas	6.448	Südamerika	Atlantischer Ozean
3	Jangtse	6.380	Asien	Ostchinesisches Meer
4	Mississippi River	6.051	Nordamerika	Golf von Mexiko
5	Jenissei	5.940	Asien	Nordpolarmeer
6	Ob	5.410	Asien	Obbusen
7	Amur	5.052	Asien	Ochotskisches Meer
8	Gelber Fluss	4.845	Asien	Gelbes Meer
9	Kongo	4.835	Afrika	Atlantischer Ozean
10	Mekong	4.500	Asien	Südchinesisches Meer

Tabelle: Die längsten Flüsse Europas

Rang	Name	Länge in km	mündet in
1	Wolga	3.534	Kaspisches Meer
2	Donau	2.845	Schwarzes Meer
3	Dnepr	2.285	Schwarzes Meer
4	Rhein	1.320	Nordsee
5	Elbe	1.091	Nordsee
6	Weichsel	1.047	Ostsee
7	Loire	1.020	Atlantik
8	Tajo	1.007	Atlantik
9	Maas	925	Nordsee
10	Oder	866	Ostsee

556 Louis Antoine de Bougainville (1729–1811)

557 Pretoria

558 Klaus Störtebeker (1360–1401)

559 Geysire

560 Pennsylvania ist ein Staat im Nordosten der USA. Er gehört zu den 13 Gründerstaaten und nahm als zweiter 1787 die Verfassung der USA an.

561 Euphrat und Tigris

562 Rhein

563 Galicien in Nordwestspanien und Galizien in Südostpolen

564 1997 stimmten in der japanischen Stadt Kyoto 167 Staaten einem Abkommen mit strengen Richtlinien zu, dem sogenannten Kyoto-Protokoll.

565 Heinrich Schliemann (1822–1890)

566 Sven Anders Hedin (1865–1952)

567 Tsunami

568 Sucre

569 Höhenlinien

570 Ljubljana

571 Christoph Kolumbus (1451–1506)

572 Die Cheopspyramide ist eine der drei Pyramiden von Gizeh.

573 Fjord

574 Belgien hat keine „Anteile" an den Westindischen Inseln.

575 Rhodesien

576 Ayers Rock

577 Venezuela

578 Das Volumen des Gletschers, der den Gipfel bedeckt, hat sich seit 2003 fast verdoppelt. Die Erklärung: Der Klimawandel bringt im Sommer mehr Ostwind. Dieser macht den Schnee klebriger, wodurch sich Eis und Schnee besser festsetzen können.

Die Cheopspyramide wurde schätzungsweise mit 2,3 Millionen Steinblöcken gebaut.

Tabelle: Die 15 Bevölkerungsreichsten Staaten

Rang	Staat	Bevölkerung in Mio	Anteil in % der Weltbevölkerung
1.	Volksrepublik China:	1325	etwa 20,0 %
2.	Indien:	1132	etwa 17,1 %
3.	USA:	302	etwa 4,6 %
4.	Indonesien:	232	etwa 3,5 %
5.	Brasilien:	189	etwa 2,9 %
6.	Pakistan:	169	etwa 2,6 %
7.	Bangladesch:	149	etwa 2,3 %
8.	Nigeria:	144	etwa 2,2 %
9.	Russland:	142	etwa 2,1 %
10.	Japan:	128	etwa 1,9 %
11.	Mexiko:	107	etwa 1,6 %
12.	Philippinen:	89	etwa 1,3 %
13.	Vietnam:	85	etwa 1,3 %
14.	Deutschland:	82	etwa 1,2 %
15.	Äthiopien:	77	etwa 1,2 %

579 Sorben oder auch Wenden. Letzterer Ausdruck wird als Eigenbezeichnung von den Niedersorben verwendet.

580 Der Montblanc ist der höchste Berg der Alpen und Europas. Als Erste bestiegen ihn die französischen Alpinisten Jacques Balmat und Michel Paccard am 8. August 1786.

581 Vasco da Gama, Graf von Vidigueira (um 1469–1524)

582 40 Meter

583 Hernán Cortés (1485–1547)

584 Henry Morton Stanley (1841–1904)

585 Springfield

586 Das Adriatische Meer wurde nach der Stadt Adria in der italienischen Provinz Rovigo benannt. Es liegt zwischen der Apenninhalbinsel und der Balkanhalbinsel.

587 Der Kanal verbindet die Nordsee mit dem Atlantik und öffnet sich dabei von Osten nach Westen trichter- bzw. ärmelförmig. Auch das französische Departement Manche ist nach dem Kanal benannt.

588 Delta

589 Frankreich gehört zu Westeuropa.

590 Der Fluss heißt Kwai. „Die Brücke am Kwai" wurde von David Lean 1957 nach dem gleichnamigen Roman von Pierre Boulle verfilmt.

591 Sri Lanka

592 Um 230 v. Chr. bestimmte Eratosthenes durch Sonnenbeobachtungen den Breitenunterschied zwischen Alexandria und Syene und berechnete daraus den Umfang der Erde. Er kam auf umgerechnet 46.250 Kilometer (tatsächlich 40.076 Kilometer). Die erste moderne Gradmessung führte Snellius (Snell van Royen) 1615 mithilfe der Triangulation durch.

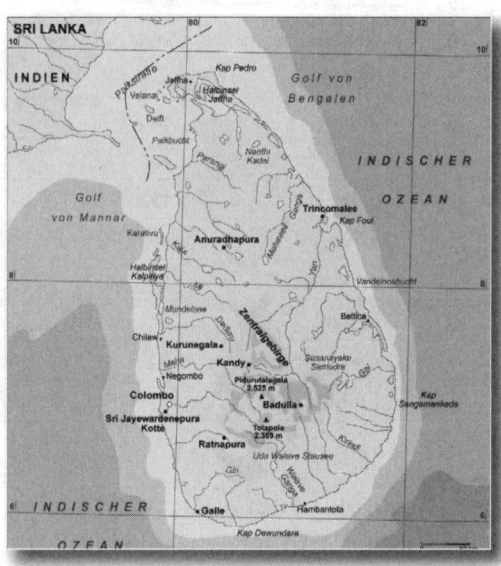

Sri Lanka, seit 1972 eine Demokratische Republik, hieß früher Ceylon.

Tabelle: Die 10 größen Staaten

Rang	Staat	Fläche in km²	Einwohner	Einw./km²
1	Russland	17.075.200	143.420.309	8,4
2	Kanada	9.984.670	32.805.041	3,3
3	Vereinigte Staaten von Amerika	9.631.418	295.734.134	30,7
4	Volksrepublik China	9.571.302	1.306.313.812	136
5	Brasilien	8.511.965	186.112.794	21,9
6	Australien	7.686.850	20.090.437	2,6
7	Indien	2.973.190	1.129.866.154	380
8	Argentinien	2.766.890	39.537.943	14,2
9	Kasachstan	2.717.300	15.185.844	5,6
10	Sudan	2.505.810	40.187.486	16,0

Tabelle: Die höchsten Berge der Alpen

Rang	Berg	Höhe	Staat
1	Mont Blanc	4.807 m	Frankreich, Italien
2	Dufourspitze	4.634 m	Schweiz, Italien
3	Zumsteinspitze	4.563 m	Schweiz, Italien
4	Punta Gnifetti	4.559 m	Schweiz, Italien
5	Liskamm	4.527 m	Schweiz, Italien
6	Weisshorn	4.505 m	Schweiz
7	Täschhorn	4.491 m	Schweiz
8	Matterhorn	4.478 m	Schweiz, Italien
9	Picco Luigi Amedeo	4.469 m	Italien
10	Grandes Jorasses	4.208 m	Frankreich
11	Alphubel	4.206 m	Schweiz
12	Balmenhorn	4.167 m	Italien
13	Jungfrau	4.158 m	Schweiz
14	Aiguille Verte	4.122 m	Frankreich
15	Barre des Écrins	4.102 m	Frankreich
16	Mönch	4.099 m	Schweiz

Tabelle: Die höchsten Berge der Welt

Rang	Berg	Höhe	Staat	Erstbesteigung
1	Mount Everest	8.848 m	Nepal, China	29. Mai 1953
2	K2	8.611 m	Pakistan, China	31. Juli 1954
3	Kangchendzönga	8.586 m	Indien, Nepal	25. Mai 1955
4	Lhotse	8.516 m	Nepal, China	18. Mai 1956
5	Makalu	8.485 m	China, Nepal	15. Mai 1955
6	Cho Oyu	8.188 m	China, Nepal	19. Oktober 1954
7	Dhaulagiri	8.167 m	Nepal	13. Mai 1960
8	Manaslu	8.163 m	Nepal	9. Mai 1956
9	Nanga Parbat	8.125 m	Pakistan	3. Juli 1953
10	Annapurna	8.091 m	Nepal	3. Juni 1950
11	Hidden Peak	8.080 m	Pakistan, China	5. Juli 1958
12	Broad Peak	8.051 m	China, Pakistan	9. Juni 1957
13	Gasherbrum II	8.034 m	Pakistan, China	8. Juli 1956
14	Shisha Pangma	8.027 m	China	2. Mai 1964

593 Lampedusa ist die größte der drei Pelagischen Inseln und liegt zwischen Tunesien und Sizilien. Sie gehört zur sizilianischen Provinz Agrigent und gerät immer wieder in die Schlagzeilen: Lampedusa gilt als Vorposten der italienischen Behörden, wenn diese illegale Einwanderer und Schmuggler auf ihrem Weg nach Europa abfangen wollen.

594 Das Zentrum eines Erdbebens liegt im Erdinnern. Das Epizentrum dagegen beschreibt den Ort, der an der Erdoberfläche senkrecht über dem Erdbebenherd liegt. Dort treten die größten Schäden auf.

595 Ungarn

596 Mäander

597 Desertifikation

598 Gondwana

599 Die Peloponnes (zu Deutsch: Pelops-Insel) wurde im Osten durch den von 1881 bis 1893 gebauten Kanal von Korinth vom Festland abgetrennt. Im Westen wurde „die Insel" dann durch die 2004 fertiggestellte Rio-Andirrio-Brücke mit dem Festland verbunden.

600 Beringstraße

601 Claus Peymann (* 1937)

602 Ja, jedoch nicht für die Zeit eines ausgesprochenen Fahrverbots.

603 In China sollte man sich an deutlichem Schmatzen oder Schlürfen nicht stören, denn es gehört dort zum Essen dazu. Das heißt aber nicht, dass man vor lauter „Geschlürfe" sein eigenes Wort nicht mehr verstünde, sondern nur, dass gelegentliche Geräusche nichts

Die chinesische Küche hat den Ruf, sehr gesund und bekömmlich zu sein.

sind, dessen man sich schämen oder womit man gegen gute Manieren verstoßen würde. Genauso ist es auch erlaubt, mit vollem Mund zu reden oder während des Essens zu rauchen.

604 1981 präsentierte Vivienne Westwood ihre erste eigene Laufstegkollektion namens „Pirate", die ein großer Erfolg wurde. 1990 zeigte sie auf der Modemesse Florenz ihre erste Männerkollektion. Bis heute gilt die „Punkdesignerin" als eine der kreativsten Modeschöpferinnen überhaupt und wurde mit zahlreichen Preisen geehrt.

605 Ein Deprivationssyndrom bezeichnet den körperlichen und seelischen Entwicklungsrückstand vernachlässigter Kinder durch Mangel an Zuwendung. Die Kinder lernen verspätet sprechen und haben Schwierigkeiten in der psychosozialen Entwicklung. Klassischerweise leiden diese Kinder unter Aggressivität, Angst und Kontaktschwäche.

606 Weingläser werden am Stiel angefasst, um den Inhalt nicht unnötig zu erwärmen und weil, wenn man gemeinsam anstößt, auf diese Weise ein angenehmer Klang entsteht.

607 YMCA. Die „Young Men's Christian Association" hat 26 Millionen Mitglieder in 24 Ländern.

608 Der Hosenbandorden („The Most Noble Order of the Garter") besteht aus einem dunkelblauen Samtband (unter dem linken Knie zu tragen) mit der Devise des Ordens und einem Kleinod, das den heiligen Georg zeigt, sowie einer

goldenen Halskette mit achtzacki-
gem Bruststern.

609 Eine Ordnungswidrigkeit
(„Fahren ohne Führerschein")

610 C1

611 Verstoß gegen das Jugend-
schutzgesetz

612 Juristische Personen des
privaten Rechts sind Organisationen und Vereinigungen mit eigener
Rechtsfähigkeit, zum Beispiel ein
eingetragener Verein, eine Aktien-
gesellschaft, GmbH oder Handels-
gesellschaft. Nicht zu verwechseln
mit juristischen Personen des
öffentlichen Rechts (Körperschaften
wie der Staat, Länder und Gemeinden).

613 BGB. Es ist in fünf Bücher
unterteilt: Allgemeiner Teil, Schuld-
recht, Sachenrecht, Familienrecht
und Erbrecht.

614 „Burn-out" steht für „ausge-
brannt sein". Das Syndrom äußert
sich in körperlicher und geistiger
Erschöpfung mit Gefühlsabstump-
fung und Versagensängsten. Das
Burn-out-Syndrom tritt vor allem in
Berufen mit hoher Daueranspan-

nung (sozialen Berufen, Führungs-
positionen etc.) auf und wird durch
eine Überlastung des Einzelnen
begünstigt.

615 Leon. Dieser Name stürmte
1999 die Hitparade der Vornamen,
er gelangte auf Anhieb von Platz 0
auf Platz 4. Elias war 2006 auf Platz
zehn zu finden, David auf Platz
neun. Otto ist seit Mitte des 20.
Jahrhunderts relativ unpopulär.

616 Aktenzeichen XY ... unge-
löst. Nach 300 Folgen gab Eduard
Zimmermann die Moderation im
Jahr 1997 an einen Nachfolger ab.

617 Stalking. In der überwiegenden Zahl der Fälle sind Frauen die
Opfer des Stalkings, das zumeist
von Männern ausgeübt wird. Die
Täter werden Stalker genannt. Sie
bedienen sich einer Reihe von
Mitteln, um Druck auf ihre Opfer
auszuüben: Briefe, E-Mails, Verbreitung von Lügen über das Opfer,
Belästigung am Arbeitsplatz oder
in der Wohnung des Opfers etc.
Stalking hat bei den Opfern massi-
ve seelische Störungen und Stress-
symptome zur Folge.

618 Am 14. Februar. In Deutschland kam der Valentinstag erst nach
dem Zweiten Weltkrieg auf, beeinflusst von den USA.

619 Die Cannstatter Wasen ist mit 4,5 Millionen Besuchern (im Jahr 2007) nach dem Münchner Oktoberfest das zweitgrößte Volksfest Deutschlands. Es findet in Stuttgart am Ufer des Neckar statt. Das schwäbische Volksfest beginnt normalerweise eine Woche später als das Oktoberfest und beansprucht aufgrund der Vielzahl der Fahrgeschäfte und Buden für sich den Titel „größtes Schaustellerfest der Welt".

620 Axel Springer AG. Der gelernte Drucker Axel Caesar Springer gründete den Verlag 1946 unter dem Namen „Axel Caesar Springer Verlag". Heute gehören zur Springer-Gruppe neben der Tageszeitung „Bild" mehrere regional verbreitete, konservativ orientierte Tageszeitungen, die überregionale Zeitung „Die Welt" und zahlreiche Unterhaltungs- und Fachzeitschriften („Hörzu", „Funkuhr", „Bild der Frau", „Autobild" u. a.). 1986 wurde die Journalistenschule Axel Springer in Hamburg gegründet.

621 Der Wassermann (lat. Aquarius). Charakteristisch für den Wassermann sind sein Spieltrieb und die Leichtfüßigkeit, mit der er das Leben angeht, sowie seine Assoziationsfreudigkeit. Am Unerwarteten, Plötzlichen hat der Wassermann seine größte Freude.

622 Die einzelne gelbe Rose bedeutet Eifersucht und mangelndes Vertrauen. Die Anfang des 18. Jahrhunderts lebende Lady Mary Wortley Montagu berichtete in ihren „Briefen aus dem Orient" über eine dort praktizierte „Blumensprache". Vorher wurden Blumen zwar bereits als Zeichen der Liebe und Galanterie geschenkt, doch von nun an gewannen Blüten in der höfischen Kultur des Rokoko eine nie geahnte Verfeinerung. Es entstand ein umfangreiches Zeichensystem, fast so kompliziert wie eine Fremdsprache.

623 amnesty international. Die private internationale Organisation tritt seit ihrer Gründung 1961 durch Peter Benenson weltweit für politische und andere Gefangene ein, die aus weltanschaulichen, rassischen oder ethnischen Gründen inhaftiert sind. Ihr Symbol ist die Kerze mit dem umrankenden Stacheldraht.

624 Das Déjà-vu-Erlebnis ist eine Erinnerungstäuschung. Gegenstände oder Eindrücke erscheinen bekannt, meist ohne Anhaltspunkt oder Begründung.

625 Der Schütze (lat. Sagittarius) gehört wie der Löwe und der Widder zu den Feuerzeichen und wird vom Planeten Jupiter regiert. Der Schütze ist der geborene Kosmopolit. Weltoffen, reiselustig und begeisterungsfähig, ist er immer auf der Suche nach neuen Anregungen, sucht sich immer neue Ziele.

626 Chanel No. 5. Coco Chanel (eigentlich Gabrielle Chasnel, * 1883) verkehrte mit Berühmtheiten wie Picasso, Strawinsky, Dalí und Churchill. „Chanel No. 5" ist übrigens eines der ersten synthetisch hergestellten Parfüms.

627 Gianni Versace. Seine Nichte Allegra erbte den Löwenanteil des Unternehmens. Ihre Mutter Donatella Versace übernahm die kreative Führung.

628 Bereits 1540 musste Franz I. von Frankreich solche Verordnungen erlassen.

629 Diese Eheform wurde auch „Ehe auf bloße Morgengabe" genannt. Sie war beim Hochadel eine standesungleiche Ehe, in der die erb- und vermögensrechtliche Stellung von Frau und Kindern vertraglich festgelegt wurde.

630 Die Klasse der Lohnarbeiter, die zwar rechtlich frei ist, aber über keine eigenen Produktionsmittel verfügt, ist das Proletariat. Nach Friedrich Engels ist das Proleta-riat aufgrund des Mangels an Produktionsmitteln darauf angewiesen, die eigene Arbeitskraft zu verkaufen, um überleben zu können. Es steht damit in krassem Gegensatz zur herrschenden und ausbeutenden Klasse der Bourgeoisie.

631 Eine britische Briefmarke von 1847. Die Inselgruppe Mauritius vor Afrika verdankt ihr ihren hohen Bekanntheitsgrad. Heute gilt das Land neben den Seychellen als das Touristenparadies unter den afrikanischen Inseln.

632 Eine Fliege kann auf jedem Hemd getragen werden. Sogar Smokinghemden, die immer mit Fliege getragen werden, gibt es mit verdeckten und nicht verdeckten Knopfleisten.

633 Das Wort Mobbing leitet sich vom englischen „to mob" = quälen, schikanieren ab. Es bezeichnet Schikane, Intrige und Psychoterror in Organisationen, insbesondere am Arbeitsplatz und an Schulen durch Kollegen bzw. Mitschüler. Mobbing durch Vorgesetzte wird Bossing genannt.

634 Die Abkürzung lautet ARD. Sie bezeichnet den Senderverband der öffentlich-rechtlichen Rundfunkanstalten, denen die einzelnen Sender

der Länder und Regionen angehören und der zum überwiegenden Teil durch Rundfunkgebühren finanziert wird. Das Fernsehprogramm wird gemeinsam von den Landesanstalten getragen und bundesweit ausgestrahlt, während die Landesanstalten regional Programme gestalten, in denen Politik und Gesellschaft des Landes oder der Region stärker behandelt werden.

635 Rupert Keith Murdoch. Seine Karriere begann 1952, als er die Verlagsrechte an zwei Zeitungen von seinem Vater erbte. Nach und nach kaufte der Verleger Medienunternehmen in der ganzen Welt auf und baute so seinen Konzern „News Corporation" aus.

636 Die Weißen Nächte. Sankt Petersburg liegt auf dem 60. Breitengrad wie der Südteil Alaskas und die Südspitze Grönlands. Während der Weißen Nächte beginnt die Dämmerung kurz vor Mitternacht. Die Sonne verschwindet, jedoch nicht vollkommen, für ungefähr fünfeinhalb Stunden.

637 Stiftung Warentest. Sie finanziert sich aus den Verkaufserlösen der veröffentlichten Testergebnisse.

638 Die Superillu ist die meistgelesene Kaufzeitschrift im Osten Deutschlands und erreicht dort besonders viele Menschen in den mittleren Altersgruppen mit guten Einkommen.

639 Der Lions Club nahm ursprünglich nur Prominente als Mitglieder auf. Heute umfasst er rund 45.000 Vereinigungen mit 1,4 Millionen Mitgliedern weltweit. Die Mitglieder unterstützen die Projekte ehrenamtlich.

640 Die Zeitschrift „Emma" hat heute eine Druckauflage von über 70.000 Exemplaren.

641 Ab 0,3 Promille kann die Polizei bei Verdacht auf Beeinträchtigung des Fahrverhaltens den Führerschein einbehalten. Im Fall eines Unfalls reicht es zur Straftat und zur Verurteilung bzw. zur Mitschuld.

642 (Zeitungs-)Ente. Der nordschottische See Loch Ness ist seit einer lokalen Zeitungsmeldung am 14. April 1933 bekannt für sein angebliches Ungeheuer.

643 Das besondere Material soll Beschädigungen an den Eiern und geschmackliche Veränderungen durch Metall ausschließen. Übrigens: Niemals Zwiebeln oder Zitronensaft zum Kaviar nehmen; diese würden den zarten Geschmack der reinen Eier überlagern.

644 Pyromanie. Dabei handelt es sich um eine Störung der Impulskontrolle. Darunter versteht man allgemein eine Reihe von Zuständen, bei denen das Verhalten der betroffenen Personen offensichtlich unkontrolliert und unangemessen ist. Kleptomanie (zwanghaftes Stehlen) und Trichotillomanie (Zwang, sich selbst Haare auszureißen) fallen auch unter diese Kategorie.

645 Miraculix. Der ehrwürdige Druide des Dorfs schneidet Misteln und braut Zaubertränke. Sein größter Erfolg ist ein Zaubertrank, der übermenschliche Kräfte verleiht. Im französischen Original heißt er Panoramix.

646 Ödipuskomplex. Er wurde nach der altgriechischen Sagenfigur Ödipus benannt. Ödipus war der ausgesetzte Sohn eines Thebanerkönigs, der später – ohne Kenntnis der Verwandtschaftsbeziehungen – seinen Vater erschlug und seine Mutter heiratete.

647 John Galliano. Galliano wurde 2001 für seine Leistungen in der Welt der Mode mit dem Titel „Commander of the British Empire" ausgezeichnet, einer der höchsten Ehrungen Großbritanniens.

648 Der schweizerische Schriftsteller Henri Dunant wurde als Zivilist Augenzeuge der Zustände nach der Schlacht von Solferino, der blutigsten Schlacht des 19. Jahrhunderts, und des völligen Versagens der Verwundeten- und Gefangenenfürsorge („Erinnerung an Solferino", 1862).

649 200. Davide Mosconi und Ricardo Villarosa stellen in ihrem Buch „Getting knotted" (Mailand, 1985) 188 verschiedene Knoten vor, und das sind noch nicht alle.

650 Ein „Corpus Delicti" ist ein Gegenstand oder Werkzeug als Beweisstück einer Straftat, ein den Verdächtigen belastender Gegenstand.

651 Charles' Sohn Prinz William – William Arthur Philip Louis Mountbatten-Windsor. Er wurde 1982 als Sohn von Prinz Charles und Prinzessin Diana geboren. Sein jüngerer Bruder auf Platz drei der Thronfolge ist Prinz Harry (eigentlich Henry Charles Albert David Mountbatten-Windsor).

**Tabelle: Deutsche Friedens-
nobelpreisträger**

Nobelpreisträger	Jahr
Gustav Stresemann	1926
Ludwig Quidde	1927
Carl von Ossietzky	1935
Albert Schweitzer	1952
Willy Brandt	1971
Henry Kissinger	1973

652 In der Nacht zum 1. Mai. Der Mythos von der Walpurgisnacht ist über 300 Jahre alt. Der Blocksberg wurde erstmals 1669 von Johann Praetorius aus Leipzig als ein Ort der Teufelsanbetung bezeichnet. In Goethes „Faust" wird die Walpurgisnacht literarisch gestaltet; in „Faust II" erfindet Goethe eine in der Antike spielende „Klassische Walpurgisnacht".

653 Freikörperkultur. 1898 entstand in Essen der erste FKK-Verein. Heute gibt es den „Deutschen Verband für Freikörperkultur (DFK) e. V.", der Mitglied im Deutschen Olympischen Sportbund (DOSB) ist.

654 „Sehr geehrte Gräfin Hochstein" oder auch „Liebe Gräfin Hochstein" ist korrekt. Das „von" wird weggelassen. Auf gar keinen Fall „Sehr geehrte Frau Gräfin".

655 Seit dem 8. Jahrhundert ist der Titel der japanischen Kaiser „Tenno" (= himmlischer Herrscher).

656 Pulitzerpreis. Der vom Verleger Joseph Pulitzer gestiftete Preis umfasst 14 Auszeichnungen für besondere Leistungen in den Gebieten des Journalismus. Außerdem werden Preise für Literatur (sechs Auszeichnungen) und Musik (eine Auszeichnung) vergeben. Die jährlich stattfindende Vergabe erfolgt durch die Columbia University auf Empfehlung eines Preiskomitees.

657 Parapsychologie. Die Parapsychologie wird z. T. nicht als Wissenschaft akzeptiert, da es für diese Phänomene keine naturwissenschaftliche Erklärung gibt. Sie versucht, ihre Forschungen mit statistischen Versuchen, spontanen Erlebnissen wie Visionen, Erscheinungen und Wahrträumen sowie durch Medien (Menschen mit übersinnlichen Fähigkeiten) zu belegen.

658 Die Eifersucht. Jago spricht zum eifersüchtigen Mohren Othello die Worte:

„[...] O, beware, my lord, of jealousy; It is the green-eyed monster which doth mock The meat it feeds on [...]"

659 60 Jahre. Die goldene Hochzeit wird nach 50 Ehejahren gefeiert, die eiserne nach 65, die Gnadenhochzeit nach 70 und die Kronjuwelenhochzeit nach 75 Jahren.

660 Herr Professor Carstens. Bei der mündlichen Anrede wird nur der höchste Titel verwendet, alle anderen werden weggelassen.

661 30 Prozent. Im Jahr 2006 betrug die Zahl der nicht ehelich geborenen Kinder 202.000, also 30 Prozent der Lebendgeborenen. Im Jahr 1990 waren es laut Statistischem Bundesamt nur 15 Prozent der Kinder, die außerehelich zur Welt kamen.

662 Eine gewaltsame Ausschreitung gegen Juden, zunächst vor allem bezogen auf die Judenverfolgungen in Osteuropa. Für die von den Nationalsozialisten an den Juden begangenen Verbrechen wählt man angesichts des Ausmaßes andere Begriffe wie Völkermord oder Holocaust. Im weiteren Sinn versteht man unter Pogrom Gewalttaten gegen jegliche religiöse, nationale oder rassische Minderheiten.

663 Mariä Lichtmess war der Wandertag der Mägde, Knechte, Dienstboten und Handwerksgesellen. Sie konnten jetzt die Stellung wechseln und es gab eine Woche Urlaub. Übrigens wechselten an Lichtmess nach altem Glauben nicht nur die Dienstboten, sondern auch die Geister ihren Ort.

664 Den Fingerabdruck. Die Daktyloskopie beruht auf der Erkenntnis, dass die Linien des Fingerabdrucks bei jedem Menschen verschieden sind und wird seit ca. 1920 in großem Maßstab eingesetzt.

665 1810 fand die Hochzeit des späteren bayerischen Königs Ludwig I. mit Theresa von Sachsen-Hildburghausen statt. Zur Unterhaltung der Münchner Bürger veranstaltete man am 17. Oktober auf der zu Ehren der Braut „Theresienwiese" genannten Wiese vor den Toren der Stadt ein Pferderennen, das auch in den folgenden Jahren ausgetragen wurde.

666 Ein „Foot" hat 12 Inches (2,54 Zentimeter) und damit eine Länge von 30,48 Zentimeter.

667 Blei. Nur die reicheren Römer konnten sich diese Rohre leisten, die ärmeren mussten mit Ton vorlieb nehmen und lebten dadurch – wie man heute weiß – gesünder, zumindest was eine mögliche Bleivergiftung betrifft.

668 In Knoten. 1 Knoten ist 1 nautische Meile pro Stunde (= 1,852 km/h).

669 In Frankreich. SNCF steht für „Société Nationale des Chemins de Fer Français".

670 Cracken

671 Auf einer Malerstaffelei. Die Staffelei bot sich an, da Morse selbst ursprünglich Kunstmaler war.

Das „Deutsche Museum" in München ist das weltweit größte Museum für Technik.

672 Eine Sternwarte. In Garching ist der Sitz der Europäischen Südsternwarte, die von europäischen Staaten unterhalten wird.

673 „Deutsches Museum". Oskar von Miller baute auch mehrere Kraftwerke (darunter das Walchenseekraftwerk) und organisierte 1882 die erste Elektrizitätsausstellung in München.

674 Abgassonderuntersuchung

675 Server

676 Adapter

677 Pixel

678 „AVUS" ist die Abkürzung für „Automobil-, Verkehrs- und Übungsstraße". Die 9,8 Kilometer lange Strecke wurde eine Zeit lang auch als Rennstrecke genutzt. Heute ist sie in die Stadtautobahn integriert.

679 Interface

680 CERN (Abk. für frz. „Conseil Européen pour la Recherche Nucléaire" = Europäische Kommission für Kernforschung)

681 Legierungen

682 E-Mails

683 „Voice over IP", kurz: VoIP

684 Peripheriegeräte

685 Duroplast oder Duromer

686 Reflexion

687 Polygraph

688 Radio Detecting and Ranging

689 Ein Kompressor ist eine Verdichtungsanlage für Gase oder Dämpfe und erzeugt Pressluft. Je nach Art der Verdichtung handelt es sich um einen Kolben- oder einen Turbokompressor.

690 Konrad Zuse baute seinen „Z3" bereits 1941. Seine Leistung wurde erst in den 1960er-Jahren anerkannt.

691 Link oder Hyperlink

692 Photovoltaik

693 Multitasking (engl. „multi" = mehrfach und „task" = Aufgabe)

694 Ausgleichgetriebe

695 „Barrel" bedeutet im Englischen „Fass".

696 Ja. Rollen und Hebel zählen zu den am häufigsten vorkommenden Kraftwandlern.

697 Frequenz

698 Pumpspeicherwerk

699 Die Wirksamkeit von Luftpumpe und Vakuum.

700 Stand-by nennt man den Zustand eines technischen Geräts, in
dem die Gebrauchsfunktion tempo-
rär deaktiviert ist, aber jederzeit
und ohne Vorbereitungen oder
längere Wartezeiten wieder aktiviert
werden kann. Wegen seines hohen
Energiebedarfs gilt der Bereit-
schaftsbetrieb im Rahmen der Diskussion um den Klimawandel als
umstritten. Politiker und Umwelt-
schützer fordern immer wieder ein
Verbot.

701 „Adler"

702 Messing

703 RAM („Random Access
Memory")

704 Meter. Englischsprachige
Karten verzeichnen zudem auch die
Einheit Faden (ein Faden entspricht
zwei Yards).

705 Virus

706 Anode

707 Pendolino (ital. „pendolare" =
pendeln, hin- und herschwingen)
ist ein Eisenbahnzug, der durch
computergesteuerte Neigung des
Wagens die Fliehkraft ausgleichen
kann. Diese Technik ermöglicht
selbst auf kurvenreichen Strecken
hohe Geschwindigkeiten.

708 Bei der Dampfmaschine

*Die Dampflok gehörte zu den bedeutends-
ten technischen Fortschritte in ihrer Zeit.*

709 Luftdruck

710 Amplitude

711 Laden

712 Statik (lat. „stare" = stehen)

713 Die Einheit heißt „Ohm" und ist benannt nach Georg Simon Ohm (1789–1854).

714 ROM („Read Only Memory")

715 Transistor (engl. „Transformation Resistor")

716 Backslash

717 Die Dichte errechnet sich aus der Masse eines Gegenstandes, dividiert durch sein Volumen. Ein Kubikzentimeter Wasser wiegt ein Gramm, deshalb beträgt die Dichte von Wasser 1. Nur Gegenstände oder Substanzen mit geringerer Dichte können demnach schwimmen.

718 Debugger

719 Internetprovider oder Internetdienstanbieter

720 Wasserstoff aus erneuerbaren Quellen wie Windkraft und Solarenergie gilt langfristig als die Alternative mit dem größten Potenzial.

721 Router. Der deutsche Begriff „Wegewähler" konnte sich nicht durchsetzen.

722 Der äußere Luftdruck ist nun höher und presst den Gummisauger an die Oberfläche.

723 Laser. Der erste Laser wurde im Jahr 1960 gebaut und war ein Rubinlaser.

724 Oberflächenspannung

725 Artesischer Brunnen

726 Schreibmaschine

727 Akustik

Die Schreibmaschine wurde von dem Südtiroler Peter Mitterhofer erfunden.

Das Atom-U-Boot Nautilus unterquerte 1958 nach 16-tägigier Tauchfahrt zum ersten Mal den Nordpol.

728 Destillation

729 Hardware

730 Compact Disc

731 Installation

732 Citroën

733 Account, also Benutzerkonto

734 Rückstoßprinzip: Wenn von einem Körper Teile seiner Masse abgestoßen werden, setzt sich dieser Körper selbst in entgegengesetzter Richtung in Bewegung.

735 Nautilus

736 Boolen

737 Modulator Demodulator

738 Konvex bedeutet nach außen gewölbt.

739 Das Elementsymbol Ag leitet sich vom lateinischen Wort „argentum" für Silber ab. Silber ist ein Edelmetall und gehört zu den Münzmetallen. Es ist ein weiches, gut verformbares Schwermetall und hat die größte thermische Leitfähigkeit aller Elemente.

740 Kohlenstoff. Das „C" steht für Carboneum.

741 -173 °C

742 Polyvinylchlorid. Das in großen Mengen hergestellte Polyvinylchlorid wird vielfältig verwendet, gilt jedoch als ökologisch und gesundheitlich problematisch.

743 Aerosol. Natürliche Aerosole sind Nebeltröpfchen, Bakterien und Pflanzenpollen.

744 Kautschuk. Der Milchsaft (Latex) wird den Bäumen durch Einschneiden von Rillen entzogen und zum Gerinnen gebracht.

745 Luigi Galvani (1737–1798)

746 Kernspaltung

747 Radar

748 Fixsterne (von lat. „stellae fixae" = fest stehende Sterne)

749 Höchstens 6.000 Fixsterne können mit bloßem Auge am gesamten Himmel erkannt werden, davon etwa die Hälfte gleichzeitig von einem Ort auf der Erde aus.

750 Wilhelm Conrad Röntgen (1845–1923), Entdecker der nach ihm benannten Strahlen, wurde kurz vor der Abschlussprüfung von der Schule verwiesen. Ein Mitschüler hatte eine Karikatur des Klassenlehrers gezeichnet, Röntgen wurde für den Übeltäter gehalten. Auch beim zweiten Versuch hatte er kein Glück: Als er später noch einmal als Externer die Abiturprüfung wiederholen wollte, erschien zur Prüfung der ehemalige Klassenlehrer – und ließ Röntgen durchfallen.

751 Element

752 Kurt Gödel (1906–1978)

753 Zink

754 Das menschliche Ohr nimmt Töne im Bereich von 20 bis 20.000 Schwingungen pro Sekunde wahr.

755 UV-Strahlen = ultraviolette Strahlen

756 Oxidation

757 Supernova

Tabelle: Deutsche Nobelpreisträger Physik

Nobelpreisträger	Jahr
Wilhelm Conrad Röntgen	1901
Philipp Lenard	1905
Ferdinand Braun	1909
Wilhelm Wien	1911
Max von Laue	1914
Max Planck	1918
Johannes Stark	1919
Albert Einstein	1921
James Franck	1925
Gustav Hertz	1925
Werner Heisenberg	1932
Max Born	1954
Walther Bothe	1954
Rudolf Mößbauer	1961
J. Hans D. Jensen	1963
Maria Goeppert-Mayer	1963
Klaus von Klitzing	1985
Gerd Binnig	1986
Ernst Ruska	1986
Johannes Georg Bednorz	1987
Jack Steinberger	1988
Wolfgang Paul	1989
Hans Georg Dehmelt	1989
Horst L. Störmer	1998
Herbert Kroemer	2000
Wolfgang Ketterle	2001
Theodor W. Hänsch	2005
Peter Grünberg	2007

758 Urknalltheorie

759 Atmosphäre

760 Generator (lat. „generare" = erzeugen)

761 Perihel.

762 Parallelogramm. Rechteck, Raute und Quadrat sind Sonderfälle des Parallelogramms.

763 Der Deutsche Peter Grünberg (* 1939) und der Franzose Albert Fert (* 1938) werden 2007 für die Entdeckung des sogenannten GMR-Effekts ausgezeichnet. Dieser machte es unter anderem möglich, moderne Computerfestplatten zu entwickeln, die mit extremer Schnelligkeit große Mengen digitaler Daten speichern und wieder abrufbar machen.

764 Flächeninhalt: $A = 6 \cdot a^2$

765 Kelvin. Das Kelvin wurde nach William Thomson, dem späteren Lord Kelvin, benannt, der mit 24 Jahren die thermodynamische Temperaturskala einführte.

766 Quecksilber ist ein chemisches Element mit der Ordnungszahl 80, das in der zweiten Nebengruppe des Periodensystems unter Zink und Cadmium steht. Quecksilber gehört zu den Übergangsmetallen und ist das einzige Metall, das sich bei Raumtemperatur verflüssigt.

767 Thermik

768 Milchstraße

769 Semipermeabel

770 Benjamin Franklin (1706–1790)

771 Atom

772 Trigonometrie

773 Es gibt ein Gerücht, dem zufolge Alfred Nobel (1833–1896), der Stifter der gleichnamigen Preise, die Mathematik verschmäht haben soll, weil er seine damalige Herzensdame Sonya Kovalevski an den Mathematiker Gösta Mittag-Leffler verloren hat. Um den Rivalen jeglicher Chancen auf Ruhm und Ehre zu berauben, verzichtete Nobel angeblich in seinem Testament darauf, einen Mathematikpreis zu stiften.

774 Galilei experimentierte mit der schiefen Ebene, um die Fallgesetze zu untersuchen.

775 Unter dem unscheinbaren Titel „Zur Elektrodynamik bewegter Körper" veröffentlichte Albert Einstein 1905 Experimente und Überlegungen zur Elektrodynamik, mit denen er die spezielle Relativitätstheorie begründete.

776 Quantenmechanik oder Quantenphysik

777 Protuberanzen (lat. „protuberare" = hervorschwellen)

778 Das Elmsfeuer ist eine zungenförmige, leuchtende, elektrische Entladung an herausragenden Objekten. Der Name geht auf die Seeleute des Mittelmeers zurück, die die Erscheinung ihrem Schutzheiligen, dem heiligen Erasmus (italienisch Santo Elmo), zuschrieben.

779 Louis Pasteur ist ein Mitbegründer der modernen Bakteriologie. Er erkannte, dass durch Erhitzen von Flüssigkeiten auf eine bestimmte Temperatur Mikroben absterben und wertvolle Stoffe erhalten bleiben (Pasteurisieren).

780 Eine Schleuse

781 Das „Archimedische Prinzip" oder auch Gesetz der Wasserverdrängung. Er hatte erkannt, dass das überlaufende Wasser seinem Körpervolumen entsprach. Wenn er also die Krone in ein mit Wasser gefülltes Gefäß tauchen würde, entspräche das Volumen der überlaufenden Flüssigkeit genau dem der Krone.

782 Vakuum

783 Gravitation (lat. „gravitas" = Schwere)

784 Dreisatz

785 Ultrakurzwellen

786 Seifen bestehen aus Natrium- oder Kaliumsalzen höherer Fettsäuren.

787 Die Ozonschicht liegt im unteren Teil der Stratosphäre in einer Höhe von 20 bis 50 Kilometer.

Unter dem Einfluss der kurzwelligen UV-Strahlung der Sonne bildet sich hier Ozon aus molekularem Sauerstoff. Diese Ozonschicht ist äußerst wichtig, weil sie den größten Teil der UV-Strahlung zurückhält.

788 André-Marie Ampère (1775–1836)

789 Umfang: $U = 4 \cdot a$

790 GAU. Die Buchstaben stehen für „**G**rößter **A**nzunehmender **U**nfall". Der Ausdruck ist besonders bei der Kernenergie verbreitet, gilt aber auch in der chemischen Industrie, in Raffinerien oder beim Flugzeugbau.

791 DNA-Polymerase

792 Exotherm

793 Albert Einstein (1879–1955), Physik-Nobelpreisträger 1921 und Mozart-Liebhaber, war nicht nur für seinen Intellekt bekannt, sondern auch für seine Probleme bei Intonation und Taktgefühl. Das wurde immer dann deutlich, wenn er sich mit seiner Violine mit Freunden zur Hausmusik traf.

794 Das erste zivile Kernkraftwerk der Welt wurde 1954 im russischen Obninsk in Betrieb genommen.

795 Bei der Wellenlänge

796 Oxid

797 Auf den 29. Februar

798 Aus Glasfaser

799 Merkur ist der sonnennächste Planet. Sein mittlerer Abstand zur Sonne beträgt rund 58 Millionen Kilometer. Die mittlere Entfernung der Erde von der Sonne beträgt rund 149 Millionen Kilometer.

800 Parabel

801 Axiom

802 8 Minuten

803 Meteorologie. Sie konzentriert sich auf die Beobachtung von klima- und wetterrelevanten Vorgängen in der Atmosphäre und erstellt daraus Folgerungen über den weiteren Verlauf mit der Wettervorhersage als allgemein bekanntester Anwendung.

804 Es sind alles Primzahlen, also Zahlen, die nur durch sich selbst teilbar sind.

805 Stalaktit heißt der von der Decke hängende Tropfstein. Sein Gegenstück ist der Stalagmit. Beide Namen kommen aus dem Griechi- schen („stalagmos" = Tropfen).

806 Die Brüder Joseph Michel Montgolfier (1740–1810) und Jacques Étienne Montgolfier (1745–1799) waren die Erfinder des Heißluftballons, der Montgolfiere.

807 Katalysator

808 Erdgas besteht zu 80 bis 95 Prozent aus Methan.

809 Thomas Alva Edison (1847– 1931), der eigentliche Erfinder war allerdings Charles Cros (1842– 1888).

810 Mit Häufigkeit, Wahrscheinlichkeit und Statistik.

811 Gerhard Ertl (* 1936)

812 Asteroiden (griech. „aster" = Stern und „eides" = ähnlich)

813 Jupiter ist der, von der Sonne aus gesehen, fünfte und größte Planet unseres Sonnensystems.

814 Galaxie

815 Die Polarhündin Laika („Kläffer") wurde am 3. November 1957 als erstes Lebewesen mit dem russischen Satelliten „Sputnik 2" in eine 1.500 Kilometer hohe Erdumlaufbahn gebracht. Sie lebte noch eine Woche nach dem Start in ihrem engen Gefängnis.

816 Elektrolyse

817 Nebel

818 Saurer Regen

819 Pythagoras

Tabelle: Deutsche Nobelpreisträger Chemie

Nobelpreisträger	Jahr
Hermann Emil Fischer	1902
Adolf von Baeyer	1905
Eduard Buchner	1907
Wilhelm Ostwald	1909
Otto Wallach	1910
Richard Willstätter	1915
Fritz Haber	1918
Walther Hermann Nernst	1920
Richard Adolf Zsigmondy	1925
Heinrich Otto Wieland	1927
Adolf Otto Reinhold Windaus	1928
Hans Fischer	1930
Friedrich Bergius	1931
Carl Bosch	1931
Richard Kuhn	1938
Adolf F. J. Butenandt	1939
Otto Hahn	1944
Otto P. H. Diels	1950
Kurt Alder	1950
Hermann Staudinger	1953
Karl Ziegler	1963
Manfred Eigen	1967
Gerhard Herzberg	1971
Ernst Otto Fischer	1973
Georg Wittig	1979
Johann Deisenhofer	1988
Robert Huber	1988
Hartmut Michel	1988
Gerhard Ertl	2007

820 Membran

821 Marie Curie, geborene Maria Salomea Sklodowska (1867–1934). Sie heiratete Pierre Curie (1859–1906), einen Forscher auf dem Gebiet von Stahl und Magnetismus. Das junge Paar bezog eine Wohnung in Paris, die nahe an der städtischen Schule für industrielle Physik und Chemie lag, wo Pierre arbeitete. Der dortige Direktor erlaubte Marie, mit ihrem Mann im Labor zu arbeiten. 1897 schloss sie ihre Arbeit über die magnetischen Eigenschaften verschiedener Stahlsorten ab.

822 Gut 60 Jahre. Am 14. Oktober 1947 wurde erstmals im horizontalen Flug Überschallgeschwindigkeit erreicht. Das Raketenflugzeug, gesteuert von Testpilot Chuck Yeager, startete nicht vom Boden aus. Ein B-29-Bomber trug die Maschine in den Himmel über der Mojave-Wüste. In mehreren Kilometern Höhe wurden der Pilot und seine fliegende Rakete dann ausgeklinkt.

823 Das 60-fache. Flöhe besitzen eine Körperlänge von fünf Millimetern und können im Sprung Weiten von 30 Zentimetern erreichen.

824 Afrika. Der Esel ist eine domestizierte Unterart, die vom afrikanischen Wildesel abstammt.

825 Die Grannenkiefer kann ein Lebensalter von fast 5.000 Jahren erreichen.

826 Wenn sie ängstlich sind.

827 Ein männlicher Eisbär kann bis zu 800 Kilogramm wiegen, ein Weibchen bis zu 300 Kilogramm.

828 Der Bienenwolf ist ein bis zu 15 Millimeter langes Insekt. Die Larve des Bienenwolfs lebt räuberisch in Bienennestern, wo sie sich vor allem von den Larven ihres Wirts ernährt.

829 Zu den Schafen. Es handelt sich um eine kleine, genügsame Schafrasse mit grauweißem Fell und geschwungenen Hörnern, die ursprünglich in der Lüneburger Heide gehalten wurde.

Heidschnucken

830 Genauso lang wie der Körper. Chamäleons erreichen eine Körperlänge von bis zu 35 Zentimetern, ebenso lang kann ihre Zunge (mit der sie ihre Beute fangen) werden.

831 Lorbeer

832 Elefanten. Elefantenkühe sind jeweils nur wenige Tage befruchtungsfähig. Da dieser Termin auf jede beliebige Jahreszeit fallen kann, werden die Jungen ganzjährig geboren. Gewöhnlich kommt nur ein Junges zur Welt, Zwillingsgeburten sind selten.

Der Bienenwolf

833 Tulpe

834 Der Orang-Utan ist der dritte Vertreter der großen Menschenaffen neben dem Gorilla und dem Schimpansen; sein Name bedeutet im Malaiischen „Waldmensch".

835 Die Großtrappe ist ein Tier der Superlative: Mit einer Spannweite von bis zu 260 Zentimetern ist sie nicht nur der größte flugfähige, sondern auch der wohl stressanfälligste Vogel der Welt. Kleinste Störungen können die Fortpflanzung der 18-Kilo-Kolosse verhindern.

836 Die Lärche

837 Gummibaum

838 Würgefeigen umschließen allmählich ihren Wirtsbaum. Dieser stirbt schließlich ab und die Würgefeige rankt sich um den nach seiner Zersetzung entstandenen Hohlraum.

839 Bitterling

840 Die Körperwärme eines Beutetiers.

841 Fauna

842 Lamellen

843 Ordnung

844 Widder

845 Dutzendfüßer

846 Wahr

847 Pfahlwurzeln

848 Unter Symbiose versteht man das Zusammenleben zweier Organismen verschiedener Artzugehörigkeit, z. B. von Raub- und Putzerfischen, wobei jeder Partner Nutzen aus dieser Verbindung zieht.

849 Die Ameise

Ameisen haben im Verhältnis zu ihrer Körpergröße das größte Gehirn

850 Lemminge

851 Das Eichenblatt ist gelappt.

Die Blätter einer Pflanze unterscheidet man auch nach der Form der Blätter; das Eichenblatt hat eine gelappte Randform.

852 Nüstern

853 Die Kleine Hufeisennase ist eine geschützte Fledermausart. Das Verwaltungsgericht Dresden stoppte ihretwegen vorübergehend den Baubeginn der seit Jahren umstrittenen 630 Meter langen Waldschlösschenbrücke.

854 Mimikry

855 Die Bauchige Windelschnecke lebt in Feuchtgebieten und ist vom Aussterben bedroht.

856 Koniferen

857 Einmal

858 Korallen

859 Mausbock

860 Die Tiere bilden eine Art Schutz- und Trutzbund gegen gemeinsame Feinde. Dabei bilden die Giraffen gewissermaßen den Ausguck. Zebras und Antilopen haben dagegen einen sehr guten Geruchssinn, mit dem sie die niedrigen Luftschichten kontrollieren.

861 Die Zwiebelschalen gehören zu den Blättern.

862 Jahresringe

863 Kleinste Muskeln legen Farbpigmente frei oder bedecken sie.

864 Wechseltierchen, auch Amöben genannt, sind einzellige Tiere, die zum Stamm der Wurzelfüßer gehören. Sie leben im Wasser und besitzen keine feste Gestalt, sondern verändern durch die Ausbildung von Scheinfüßen permanent ihren Körper. Neben frei lebenden Formen gibt es auch viele parasitisch lebende Amöben, z. B. die Erreger der Amöbenruhr im menschlichen Darm.

865 Hypertroph (griech. „trophe" = Nahrung)

866 Papaya. Der Baum stammt ursprünglich aus den Tropen, sein Name aus der Sprache der Arawak-Indianer.

867 Zehn Laufbeine

868 Wiederkäuer

869 Schwarze Witwe („black widow spider") heißt eine in Nordamerika und in weiten Teilen Mittel- und Südamerikas verbreitete Spinne. Sie ist schwarz gefärbt und trägt auf der Bauchseite eine rote Zeichnung. Obwohl die Tiere nicht aggressiv sind, kommt es zu Bissunfällen mit Menschen, die für Kinder und kranke oder geschwächte Menschen ernste Folgen haben können.

870 Pollenanalyse

871 Absolventen haben ein Schuljahr, einen Kurs oder eine Ausbildung absolviert, gehören also nicht nur Nahrungskette. Konsumenten sind Lebewesen, die organische Verbindungen zur Deckung ihres Energie- und Baustoffbedarfs aufnehmen müssen.
Produzenten sind grüne Pflanzen, die aus anorganischen Stoffen und Sonnenenergie organische Verbindungen produzieren. Den Schluss der Nahrungskette bilden Destruenten. Das sind Bakterien, Pilze und viele bodenbewohnende Tiere, die sich von toter organischer Substanz ernähren.

872 Der WWF (World Wide Fund For Nature, früher World Wildlife Fund) wurde 1961 in der Schweiz gegründet. Mehr als fünf Millionen Förderer unterstützen die Arbeit des WWF. Rund 4.000 Mitarbeiter arbeiten weltweit in etwa 100 Ländern für mehr als 2.000 Natur- und Umweltschutzprojekte.

873 Möhre

874 Charles Darwin (1809–1882) entwickelte den Gedanken der Evolution durch Selektion. Im ständigen „Kampf ums Dasein" bleiben seiner Ansicht nach jene Individuen am Leben, die besser an die jeweils herrschenden Bedingungen angepasst sind.

875 Metamorphose (griech. „metamórfose" = Verwandlung)

876 Fotosynthese (griech. „phos" = Licht und „sýnthesis" = Zusammensetzung)

877 Das Dromedar (Camelus dromedarius) hat einen Höcker, das Trampeltier (Camelus babactrianus) zwei.

878 Die Erle

879 Immunsystem (von lat. „immunis" = frei, unberührt)

880 Pantoffeltierchen sind Wimpertierchen, die ihre Nahrung – vorwiegend Bakterien – durch Wimpernschläge zum Mundfeld befördern. Mithilfe der Mundfeldbewimperung gelangen die Bakterien zum Zellmund, wo sie anschließend im Zellschlund verwertet werden.

881 Flachwurzel

882 Kapern. Das sind die Blütenknospen des Echten Kapernstrauches (Capparis spinosa) aus der Familie der Kaperngewächse (Capparaceae).

883 Sie vermehren sich.

884 Bestäubung

885 Erdbeere

886 Ja. Die „gemeine Eselsdistel" (Onopordum acanthium L.) wird auch „Krebsdistel", „Wolldistel" oder „Krampfdistel" genannt. Die „Nickende Distel" (Carduus Nutans) ist die Blume des Jahres 2008.

887 Die Morphologie untersucht Struktur und Form von Organismen. Sie klassifiziert sie anhand ihrer Gestaltänderung im Laufe der Entwicklung.

888 Wahr

889 Der asiatische Elefant (Elephas maximus) wirkt kleiner als der afrikanische, weil er kürzere und stämmigere Beine hat. Auch Kopf und Ohren sind wesentlich kleiner. Nur die Bullen tragen Stoßzähne. Bei seinem afrikanischen

Verwandten können auch Weibchen Stoßzähne entwickeln.

890 Deoxyribonucleic acid. Im deutschen Sprachgebrauch wird die Desoxyribonukleinsäure DNS zunehmend mit der englischen Abkürzung DNA (deoxyribonucleic acid) bezeichnet. Die in allen Lebewesen vorkommende Desoxyribonukleinsäure ist die Trägerin der Erbinformation.

891 Phototropismus

892 Seeadler

893 Halbschmarotzer

894 Zwitter sind von Natur aus zweigeschlechtig. Sehr viele niedere Tiere und fast alle zweikeimblättrigen Pflanzen sind Zwitter.

895 Mauser

896 Blutsaugende Pflanzen gibt es zum Glück nicht. Kannenpflanzengewächse sind Kletterpflanzen, deren Blätter an der Spitze teilweise zu Schläuchen oder Kannen aufgerollt sind. Die Würgefeige ist eine Ficus-Art im tropischen Regenwald. Nacktsamer tragen ihren Namen, weil ihre Samenanlagen in einem oder mehreren Fruchtblättern offen liegen.

897 Röhrenpilz

898 Als Kitz wird das Jungtier von Reh, Ziege, Gämse und Steinwild bezeichnet.

899 Rübe oder Wurzelrübe

900 Maulbeerbaum

901 Neophyten (griech. „neo" = neu und „phyton" = Pflanze)

902 Flora

903 Ameisen

904 Vier

905 Schimpansen sind die nächsten lebenden Verwandten des Menschen. Ihr Hauptlebensraum ist Mittelafrika. Die Gattung teilt sich in zwei Arten, den Gemeinen Schimpansen (Pan troglodytes) und den Bonobo oder Zwergschimpansen (Pan paniscus).

906 Grüner Knollenblätterpilz

907 Krone

908 Die Schwämme (Spongia) bilden einen eigenen Stamm im Reich der Tiere. Sie sind äußerst einfach gebaute Tiere, die keine echten Organe und Sinnes-, Nerven- und Muskelgewebe ausbilden. Ihre Größe (1 mm bis 2 m) ist ebenso variabel wie ihre Körperform. Schwämme kommen meist auf dem Grund von Meeren vor. Nur wenige Arten leben im Süßwasser.

909 In Mittel- und Südamerika. Sie ernähren sich nicht nur von Ameisen, sondern auch von Beeren, Insektenlarven, Würmern und Termiten, deren Bau sie mit den kräftigen Krallen ihrer Vorderbeine auseinanderreißen, um die Termiten dann mit ihrer langen, klebrigen Zunge herauszuholen.

910 Dormanz (lat. „dormire" = schlafen)

911 Im Wasser

912 Der Begriff Biotop bedeutet Lebensraum. Damit sind alle Umweltfaktoren eines Standorts gemeint, wie z. B. Klima, Bodenverhältnisse, Nahrungsangebot. Im Zuge des Artensterbens und des fortschreitenden Zugriffs auf natürliche Lebensräume werden Biotope immer wichtiger.

913 Salmonellen. Alle Erkrankungen, die durch Bakterien der Gattung Salmonella hervorgerufen werden, sind aufgrund der hohen Ansteckungsgefahr meldepflichtig.

914 Fanatiker. Dem Pykniker wird eine gedrungene Figur bei mittlerer Körpergröße zugeschrieben, während der Leptosome als groß gewachsen und schlank gilt. Der Athletiker ist kräftig und hat einen starken Knochenbau.

915 Aderlass. Als Allheilmittel gehörte der Aderlass zu den beliebtesten Therapien des Mittelalters. Zweifel an der Wirksamkeit der Methode gab es allerdings schon zu dieser Zeit.

916 Aromatherapie. Da ätherische Öle in hohen Dosen gesundheitsschädigend sein können, ist die Anwendung der Aromatherapie in Deutschland Ärzten und Heilpraktikern vorbehalten.

917 Absinth wurde wegen seines Thujon-Gehalts in Deutschland 1923 als Rauschdroge verboten. 1981 wurde das Absinthgesetz wieder aufgehoben.

918 Sardellen. Anchovis sind unter Salz-, Zucker- und Gewürzzusatz enzymatisch gereifte Sardellen mit einer Reifezeit von teils über zwei Jahren. Die schwächer gewürzten eingelegten Sprotten heißen ebenfalls (unechte) Anchovis.

919 Institut für Qualität und Wirtschaftlichkeit im Gesundheitswesen

920 Oregano

921 Im untersten Fach hinten. Weil die kalte Luft nach unten absinkt, ist es an der Rückwand des Innenraums und im untersten Fach mit 2 Grad am kältesten.

922 Bei der Dialyse wird das Blut durch den Dialysator – die sogenannte „künstliche Niere" – geführt und durch Filter und Membrane von Giftstoffen befreit.

923 Vitamin A

924 Zitronenmelisse

925 Grippaler Infekt

926 Vom Fuß

927 Parodontitis

928 Vitamin C

929 Iris

930 Zahnschmelz

931 Broteinheit (BE)

932 Anis

933 Karies

934 Atropin

935 Theophrastus Bombastus von Hohenheim, genannt Paracelsus (1493–1541), war Arzt, Alchemist, Astrologe, Laientheologe und Philosoph. Legendäre Heilungserfolge brachten ihm viele Anhänger, aber auch erbitterte Gegner durch etablierte Mediziner und Apotheker ein.

936 Generikum (meist im Plural: Generika)

937 Epidermis (von griech. „epi" = über und „derma" = Haut) heißt die Oberhaut beim Menschen und auch bei Tieren. Darunter liegt die Dermis oder Unterhaut.

938 EEG (griech. „encephalon" = Gehirn, „gráphein" = schreiben)

939 Polenta

940 Knoblauch

941 Der Matestrauch. Der aus Blättern und Stängelstücken gewonnene Tee-Aufguss gilt aufgrund seines Koffeingehalts als anregend und kreislaufstärkend.

942 Vom Wasser

943 Der Oberschenkelknochen

944 Aus Österreich. Die Form sollte nach der erfolglosen Belagerung Wiens durch die Türken an den Halbmond erinnern.

945 Stoffwechsel

946 Zecke

947 Das Schröpfen gehört zu den Ausleitungsverfahren. Das sind Verfahren, die versuchen, den Organismus so zu entlasten, dass Funktionsstörungen aufgehoben werden und der Stoffwechsel wieder optimal funktionieren kann.

948 Melanzani

949 Tranchieren

950 Trüffel

951 Rigatoni sind dicke, geriffelte Röhren.

952 Insulin wird in den Langerhans'schen Inseln in der Bauchspeicheldrüse gebildet.

953 Penicillin. Es hemmt die Zellwandsynthese wachsender Bakterien. Zunächst wurde es als Stoffwechselprodukt des Pinselschimmels, Penicillium, gewonnen. Heute wird Penicillin auch halbsynthetisch hergestellt. Durch übertriebene oder falsche Anwendung gibt es bereits viele penicillinresistente Bakterienstämme.

954 Männer. Das Geschlecht eines Lebewesens wird bei Frauen durch zwei X-Chromosomen ausgeprägt, bei Männern durch ein Paar aus einem X-Chromosom und einem kleineren, wegen seiner Form Y-Chromosom genannten Exemplar.

955 Rekonvaleszenz

956 Korinthen

957 Laktoseintoleranz

958 Gerontologie

959 Bordelais

960 Diabetes

961 Nordic Walking

962 Im Flugzeug herrscht oft eine sehr trockene Luft mit einer relativen Luftfeuchtigkeit von unter 20 Prozent. Das kann zu einem erheblichen Flüssigkeitsverlust führen.

963 Unter dem Auge. Das Jochbein oder auch Wangenbein bildet jeweils den seitlichen Rand der Augenhöhlen. Sein nach hinten gerichteter Schläfenfortsatz bildet den vorderen Teil des Jochbogens. Außerdem formt der Knochen einen Teil der Wand der Augen- und der Nasenhöhle.

964 Das Gas-Thermometer ist ein Ausdehnungsthermometer. Während der Messung muss entweder der Druck oder das Volumen konstant gehalten werden.

965 Aperitif

966 Homöopathische Arzneimittel

967 Fenchel

968 Spurenelemente

969 Das Eigelb erhöht den Cholesterinspiegel.

970 Acetylsalicylsäure. Der Wirkstoff wird zum Beispiel zur Schmerzbekämpfung eingesetzt.

971 Zwischen Magen und Zwölffingerdarm. Der Magen ermöglicht es, dass wir mit wenigen größeren Mahlzeiten pro Tag auskommen. Der Pförtner sorgt dafür, dass alle Stoffe genügend lange im Magen verbleiben und ausreichend mit den Verdauungssäften versetzt werden, bevor sie langsam und gleichmäßig dem Zwölffingerdarm zugeführt werden.

972 Bei einem Laktattest wird im Blut nachgemessen, wie viel Milchsäure der Körper bei einer bestimmten Belastungsstufe bildet.

973 Transpiration

974 Roastbeef

975 Aus dem Mekong-Delta in Vietnam

976 Blanchieren (franz. „blanchir"
= weiß machen)

977 Die Luft zwischen Mittelohr
und Nebenhöhlen kann sich frei
bewegen.

978 Adrenalin. In Stresssituationen wird es vermehrt ins Blut aus-
geschüttet.

**Tabelle: Deutsche Nobelpreisträger
Physiologie oder Medizin**

Nobelpreisträger	Jahr
Emil von Behring	1901
Robert Koch	1905
Paul Ehrlich	1908
Albrecht Kossel	1910
Otto F. Meyerhof	1922
Otto H. Warburg	1931
Hans Spemann	1935
Gerhard Domagk	1939
Ernst Boris Chain	1945
Hans Adolf Krebs	1953
Werner Forßmann	1956
Feodor Lynen	1964
Konrad Bloch	1964
Bernard Katz	1970
Karl von Frisch	1973
Georges J. F. Köhler	1984
Erwin Neher	1991
Bert Sakmann	1991
Christiane Nüsslein-Volhard	1995
Günter Blobel	1999

979 Petersilie

980 Nein. Diese erhalten die Ver-
sicherten weiterhin. Dafür werden
die Kassen vom Staat bezuschusst.

981 Vollmilchschokolade

982 Koriander

983 Die Pest ist seit dem Altertum
bekannt. Die erste große Pest-
epidemie in Europa brach 1347 aus.
Sie raffte in drei Jahren ein Drittel
bis die Hälfte der Bewohner Europas dahin. Die wirtschaftlichen und
kulturellen Auswirkungen waren
gewaltig. Phänomene wie Geißler-
züge, Judenverfolgungen, Toten-
tänze und Pestgelübde sind eng mit
den Epidemien verbunden.

984 Kümmel

985 Banja

986 Önologie (von griech. „oinos"
und „logos" = die Lehre des Weines)

987 Metastasen

988 Ja, solange man ein Rezept von einem niedergelassenen Arzt hat.

989 Allergie

990 ca. 208. Die Anzahl kann von Mensch zu Mensch unterschiedlich sein, da verschieden viele Klein-knochen in Wirbelsäule und Fuß existieren können.

991 AB+

992 Nikotin

993 Die Rothaarigen

994 Rotschmierkäse

995 Rosmarin

996 Placebo

997 Football ist eine aus den USA stammende Ballsportart, die ihren Ursprung im Rugby hat. Ziel des Spiels ist es, den eiförmigen Ball durch die gegnerische Hälfte hindurch in die Endzone zu bringen.

998 In St. Moritz. Das Bobfahren wurde in der Schweiz von einem Engländer erfunden. 1888 verband Wilson Smith zwei Schlitten mit einem Brett, benutzte den vorderen Schlitten zum Lenken, nannte das ganze „Bob" und „fuhr" von St. Moritz nach Celerina.

999 Im Skifahren. Bogner war mehrmals deutscher Meister im Slalom, 1962 Studentenweltmeister im Slalom und in der nordischen Kombination. Seit 1972 widmet er sich seiner Karriere als Modeunternehmer.

1000 Beim Dressurreiten

1001 Aus England. Mitte des 19. Jahrhunderts entwickelte sich der Fußball in seiner heutigen Form auf der Insel und verbreitete sich in den folgenden Jahrzehnten über ganz Europa.

1002 Eine Olympiade bezeichnet korrekt den Zeitraum von vier Jahren zwischen zwei Olympischen Spielen, heute werden manchmal auch die Spiele selbst so bezeichnet.

1003 Parcours (Strecke). Mit diesem französischen Wort wird jede abgesteckte Strecke mit vorbereiteten Hindernissen bezeichnet. Im Springreiten heißt so die Abfolge der Hindernisse auf einem abgegrenzten Gelände oder in einer Halle.

1004 Henry Kissinger (* 1923) drückt immer noch der Spielvereinigung Greuther Fürth die Daumen. Kissinger wurde in der fränkischen Stadt geboren und lässt sich angeblich noch jeden Montag das Spielergebnis auf den Schreibtisch legen.

1005 Im Rudern unterscheidet sich der Riemen vom Skull durch seine Länge und Bedienweise. Das

Skull ist kürzer und der Ruderer zieht mit jeder Hand ein Skull. Der Riemen ist länger und der Ruderer bedient mit beiden Händen nur einen Riemen.

1006 Oscar Pereiro (* 1977), ursprünglich Zweiter der Tour, erhielt das Trikot nachträglich, weil der damalige Sieger Floyd Landis des Dopings überführt und disqualifiziert wurde.

1007 Abdrift. Sie kann – je nach Boot und Segel – 4 bis 7 Grad betragen.

1008 Als Oxer bezeichnet man einen Hochweitsprung, also ein Hindernis, das vom Pferd nicht nur in der Höhe, sondern auch in der Länge übersprungen werden muss.

1009 Jens Weißflog (* 1964)

1010 Cassius Clay (* 1942), eigentlich Cassius Marcellus Clay Jr.

1011 Fechten. Der klassische Triathlon – beispielsweise der Ironman Hawaii – besteht aus folgenden Disziplinen: 3,8 Kilometer Schwimmen, 180 Kilometer Radfahren und 42 Kilometer Laufen.

1012 Judo

1013 Finte ist ein Lehnwort aus dem Italienischen und steht für Ausflucht oder Täuschung.

1014 Der Medizinball ist ein Vollball, d. h., er wird nicht mit Luft aufgepumpt, sondern ist ausgestopft. Sein Name kommt aus den USA, wo diese Art Bälle zuerst als Medizin für den Körper Verwendung fanden, da beim Werfen und Fangen nahezu die gesamte Muskulatur gekräftigt wird. Die Erfindung wird einem New Yorker Polizisten zugeschrieben.

1015 FC Chelsea

1016 Equipe

1017 America's Cup

1018 1920 wurde Eishockey erstmals in das Programm der Olympischen Winterspiele aufgenommen. Ebenfalls seit 1920 gibt es Weltmeisterschaften. Die erfolgreichsten Nationen sind Kanada, die UdSSR (bis 1992), die Tschechoslowakei (bis 1993), Schweden und die USA.

1019 Rollwende

1020 Stefan Effenberg (*1968). Die ehemalige Dienstleistungsfachkraft bei der Post ist heute mehrfacher Millionär.

1021 In Silverstone (Großer Preis von England)

1022 VfB Leipzig

1023 Rochade

1024 Steffi Graf

1025 Piaffe

1026 Davis Cup heißt der internationale Wettbewerb für Herren-Ländermannschaften im Tennis. Er wird jährlich zwischen über hundert Nationen in diversen Gruppen und Runden ausgespielt. Veranstalter ist die International Tennis Federation (ITF). Die Siegermannschaft erhält einen großen silbernen Wanderpokal, der 1900 von dem amerikanischen Diplomaten Dwight Filley Davis (1879 –1945) gestiftet wurde.

1027 George Foreman (* 1949)

1028 Michael Ballack (* 1976) kam 1997 zum 1. FC Kaiserslautern. Unter Trainer Otto Rehhagel beendete er bereits sein erstes Jahr in der höchsten deutschen Spielklasse mit dem Gewinn der deutschen Meisterschaft.

1029 Pelé. Er war Mitglied der brasilianischen Weltmeistermannschaften von 1958, 1962 und 1970. 1974 beendete er seine aktive Laufbahn, nachdem er bis dahin mehr als 1.000 Tore geschossen hatte. Von 1994 bis 1998 war er brasilianischer Sportminister. 1999 wurde er zum „Sportler des Jahrhunderts" gewählt.

1030 Eisschnelllauf

1031 Der Judoka ist Anfänger.

1032 Sie gibt Auskunft über die Schnelligkeit des Balls. Ein langsamer Ball ist für Anfänger besser geeignet.

1033 Voltigieren. So nennt man das Turnen auf einem an der Longe gehenden Pferd, das in einem Kreis von ca. 15 Metern Durchmesser geführt wird.

1034 Franz Beckenbauer (* 1945), Ehrendoktor der Sportakademie Sofia. Er ist der bisher Einzige, der

sowohl als Spieler als auch als Trainer eine Weltmeisterschaft gewann.

1035 Eishockey

1036 Ja, denn bis in die 20er-Jahre des vorigen Jahrhunderts hatten die Fahrer zusätzlich einen Mechaniker als Beifahrer. Dieser musste hauptsächlich bei Langstreckenrennen die mitgeführten Ersatzreifen montieren.

1037 Die „Nordische Kombination" ist eine olympische Mehrkampfsportart, die sich aus den Disziplinen Skispringen und Skilanglauf zusammensetzt.

1038 Jarmila Kratochvílova aus der damaligen Tschechoslowakei

1039 400 Meter

1040 Klappschlittschuh

1041 Die Meisterschale des DFB, also jene für die deutsche Fußballmeisterschaft.

1042 Spinnaker

Tabelle: Die erfolgreichsten Torjäger der Fußball-Bundesliga

Rang	Spieler	Tore	Spiele	Tore/Spiel	Zeitraum
1.	Gerd Müller	365	427	0,85	1965–1979
2.	Klaus Fischer	268	535	0,50	1968–1988
3.	Jupp Heynckes	220	369	0,60	1965–1978
4.	Manfred Burgsmüller	213	447	0,48	1969–1990
5.	Ulf Kirsten	182	350	0,52	1990–2003
6.	Stefan Kuntz	179	449	0,40	1983–1999
7.	Dieter Müller	177	303	0,58	1973–1986
8.	Klaus Allofs	177	424	0,42	1975–1993
9.	Hannes Löhr	166	381	0,44	1964–1977
10.	Karl-Heinz Rummenigge	162	310	0,52	1974–1984

1043 Uwe Seeler (*1936)

1044 100-Meter-Lauf

1045 Ulrike Nasse-Meyfarth (* 1956)

1046 Insgesamt dreimal: 1954 unter Sepp Herberger, 1974 unter Helmut Schön und 1990 unter Franz Beckenbauer. Zusätzlich wurde Deutschland noch vier Mal Vizeweltmeister.

1047 Lanze

1048 Emil Zátopek (1922–2000)

1049 Home Run

1050 In der Leichtathletik ist die Marathonstrecke exakt 42,195 Kilometer lang.

1051 Actinoide ist eine Bezeichnung für eine Gruppe einander ähnlicher Elemente, die im Periodensystem mit den Ordnungszahlen 90 bis 103 auf das Actinium folgen.

1052 Tauberbischofsheim

1053 Paavo Nurmi (1897–1973)

1054 Um einen „Grand Slam" zu erreichen, muss der Spieler im laufenden Jahr die internationalen

Tabelle: Bestenliste der Olympischen Sommerspiele

Rang	Athlet	Nation	Disziplin	Medaillen (Gold/Silber/Bronze Total)
1.	Larissa Latynina	UdSSR	Turnen 1956-1964	9/5/4, 18
2.	Nikolai Andrianow	UdSSR	Turnen 1972-1980	7/5/3, 15
3.	Boris Schaklin	UdSSR	Turnen 1956-1964	7/4/2, 13
4.	Edoardo Mangiarotti	Italien	Fechten 1936-1960	6/5/2, 13
5.	Takashi Ono	Japan	Turnen 1952-1964	5/4/4, 13
6.	Paavo Nurmi	Finnland	Leichtathletik 1920-1928	9/3/0, 12
7.	Sawao Kato	Japan	Turnen 1968-1976	8/3/1, 12
8.	Jennifer Thompson	USA	Schwimmen 1992-2004	8/3/1, 12
9.	Mark Spitz	USA	Schwimmen 1968-1972	9/1/1, 11
10.	Matthew Biondi	USA	Schwimmen 1984-1992	8/2/1, 11
11.	Vera Caslavska	CSSR	Turnen 1960-1968	7/4/0, 11
12.	Viktor Tschukarin	UdSSR	Turnen 1952-1956	7/3/1, 11
13.	Carl Osburn	USA	Schießen 1912-1924	5/4/2, 11
14.	Birgit Fischer	GER	Kanurennsport 1980-2000	7/3/0, 10

Meisterschaften von Australien (Melbourne), Frankreich (Paris), England (Wimbledon) und USA (New York) gewinnen.

1055 Speerwurf

1056 Der Pass ist ein Schaukelgang, bei dem das Pferd die gleichseitigen Beinpaare abwechselnd anhebt.

1057 Noch einmal sieben

1058 Die Pfosten sind die senkrechten Balken eines Ballspieltors, die Latte liegt oben quer auf.

1059 Marion Jones, geständige Dopingsünderin, hatte in Sydney Gold über 100, 200 und 4 x 400 Meter gewonnen sowie Bronze über 4 x 100 Meter und im Weitsprung geholt.

1060 Sulky nennt man das einachsige Pferdefuhrwerk, das meistens in Leichtbauweise konstruiert ist. Rennsulkys bieten nur dem Fahrer Platz. Sie wiegen höchstens 30 Kilogramm und sind mit einer Gabeldeichsel und luftgefüllten Reifen ausgestattet.

1061 Beachvolleyball

1062 Das Tor wird nicht gezählt und es gibt Abstoß.

1063 Das erste schriftliche Dokument zu Golf in der heutigen Schreibweise stammt aus dem Jahr 1457 und bezeugt, dass Golf verboten wurde. Die Begründung: Es lenke vom Üben des Bogenschießens ab. Das Urteil wurde erst 1502 wieder aufgehoben.

1064 Planche

1065 Gerd Müller (* 1945)

1066 Lee

1067 Abfahrt

1068 Ass

1069 Amtierender Weltmeister ist Südafrika, das England im Oktober 2007 im Finale bezwang. Die nächste Rugbyweltmeisterschaft findet 2011 in Neuseeland statt.

1070 Steffi Jones (* 1972)

1071 Ja. Golfen bis zum Umfallen können die Teilnehmer am Scottish Iron Man Golf. Angeboten werden drei Varianten: „Light" mit 90 Löchern an vier Tagen, „Silver" mit 108 Löchern an drei Tagen sowie „Gold" mit 180 Löchern an fünf Tagen.

1072 Die erste Fußball-WM fand 1930 in Uruguay statt. Bis dahin dienten die Olympischen Spiele als eine Art Weltmeisterschaft.

1073 Ein Katamaran ist ein Boot oder Schiff mit zwei Rümpfen, die fest (z. B. durch ein Tragdeck) miteinander verbunden sind.

1074 Das Kandahar-Rennen ist ein Ski-Kombinationswettbewerb, bestehend aus Slalom und Abfahrtsrennen.

1075 A Boy Named Sue. Geschrieben von Shel Silverstein, wurde der Song von Johnny Cash 1969 für das „Johnny Cash At San Quentin"-Album aufgenommen.

1076 Harfe

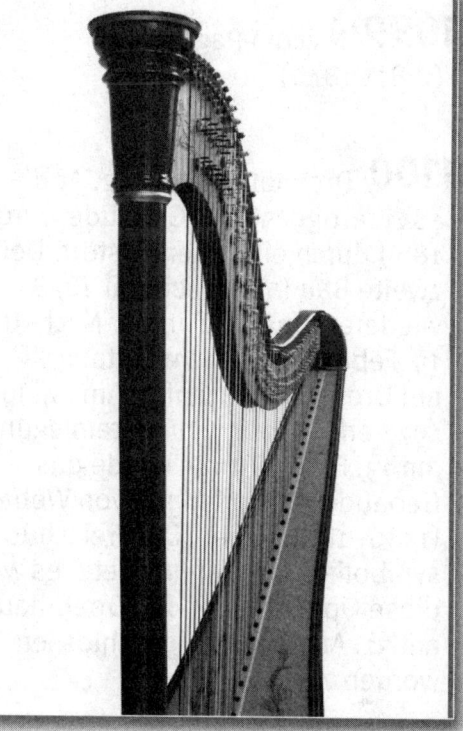

1077 Kadenz

1078 Joseph Haydn (1732–1809) komponierte 1797 die Melodie. Sie entstammt dem Streichquartett Nr. 77, dem sogenannten Kaiserquartett.

1079 Are You Experienced, veröffentlicht 1967. Das Album enthält u. a. die Hits „Purple Haze", „Foxy Lady", „Hey Joe" und „The Wind Cries Mary".

1080 Udo Jürgens (* 1934)

1081 Antonio Stradivari (um 1644–1737)

1082 Musical

1083 Intermezzo

1084 Eroica. Aus Enttäuschung über Napoleon (1769–1821), der sich 1804 selbst zum Kaiser krönte, nahm Beethoven (1770–1825) die Widmung an Napoleon zurück. 1806 betitelte er seine 3. Sinfonie als „Sinfonie, komponiert um das Andenken eines großen Mannes zu feiern".

1085 Wolfgang Amadeus Mozart (1756–1791)

1086 Hugo Wolf (1850–1903)

1087 Frédéric Chopin (1810–1849)

1088 Evergreen

1089 Georg Friedrich Händel (1685–1759) unternahm 1710 seine erste Reise nach London, das 1712 seine Wahlheimat wurde. 1723 ernannte man ihn zum Komponisten der Chapel Royal, 1727 erhielt er die britische Staatsbürgerschaft. Er ist in der Westminster Abbey begraben.

1090 Arie

1091 Banjo

1092 Cembalo

1093 Hole; 2002 löste sich die Band offiziell auf.

1094 In New York City. „Met" steht für „Metropolitan Opera". Das Haus wurde im Oktober 1883 mit einer Aufführung der Oper „Faust" von Charles François Gounod (1818–1893) eröffnet. Schon bald erlangte es Weltruhm. Der Neubau im Lincoln Center in New York bietet 3.800 Besuchern Platz.

1095 Die Sonate

1096 Bedrich Smetana (1824–1884)

1097 Ballett

1098 Blues

1099 Niccolò Paganini (1782–1840)

1100 Dreimal. Das am 12. April 1841 fertiggestellte Gebäude wurde 1869 durch ein Feuer zerstört. Der zweite Bau (am 2. Februar 1878 wiedereröffnet) fiel in der Nacht des 13. Februar 1945 dem Luftangriff auf Dresden zum Opfer. Am 24. Juni 1977 erfolgte die Grundsteinlegung, am 13. Februar 1985 wurde das Gebäude mit Carl Maria von Webers (1786–1826) Oper „Der Freischütz" symbolisch wiedereröffnet – es war diese Oper, mit der das Opernhaus am 31. August 1944 geschlossen worden war.

1101 Arturo Toscanini (1867–1957)

1102 Robbie Williams (* 1974)

1103 Vokalmusik. Zu ihr gehören der gregorianische Gesang, alle Arten gesungener Kirchenmusik sowie das geistliche und weltliche Lied.

Tabelle: Die erfolgreichsten Bands nach verkauften Alben

Rang	Künstler	Alben
1.	The Beatles	169.0 Mio.
2.	Elvis Presley	118.5 Mio.
3.	Garth Brooks	116.0 Mio.
4.	Led Zeppelin	109,5 Mio.
5.	The Eagles	91,0 Mio.
6.	Billy Joel	79,5 Mio.
7.	Pink Floyd	73,5 Mio.
8.	Barbra Streisand	71,0 Mio.
9.	Elton John	69,0 Mio.
10.	AC/DC	68,0 Mio.

Allerdings bezeichnet man auch jede Gesangsmusik mit instrumentaler Begleitung als Vokalmusik – also Oper, Operette, Musical und schließlich Schlager und Chansons sowie Jazzgesänge.

1104 „Otello" ist nach dem fast gleichnamigen Theaterstück „Othello" von William Shakespeare entstanden. „Don Carlos" ist eine Oper nach Friedrich Schillers gleichnamigem Trauerspiel. „Giovanna d'Arco" beruht auf dem Trauerspiel „Die Jungfrau von Orléans" von Schiller. „Luisa Miller" ist Luise Miller aus Schillers „Kabale und Liebe".

1105 Die Konkurrenz wurde zu groß. Händel (1685–1759) musste den Niedergang seiner Opera seria In London erleben: Schon vor Jahren war das Publikum zur „The Beggar's Opera", die seinen Stil regelrecht parodierte, abgewandert. Obwohl er mit glänzenden Gesangsstars fünf neue Opern herausbrachte, ging sein Stern unter. Das ohne zureichende Kapitaldeckung geführte Institut musste schließen.

1106 In der 1882 in Bayreuth uraufgeführten Oper „Parsifal" von Richard Wagner (1813–1883). Grals- und Parzivalmotive tauchen in der europäischen Literatur und Kunst in vielerlei Variationen auf.

1107 Koloratur

1108 Choreografie

1109 Konservatorium (lat. „conservare" = bewahren)

1110 Im Palazzo des Mäzens Corsi (1561–1602) in Florenz wurde „Dafne" von Jacopo Peri (1561–1633) uraufgeführt. Das Werk bricht mit der bisher in der Musik gebräuchlichen Polyphonie und führt den einstimmigen Gesang ein. Das liedhafte Element kommt zum Tragen, indem sich melodische Wendungen strophenartig wiederholen, sodass erstmals von einer Opernkomposition im engeren Sinn gesprochen werden kann.

1111 Gospel

1112 Partitur (ital. „partitura" = Einteilung)

1113 Streichquartett

1114 Balalaika

1115 Vibrato

1116 Die Texte wurden um 1230 in der Benediktinerabtei Seckau in der Steiermark oder im Kloster Neustift bei Brixen aufgeschrieben und 1803 von Johann Christoph von Aretin (1753–1824) im Kloster Benedikt- beuern (ehemaliges Kloster Buron) wiederentdeckt. Die vorwiegend in Mittellatein verfassten Texte wur- den von Johann Andreas Schmeller (1785–1852) ediert und 1847 herausgegeben.

1117 Die Schalmei ist ein Holzblas- instrument mit einem doppelten Rohrblatt, das wie bei der Oboe zwischen den Lippen gehalten wird.

1118 Flügel

1119 Ringo Starr (* 1940), eigent- lich Richard Starkey. Nach der Auflösung der Beatles war er vor allem als Studio-Drummer tätig. Er hat auch einige Soloalben veröf- fentlicht (1973 „Ringo", 1983 „Old Wave").

1120 Im römischen Amphitheater in Verona, das etwa zur gleichen Zeit wie das Kolosseum erbaut wur- de (1. Jh. v. Chr.), finden seit Jahr- zehnten alljährlich Opernfestspiele statt. Für diese Festspiele wurden 46 Sitzreihen mit etwa 22.000 Plätzen angelegt.

1121 Heinrich Schütz (1585–1672), der sich in latinisierter Form auch Henricus Sagittarius nannte. Durch ein Stipendium seines Förderers, des Landgrafen Moritz von Hessen- Kassel (1572–1632), wurde er Schü- ler des italienischen Komponisten Giovanni Gabrieli (1557–1612). Von 1617 bis zu seinem Tod war er Hofkapellmeister beim Kurfürs- ten von Sachsen in Dresden. 1627 komponierte er für die Hochzeit der Tochter des sächsischen Kurfürsten die erste deutsche Oper „Tragi- comoedia von der Dafne", deren Musik jedoch nicht überliefert ist.

1122 „West Side Story" wurde von Leonard Bernstein (1918–1990) geschrieben.

1123 Arrangement

1124 Matthäuspassion

1125 Hammersteins (1895–1960) Adaptation von Georges Bizets (1838–1875) Oper „Carmen" heißt „Carmen Jones". Sie wurde mit einer komplett schwarzen Besetzung aufgeführt.

1126 Hoffmanns Erzählungen (frz. „Les Contes d'Hoffmann")

1127 Laute

1128 The „Royal Opera House" in Covent Garden, London, ist das bedeutendste britische Opernhaus. Das erste Gebäude wurde 1732 als Schauspielbühne auf einem der Kirche gehörenden Grundstück errichtet. Nach Zerstörung und Bränden wurde das Haus 1892 neu erbaut offiziell zum „Royal Opera House".

1129 Fidelio. Obwohl Beethoven (1770–1827) nur eine einzige Oper schrieb, ist die Bedeutung des „Fidelio" eminent. Beethoven war kein „typischer" Opernkomponist: Der Orchestersatz ist sinfonisch angelegt, die Singstimmen sind instrumental geführt, daher von größter Schwierigkeit; das Libretto

ist weder inhaltlich noch formal von besonderer Qualität. Dennoch entfaltet sich nach den biedermeierlichen Anfangsszenen eine Dramatik, die bei Haydn (1732–1809) und Mozart (1756–1791) noch undenkbar gewesen wäre.

1130 Okarina

1131 Oratorien wie „Der Messias" (1742), „Samson" (1743), „Belsazar" (1745) und „Judas Makkabäus" (1747)

1132 Xylophon

1133 Hans Sachs (1494–1576)

1134 Karel Gott wurde 1939 im tschechischen Pilsen geboren.

1135 Kastrat nannte man einen Sänger, der vor der Pubertät der Kastration unterzogen worden war, damit der Stimmwechsel unterblieb und er seine Knabenstimme behielt. Dies wurde gemacht, weil Papst Klemens XII. (1652–1740) im Jahr 1667 Frauen das Auftreten auf der Bühne verboten hatte.

1136 Hindemith vertonte Teile des Isenheimer Altars von Matthias Grünewald: Engelkonzert, Grablegung und die Versuchung des heiligen Antonius.

1137 Joseph Haydn (1732–1809) war der älteste. Er wurde so alt, dass er von den jüngeren Komponisten liebevoll „Papa der Klassik" genannt wurde. Wolfgang Amadeus Mozart (1756–1791) kannte Haydn persönlich. Ludwig van Beethoven (1770–1825), der Jüngste, war ein Schüler Haydns. Eine Begegnung zwischen Mozart und Beethoven fand vermutlich 1787 in Wien statt.

1138 Grönemeyer

1139 George Gershwin (1898–1937) kam als Jacob Gershovitz in Brooklyn zur Welt. Seine Eltern waren russisch-jüdische Immigranten. 1910 kauften die Gershwins für die Musikstunden des älteren Sohns Ira ein Klavier, auf dem aber bald George spielte.

1140 Britney Spears. Bereits mit elf Jahren war sie in die Besetzung des „Mickey Mouse Club" aufgenommen worden.

1141 Die Stadt Uruk besaß eine 9,5 Kilometer lange Mauer sowie Hoch- und Tieftempel. Die Bevölkerung lebte in einer vom Stadtstaat regulierten sozialistischen Wirtschaftsordnung.

1142 Die Inka. Reichsherrscher war der Sonnengott, sein Vertreter war der Inka-König, neben dem der mächtige Hohepriester der Sonne stand.

1143 Der Shogun war der Statthalter und oberste Feldherr des Tenno, also des Kaisers, im feudalen Japan. Von 1192 bis 1868 (außer 1573 bis 1603) war er faktisch – meist ererbt – der Inhaber der Herrschaft in Japan.

1144 Zenturio. Eine Zenturie bildete im römischen Heer die kleinste militärische Einheit von ursprünglich 200, später meist 80 Mann. Zwei Zenturien bildeten einen Manipel, 60 Zenturien eine Legion.

1145 Griechisches Feuer. 400 Jahre blieb das Geheimnis des Pulvers im Besitz der Byzantiner, die es im Seekampf und bei Belagerungen verwendeten.

1146 Angkor Wat. Die Silhouette des Tempels ist Teil der kambodschanischen Flagge.

1147 Marseillaise

1148 Friedrich I. Barbarossa (1122–1190)

1149 Das frühere Kurfürstentum Hannover wurde ebenfalls Königreich.

1150 Der deutsche Kaiser Wilhelm II. (1859–1941) sagte diesen Satz in seiner berühmten Reichstagsrede am 4. August 1914 vor Beginn des Ersten Weltkriegs.

1151 Abraham Lincoln (1809–1865)

1152 Bundesversammlung oder auch Bundestag. Zum Sitz der Versammlung wurde das Palais Thurn und Taxis in Frankfurt am Main bestimmt, wo sie am 5. November 1816 zum ersten Mal tagte.

1153 Marshallplan

1154 Wilhelm Tell

1155 Bizone

1156 Heinrich VIII. (1491–1547)

1157 Aus der Unabhängigkeitserklärung der Vereinigten Staaten von Amerika vom 4. Juli 1776.

1158 Katholische Liga

1159 Sie stehen für die ersten KZs und Vernichtungslager, die die Nazis auf deutschem Reichsgebiet eingerichtet hatten.

1160 Louvre

1161 Fürst Otto von Bismarck (1815–1898), der „eiserne Kanzler"

1162 Hans-Christoph Seebohm (1903–1967)

1163 Gottfried von Bouillon (1060–1100)

1164 Palästinenserpräsident Jassir Arafat (1929–2004)

1165 In Casablanca

1166 Am 9. Oktober 1989 erlebte Leipzig die friedliche Revolution, die endgültig das DDR-Regime zum Scheitern brachte.

1167 Walter Scheel (* 1919)

1168 Ludwig XIV. (1638–1715)

1169 Wiedergutmachung

1170 Im Jahr 333 v. Chr. siegte in der Schlacht bei Issos ein makedonisches Heer unter Alexander dem Großen über das weit überlegene Heer des persischen Großkönigs Dareios III.

1171 Aus Martin Luthers 95 Thesen. Veröffentlicht wurden sie am 31. Oktober 1517 als Anlage zu einem Brief an den Erzbischof von Mainz und Magdeburg, Albrecht von Brandenburg.

1172 Aachen wurde zum Mittelpunkt der karolingischen Kunst und Hofakademie von Dichtern und Gelehrten. Später war es Krönungsort für 37 deutsche Könige, Stätte von 17 Reichstagen und 11 Synoden. Unter den Staufern wurde Aachen Reichsstadt.

1173 Heinrich der Löwe. Lothar erhielt außer dem Kaisertitel Italien und ein Mittelreich beiderseits des Rheins von Friesland bis zu den Alpen. Ludwig erhielt Ostfranken und Karl Westfranken. Heinrich der Löwe (1129–1195) stammt dagegen aus dem Geschlecht der Welfen, war Herzog von Sachsen (1142-1180) und von 1156 bis 1180 Herzog von Bayern.

1174 Die Erklärung der Menschen- und Bürgerrechte (frz. „Déclaration des Droits de l'Homme et du Citoyen") der Französischen Nationalversammlung ist einer der Grundtexte, mit dem am 26. August 1789 die Demokratie und Freiheit in Frankreich begründet wurden.

1175 Pyrrhus (319–272 v. Chr.). Er siegte bei Asculum in Süditalien über die Römer, erlitt dabei aber so schwere Verluste, dass er die Besiegten um Frieden bitten musste. Die Bitte wurde vom römischen Senat abgewiesen.

1176 Portugal entließ seine Kolonien erst 1975 in die Freiheit.

1177 Die Vereinigten Staaten erklärten sich 1776 für unabhängig von Großbritannien.

1178 Gründerzeit

1179 40 DM

1180 Vietnam. Aus dem Vietnamkrieg in den 1960er Jahren mussten sich schließlich 1973 auch die USA zurückziehen. Südvietnam wurde schon zwei Jahre später von den Kommunisten erobert und mit dem Norden wiedervereinigt.

1181 Freiheit, Gleichheit, Brüderlichkeit (frz. „liberté, égalité, fraternité")

1182 Ermächtigungsgesetz, genauer: Gesetz zur Behebung der Not von Volk und Reich

1183 Malta – daher „Malteser"

1184 Habeas Corpus Act

1185 Am 6. August 1945

1186 Als „Gang nach Canossa" bezeichnet man den Zug Heinrichs IV. (1050–1106) von Speyer nach Canossa zu Papst Gregor VII. (1020–1085) im Januar 1077. Deshalb wird diese Bezeichnung heute im übertragenen Sinne für einen erniedrigenden Bittgang verwendet.

1187 Intifada

1188 Die Falkenjagd

1189 Mau-Mau

1190 Friedrich Wilhelm, Kurfürst von Brandenburg (1620–1688)

1191 Russland

1192 Liberia

1193 Ernesto Guevara de la Serna (1928–1967), wegen einer in seiner Heimat Argentinien beliebten Anrede „Che" (eine Art „Hey") genannt.

1194 Berliner Kongress

1195 Es handelt sich um das sogenannte „Pergament von Chinon", das 2001 von der jungen Wissenschaftlerin Barbara Frale im Vatikan entdeckt wurde.

1196 Ghetto

1197 Versailler Vertrag

1198 Guernica

1199 „Little Bighorn" ist der Name eines Flusses.

1200 Der Dreißigjährige Krieg (1618–1648). Der Legende nach sollen die drei Herren überlebt haben, weil sie auf einen Misthaufen fielen.

1201 Atlantik-Charta

„Die Schlacht von Waterloo"

1202 Namibia

1203 Völkerbund

1204 Bernhard von Clairvaux (1090–1153)

1205 Herodot (484–424 v. Chr.)

1206 Heilige Allianz

1207 Die alliierten Truppen landeten in der Normandie.

1208 Der König von Frankreich als Herzog von Lothringen

1209 Der Hexenhammer

1210 Sie waren von 1198 bis 1208 zeitgleich während des deutschen Thronstreits römisch-deutsche Könige.

1211 Die Weiße Rose

1212 Das „Kommunistische Manifest" wurde von Karl Marx (1818–1883) und Friedrich Engels (1820–1895) 1847 im Auftrag des Bundes der Kommunisten verfasst und ist im Februar 1848 in London erschienen.

1213 Atlantis. Von Platon (427–347 v. Chr.) stammt die Theorie, es habe sich nicht um eine Stadt, sondern um eine Seemacht gehandelt, die schließlich um 9600 v. Chr. infolge einer Naturkatastrophe innerhalb „eines einzigen Tages und einer unglückseligen Nacht" untergegangen sei.

1214 Rosa Luxemburg (1871–1919)

1215 In der Nacht vom 27. auf den 28. Februar 1933 brannte das

Reichstagsgebäude in Berlin, die Ursache war Brandstiftung. Umstände und vor allem die Täterschaft konnten nie einwandfrei geklärt werden.

1216 Mahatma Gandhi (1869–1948)

1217 Hessen

1218 Wiener Kongress

1219 Weimar

1220 Reparationen (lat. „reparatio" = Wiederherstellung, Wiedergutmachung)

1221 Pentarchie

1222 In einem Salonwagen der Eisenbahn

1223 Club of Rome

1224 Peter der Große (1672–1725)

1225 Wandervogel. 1901 gründete Karl Fischer den Verein „Wandervogel-Ausschuss für Schülerfahrten".

1226 Waterloo. Am 18. Juni 1815 wurde hier Napoleon endgültig besiegt.

1227 Spanien und Portugal

1228 Hans-Dietrich Genscher (* 1927)

1229 „Dritter Block", oder auch „Bewegung der blockfreien Staaten", in Abgrenzung zum Ost-West-Konflikt, gegenüber dem diese Staaten sich neutral verhielten.

1230 Nichtregierungsorganisationen (engl. „Non Governmental Organisations") sind nicht auf Gewinn ausgerichtete, von staatlichen Stellen weder organisierte noch abhängige Organisationen.

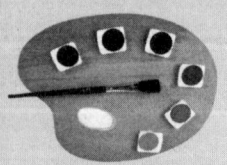

Kunst

Frage 1

„Der Turm der blauen Pferde" ist ein bekanntes Bild des Malers Franz Marc, eines wichtigen Vertreter des deutschen Expressionismus. Wie heißt die Künstlervereinigung, deren Mitbegründer er war?

A Der „Blaue Turm"

B Der „Blaue Reiter"

C Das „Blaue Pferd"

D Die „Blaue Blume"

Frage 2

„Impression, soleil levant" heißt das Bild von Claude Monet, das dem Impressionismus seinen Namen gab. Wie nennt sich die Gegenbewegung zum Impressionismus?

A Naturalismus

B Expressionismus

C Symbolismus

D Surrealismus

Frage 3

Die Arabeske war ursprünglich ein assyrisches Rankenornament. Das Dekorationselement aus Blatt- und Rankenwerk stilisierter Pflanzen wurde später in der italienischen Architektur als Schmuck für Friese, Pilaster und Sockel wieder neu belebt. In welcher Epoche?

A Barock

B Rokoko

C Gotik

D Frührenaissance

Frage 4

Die „Venus von Willendorf" ist die älteste einer Reihe von Skulpturen, die eine nackte, meist sehr fettleibige Frau darstellen. Aus welcher Epoche stammt sie?

A Altsteinzeit

B Bronzezeit

C Römische Antike

D Eisenzeit

Frage 5

Schon seit dem Ende der Antike war es in Italien üblich, Knaben zu kastrieren, um ihre Stimmlage vor dem Stimmwechsel zu bewahren. Wie heißt die höchste menschliche Stimmlage, die so bewahrt werden sollte?

A Bass	B Alt
C Tenor	D Sopran

Frage 6

Wenn jemand in New York in der „Met" gewesen ist, wo war er dann?

A Bei einer Opernaufführung	B In einem Musical
C In einer Musikschule	D Im Ballett

Frage 7

Der Komponist Georg Friedrich Händel starb 1759 in London und liegt dort in der Westminster Abbey begraben. Da er die meiste Zeit seines Lebens in seiner Wahlheimat England lebte, begegnete er einem anderen großen Komponisten, der im selben Jahr wie er in Sachsen geboren wurde, niemals. Wie heißt dieser Komponist?

A Wolfgang Amadeus Mozart	B Johann Sebastian Bach
C Paul Hindemith	D Robert Schumann

Frage 8

Von Engelbert Humperdinck stammt eine bekannte Oper, in der es auch einen Hexentanz gibt. Wie heißt sie?

A Faust	B Walpurgisnacht
C Die kleine Hexe	D Hänsel und Gretel

ABSCHLUSSTEST

Religion

Frage 9

Wie heißt der islamische Fastenmonat, in dem die Gläubigen von der Morgen- bis zur Abenddämmerung weder Nahrung noch Flüssigkeit zu sich nehmen dürfen?

A Ramakrishna

B Rama

C Ramadan

D Rama dama

Frage 10

An die Tür welcher Kirche hat Martin Luther angeblich seine 95 Thesen gegen den Missbrauch des Ablasses genagelt?

A Rapallo

B Jalta

C Münster

D Wittenberg

Frage 11

Im Großen Morgenländischen Schisma von 1054 wurde die Ostkirche endgültig von der lateinischen Kirche des Westens getrennt. Auf den Alleinvertretungsanspruch für die Kirche des Westens beharrte Rom; welche Stadt war um die Jahrtausend-wende das Zentrum der Ostkirchen?

A Paris

B Konstantinopel

C Budapest

D Athen

Frage 12

Die Sekte „Scientology" ist seit 1953 in den USA als Marken-zeichen eingetragen. Wie heißt der Begründer, der eigentlich Autor von Science-Fiction-Büchern war?

A Isaac Asimov

B Philip K. Dick

C L. Ron Hubbard

D J. G. Ballard

Philosophie und Mythologie

Frage 13

Ein trojanischer Königssohn raubte Helena, Gattin des spartanischen Königs Menelaos. Dies war der Auslöser für den zehnjährigen Trojanischen Krieg. Wie hieß der Königssohn?

A Romulus

B Athen

C Paris

D Sparta

Frage 14

Simone de Beauvoir, die sich mit existenzialistischen Themen wie der individueller Freiheit und Verantwortung auseinandersetzte, trat auch für die Frauenbewegung ein. Ihre Reflexionen über die Frauenrolle innerhalb der modernen Gesellschaft, die 1949 veröffentlicht wurden, avancierten zur Pflichtlektüre der Frauenrechtlerinnen. Wie heißt das Werk?

A „Der weibliche Eunuch"

B „Das andere Geschlecht"

C „Sie kam und blieb"

D „Über die Weiber"

Frage 15

Der Philosoph und Soziologe Theodor W. Adorno war einer der bekanntesten Vertreter der ...

A Frankfurter Schule

B Wiener Schule

C Prager Schule

D Genfer Schule

Frage 16

Für welchen Ausspruch ist der französische Philosoph René Descartes bekannt?

A „Ich denke, also bin ich."

B „Der Staat bin ich."

C „Mehr Licht."

D „Der Mut will lachen."

Literatur

Frage 17

Der Schriftsteller war als Anhänger des „utopischen Sozialismus" 1849 zum Tode verurteilt, dann aber zur Zwangsarbeit in Sibirien begnadigt worden. Wie heißt dieser Schriftsteller?

A Rasputin

B Dostojewski

C Wladimir Putin

D Raskolnikow

Frage 18

Mark Twain, ein Vertreter des amerikanischen Realismus, veröffentlichte 1884 ein Buch, das die Erlebnisse eines guten Freundes von Tom Sawyer beschreibt, den der Leser schon kennt – wie heißt der Freund?

A Huckleberry Finn

B Lord Jim

C Kara Ben Nemsi

D Perry Rhodan

Frage 19

Das griechische Epos „Ilias", das die Geschichte des Trojanischen Kriegs beschreibt, wird dem Dichter Homer zugeschrieben. Sein anderes großes Werk beschreibt die Heimkehr eines der griechischen Kämpfer nach Ithaka. Wie heißt der Held?

A Zyklop

B Attila

C Gargantua

D Odysseus

Frage 20

Das Drama „Die Räuber" steht wie wohl kein anderes für die Epoche des „Sturm und Drang". Wer ist der Verfasser?

A Novalis

B Friedrich von Schiller

C Günter Grass

D Karl May

Frage 21

Die Kunst des Schönschreibens wurde unter anderem in Japan und China zu höchster Vollendung entwickelt. Dort wird sie mit Pinsel und Tusche von oben nach unten und von rechts nach links ausgeführt. Wie heißt diese Kunstform?

A Kallisthenie	B Kallipatira
C Kalligraphie	D Kallithea

Frage 22

Wofür steht die griechische Buchstabenkombination „Phi Beta Kappa"?

A Eine Studentenverbindung	B Eine Raumkapsel
C Die Seiten eines Dreiecks	D Ein chemisches Element

Frage 23

Aus dem Mittelalter stammt diese scherzhafte Bezeichnung für schlechtes, oft verballhorntes Latein. Welche ist es? Gebräuchlich ist übrigens auch der Ausdruck „Mönchslatein".

A Rotwelsch	B Papstlatein
C Kauderwelsch	D Küchenlatein

Frage 24

Welche der folgenden Formen ist ein Beispiel für die Stilfigur des Pleonasmus?

A Alter Greis	B Kind und Kegel
C Flussarm	D Stark wie ein Löwe

Technik

Frage 25

Die erste deutsche Eisenbahn erhielt ihre Dampflokomotive vom englischen Ingenieur George Stephenson. 1835 fand die Jungfernfahrt der „Adler" statt. Welche Strecke befuhr sie?

A Hamburg–Berlin

B München–Berlin

C Nürnberg–Fürth

D Olpe–Münster

Frage 26

RAM bezeichnet den Arbeitsspeicher im Computer, in dem Programme und Daten vorübergehend abgelegt werden (Random Access Memory). Dann gibt es noch ROM – was ist das?

A Ein Computerspeicher, der unveränderliche Daten enthält

B Ein Eingabegerät, das man auf einer glatten Unterlage bewegt

C Der Bildschirm eines Computers

D Ein Gerät zur Datenübertragung über Fernsprechleitungen

Frage 27

In Ohm wird der elektrische Widerstand angegeben. Er wird errechnet, indem man die Spannung durch die Stromstärke dividiert. Welche Maßeinheit hat die Spannung?

A Watt

B Ampere

C Newton

D Volt

Frage 28

Das U-Boot Nautilus unterquerte 1958 erstmals den Nordpol. Wie wurde es angetrieben?

A Durch Dampfkraft

B Durch Atomkraft

C Durch Silizium-Kristalle

D Durch elektrische Kraft

Frage 29

Wie heißt die für uns äußerst wichtige Schicht in der Atmosphäre, die den größten Teil der UV-Strahlung zurückhält?

A Heterosphäre

B Ionosphäre

C Argonschicht

D Ozonschicht

Frage 30

Die Brüder Joseph Michel Montgolfier (1740–1810) und
Jacques Étienne Montgolfier (1745–1799) waren – wer hätte
es gedacht – die Erfinder der Montgolfiere. Was aber ist denn
eine Montgolfiere?

A Ein Heißluftballon

B Ein Zeppelin

C Ein Flugdrachen

D Ein U-Boot

Frage 31

„Jupiter" nannten die Römer den griechischen Gott Zeus, die
oberste Gottheit und Göttervater. Auch ein Planet unseres
Sonnensystems ist nach Jupiter benannt. Warum ist die Na-
mensgebung durchaus passend?

A Jupiter ist der größte Planet.

B Jupiter ist der schönste Planet.

C Jupiter ist der älteste Planet.

D Jupiter ist der hellste Planet.

Frage 32

Was ist ein Vakuum?

A Hirnnerv

B Impfstoff

C Hohlraum in Zellen

D Materiefreier Raum

ABSCHLUSSTEST

Politik *und* Wirtschaft

Frage 33

„Storting" heißt das Parlament in welchem Land?

A Israel

B Norwegen

C Bolivien

D Österreich

Frage 34

Slobodan Milosevic wurde vor dem UN-Kriegsverbrecher-tribunal in Den Haag wegen Völkermords und Verbrechen gegen die Menschlichkeit angeklagt. In welchem Land war er vorher Präsident gewesen?

A Jugoslawien

B UdSSR

C Schweiz

D USA

Frage 35

Der deutsche Politiker Willy Brandt erhielt 1971 den Friedens-nobelpreis. Welche Partei vertrat er als deutscher Bundeskanz-ler von 1969 bis 1974?

A CDU

B SPD

C Die Grünen

D PDS

Frage 36

Die Staatengemeinschaft mit 27 Mitgliedsstaaten (Stand Ende 2007) ist die vorläufige Endstufe der europäischen Einigung. 2007 sind Bulgarien und Rumänien als Mitglieder aufgenom-men worden. Wie lautet die Abkürzung der gesuchten Gemein-schaft?

A EWG

B EG

C EVP

D EU

Frage 37

Die „Mau-Mau" waren ein Geheimbund eines afrikanischen Volksstamms, der sich im gleichnamigen Aufstand 1953 bis 1956 gegen die britischen Kolonialherren auflehnte. In welchem afrikanischen Land war das?

A Kenia

B Ägypten

C Südafrika

D Algerien

Frage 38

Mahatma Gandhi war der Führer der indischen Unabhängigkeitsbewegung. Am 30. Januar 1948 starb er im Alter von 78 Jahren in Neu-Delhi. Was war der Grund seines Todes?

A Ein Autounfall

B Folgen eines Hungerstreiks

C Ein Attentat

D Eine Krebserkrankung

Frage 39

Wer waren die Verfasser des 1848 erschienenen „Kommunistischen Dokuments? Karl Marx und ...

A Friedrich Nietzsche

B Friedrich Engels

C Ernst Friedrich

D Friedrich Wilhelm IV.

Frage 40

In Namibia, der ehemaligen deutschen Kolonie Deutsch-Südwestafrika, kam es Anfang des 20. Jahrhunderts unter Generalleutnant Lothar von Trotha zur Vernichtung eines afrikanischen Volks. Wie hieß es?

A Herero

B Bantu

C Massai

D Tuareg

ABSCHLUSSTEST

Film und Fernsehen

Frage 41

Daniel Craig ist der aktuelle Bond-Darsteller. Wie heißt der Film, in dem er seinen Einstand feiert? Kleiner Tipp: Es handelt sich um die (Neu-)Verfilmung des ersten Bond-Romans.

A Bond 22

B Goldeneye

C Casino Royale

D Stirb an einem anderen Tag

Frage 42

Welcher Filmstar, Regisseur, Produzent und nicht zuletzt Frauenschwarm hatte mit „Der Pferdeflüsterer" 1998 erneut einen großen Erfolg? Er erhielt 2002 einen Ehrenoscar für sein Lebenswerk.

A Tom Cruise

B Robert Redford

C Donald Sutherland

D Brad Pitt

Frage 43

Einem breiteren Publikum bekannt wurde Julia Roberts mit dem Film „Mystic Pizza" von 1988. Für welchen Film erhielt sie aber den Oscar?

A Magnolien aus Stahl

B Pretty Woman

C Erin Brockovich

D Entscheidung aus Liebe

Frage 44

Michael „Bully" Herbig wird von manchen in einem Atemzug mit einem anderen – leider verstorbenen – Münchner Komiker genannt. Wer ist's?

A Karl Valentin

B Hape Kerkeling

C Atze Schröder

D Emil

Frage 45

Der höchste britischen Orden, der Hosenbandorden („The Most Noble Order of the Garter"), besteht aus dunkelblauem Samtband und einer goldenen Halskette. Wo genau wird das Samtband getragen?

A Am rechten Fußknöchel	B Am Gürtel
C Am linken Hosenaufschlag	D Unter dem linken Knie

Frage 46

Es gibt über 190 verschiedene Arten, eine Krawatte zu binden. Welcher der folgenden Knoten ist aber kein Krawattenknoten?

A Windsorknoten	B Victoria-Knoten
C Franziskanerknoten	D Sankt-Andreas-Knoten

Frage 47

Welches ist das Symbol der Menschenrechtsorganisation amnesty international (ai)?

A Eine Kerze, von Stacheldraht umrankt

B Ein Stab, von einer Schlange umschlungen

C Ein Kreuz, von Stechpalmzweigen umrahmt

D Die Weltkugel, von Olivenzweigen umrahmt

Frage 48

Wie heißt der jüngere Bruder von Prinz William, der sich auf Platz drei der britischen Thronfolge befindet?

A Prinz Charles	B Prinz Harry
C Prinz Andrew	D Prinz Edward

ABSCHLUSSTEST

Sport

Frage 49

Deutschland war insgesamt drei Mal Fußballweltmeister: 1954 unter Sepp Herberger, 1974 unter Helmut Schön, ??? unter Franz Beckenbauer ...

A 1978

B 1990

C 1950

D 2004

Frage 50

Die amerikanische Sportlerin Marion Jones hatte bei den Olympischen Sommerspielen 2000 in Sydney fünf Medaillen gewonnen, sie jedoch alle wegen Dopings wieder zurückgeben müssen. In welchen Disziplinen wäre sie siegreich gewesen?

A Kugelstoßen und Speerwurf

B Langstrecken und Hochsprung

C Sprintstrecken und Weitsprung

D Gehen und Hürdenlauf

Frage 51

Beim klassischen Triathlon, zum Beispiel dem Ironman Hawaii, stehen Schwimmen, Radfahren und Laufen auf dem Programm. Die Schwimmstrecke beträgt 3,8 km, die Radstrecke 180 km. Wie lange muss ein(e) Triathlet(in) in der klassischen Ausführung anschließend noch laufen?

A Rund 42 km

B 2.000 m

C Rund 100 km

D 100 m

Frage 52

Woraus besteht der Puck beim Eishockey?

A Holz

B Eisen

C Teflon

D Hartgummi

Gesundheit und Ernährung

Frage 53

Wer war der Entdecker des Penicillins?

A Ian Fleming

B Jakob Graf von Fleming

C Victor Fleming

D Sir Alexander Fleming

Frage 54

Was tut jemand, der transpiriert?

A Er schwitzt.

B Er gibt eine Blutspende.

C Er verabreicht eine Spritze.

D Er hat Durchfall.

Frage 55

Den Trüffeln, wegen ihres intensiven und delikaten Aromas hoch geschätzten Speisepilzen, sagt man sogar eine aphrodisische Wirkung nach. Zu welcher Pilzgattung mit eher prosaischem Namen gehört der „Diamant der Küche"?

A Töpfchenpilze

B Jochpilze

C Schlauchpilze

D Schimmelpilze

Frage 56

Wie heißt die Spirituose, die auf der Basis von Kümmel hergestellt wird?

A Aquavit

B Arrak

C Wodka

D Pastis

Tiere *und* *Pflanzen*

Frage 57

Was für ein Tier ist die Großtrappe?

A Eine Kröte

B Ein Vogel

C Ein Insekt

D Eine Hundeart

Frage 58

DNA ist die Abkürzung für desoxyribonucleic acid – die komplexe chemische Verbindung, in deren Molekularstruktur sämtliche Erbinformationen lebender Organismen enthalten sind. Die deutsche Bezeichnung und deren Abkürzung werden immer seltener verwendet. Wie heißt diese Abkürzung?

A DNX

B DNP

C DNS

D DND

Frage 59

Eine bestimmte Feigenpflanze, die auf Ästen wächst und ihre Luftwurzeln zum Boden schickt, umschließt mit der Zeit ihren Wirtsbaum und ernährt sich von den Stoffen, die bei seiner Zersetzung frei werden. Wie heißt diese Feige?

A Würgefeige

B Vatermörder

C Mörderfeige

D Würgetod

Frage 60

In der afrikanischen Steppe bilden manche Tierarten zusammen einen Schutzbund. Zebras und Antilopen kontrollieren dabei mit ihrem sehr guten Geruchssinn die niederen Luftschichten. Wer bildet quasi den Ausguck?

A Elefanten

B Giraffen

C Strauße

D Flamingos

Geografie *und* Entdecker

Frage 61

Welches Land wird nicht vom Rhein berührt?

A Deutschland

B Frankreich

C Niederlande

D Ungarn

Frage 62

Hernán Cortés war ein spanischer Eroberer, der vor allem für seine Grausamkeit gegenüber den Eingeborenen bekannt war. Welches Volk unterwarf er im 16. Jahrhundert?

A Die Azteken

B Die Inka

C Die Hottentotten

D Die Tahitianer

Frage 63

Auf welcher idyllischen Insel wurde der britische Entdecker James Cook von Eingeborenen erschlagen?

A Tahiti

B Hawaii

C Jamaika

D Bahamas

Frage 64

Geschätzte 71 Prozent der Erdoberfläche werden vom Meer bedeckt. Welcher ist der größte Ozean, der es allein auf 46 Prozent bringt?

A Südsee

B Indischer Ozean

C Atlantik

D Pazifik

ABSCHLUSSTEST

Lösungen

Hier finden Sie die Lösungen:

Kunst	1 B / 2 A / 3 D / 4 A
Musik	5 D / 6 A / 7 B / 8 D
Religion	9 C / 10 D / 11 B / 12 C
Philosophie und Mythologie	13 C / 14 B / 15 A / 16 A
Literatur	17 B / 18 A / 19 D / 20 B
Sprache	21 C / 22 A / 23 D / 24 A
Technik	25 C / 26 A / 27 D / 28 B
Naturwissenschaften	29 D / 30 A / 31 A / 32 D
Politik und Wirtschaft	33 B / 34 A / 35 B / 36 D
Geschichte	37 A / 38 C / 39 B / 40 A
Film und Fernsehen	41 C / 42 B / 43 C / 44 A
Vermischtes	45 D / 46 C / 47 A / 48 B
Sport	49 B / 50 C / 51 A / 52 D
Gesundheit und Ernährung	53 D / 54 A / 55 C / 56 A
Tiere und Pflanzen	57 B / 58 C / 59 A / 60 B
Geografie und Entdecker	61 D / 62 A / 63 B / 64 D

Hier tragen Sie die Anzahl der richtigen Fragen ins Diagramm ein:

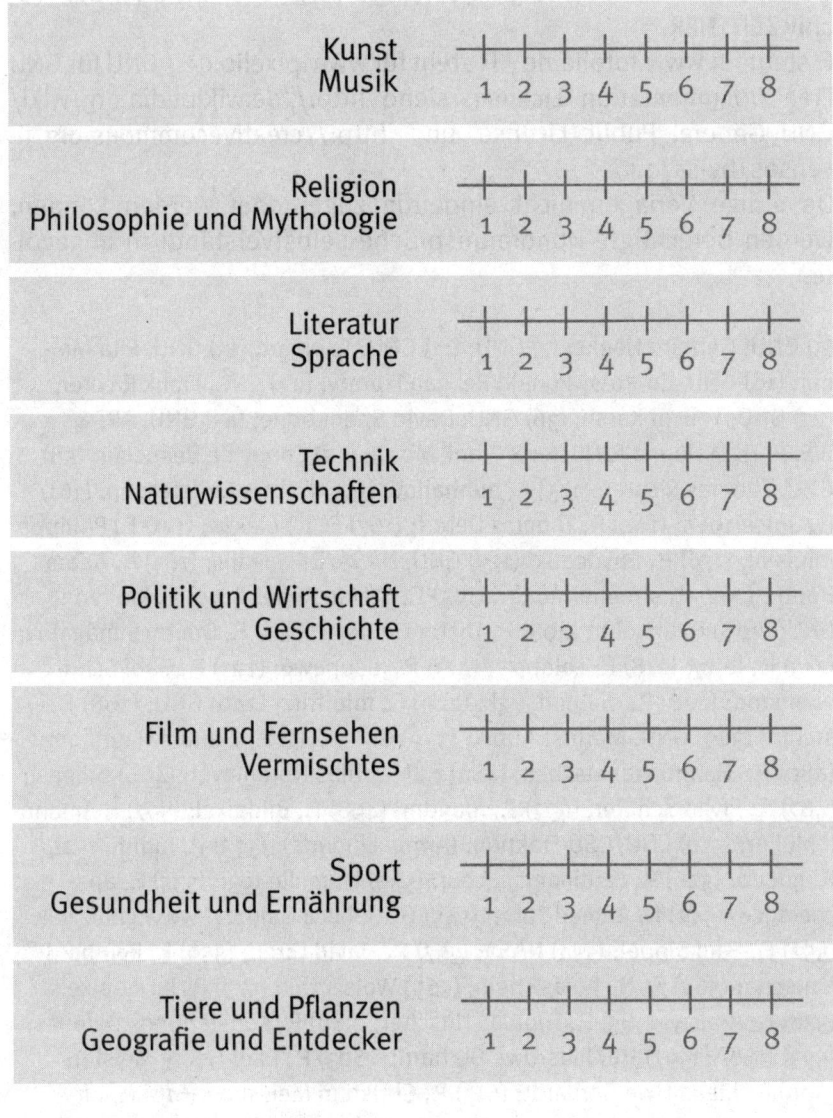

Bildnachweis

Bildnachweis

(693) P., Harry Hautumm; (701) GNU, Paul Dietrich; (702) F., sprisi; (703) P., Thomas Max Müller; (706) P., Claudia Hautumm; (709) F., GYNEX; (715) P., sprisi; (723) P., Martina Marten; (734) F., Denis_RUS; (738) F., adacta; (740) F., demarco; (743) P., Maren Beßler; (747) F., Cristina Bernhardsen; (755) P., Steffi Ganz; (767) P., qay; (770) P., Rainer Kregovski; (779) F., Götz Friedrich; (785) P., hldg; (791) F., Gernot Krautberger; (794) P., Dirk Schmidt; (808) P., Paul-Georg Meister; (820) P., Shininess; (824) P., Cornerstone; (830) F., Franck Olivier GRONDIN; (836) P., oschie; (837) P., androm31; (838) P., berwis; (856) P., Paul Marx; (861) F., mine; (872) F., Earl Robbins; (877) P., Heike Hering; (881) P., Gerhard Giebener; (884) P., guedo; (888) F., Kapho-to; (893) F., Gernot Krautberger; (899) P., Stihlo24; (903) P., Hanspeter Graf; (907) P., Uwe Kunze; (911) P., Gitti Moser; (913) F., sebastian kaulitzki; (916) F., lordsbaine; (921) P., r4zorMANIA; (923) P., Rommelsbacher; (926) F., Patrick Hermans; (930) F., sasha; (933) P., berwis; (936) P., Siggibau; (939) F., Irochka; (941) P., Maja Dumat; (943) F., Patrick Hermans; (944) P., Martina Taylor; (946) F., Volker Strauss; (948) P., Brigitte Heinen; (951) P., creature; (955) P., Melanie Vollmert; (959) P., HHSOW; (961) F., Gina Sanders; (966) P., Gabi Schoenemann; (969) P., Schemmi; (972) P., Eugen Haug; (973) F., charles eberson; (977) P., Norbert Höller; (980) P., Bernhard Flack; (984) F., Markus Zeller; (985) P., Thommy Weiss; (986) P., Domino; (990) F., Alien-Cat; (993) P., Xenia Kehnen; (994) P., Antje Höpner; (1038) F., Orlando Florin Rosu; (1064) F., Daniel BOITEAU; (1076) F., Peterfactors; (1091) F., amride-sign; (1100) F., Diezer; (1103) P., uwest; (1113) F., nsphotography; (1118) P., Th. Kemnitz; (1118) P., Gabi Schoenemann; (1120) P., Uwe Weber; (1122) P., Meyhome; (1123) P., Paul-Georg Meister; (1132) P., Jochen Czech; (1138) GNU; (1142) P., Gandi; (1146) GNU; (1175) GNU; (1178) GNU, Evert Duycki-nick; (1224) GNU; (1228) GNU

BILDNACHWEIS